侵华日军暴行史研究

日本全面侵华期间山西经济社会损失研究

岳谦厚　等◎著

南京出版传媒集团
南京出版社

图书在版编目(CIP)数据

日本全面侵华期间山西经济社会损失研究 / 岳谦厚等著. -- 南京：南京出版社，2020.5
（侵华日军暴行史研究）
ISBN 978-7-5533-2689-4

Ⅰ. ①日… Ⅱ. ①岳… Ⅲ. ①抗日战争 - 损失 - 研究 - 山西 Ⅳ. ①K265.07

中国版本图书馆CIP数据核字（2019）第253283号

丛 书 名：侵华日军暴行史研究
书　　名：日本全面侵华期间山西经济社会损失研究
作　　者：岳谦厚　等
出版发行：南京出版传媒集团
南 京 出 版 社
社址：南京市太平门街53号　　邮编：210016
网址：http://www.njcbs.cn　　电子信箱：njcbs1988@163.com
联系电话：025-83283893、83283864（营销）　025-83112257（编务）

出 版 人：项晓宁
出 品 人：卢海鸣
策　　划：卢海鸣　朱天乐
责任编辑：聂　焘
装帧设计：王　敏
责任印制：杨福彬

排　　版：南京新华丰制版有限公司
印　　刷：江苏扬中印刷有限公司
开　　本：787毫米×1092毫米　1/16
印　　张：15.5
字　　数：302千
版　　次：2020年5月第1版
印　　次：2020年5月第1次印刷
书　　号：ISBN 978-7-5533-2689-4
定　　价：58.00元

南京出版社
图书专营店

营销分类：社科　历史

序　言

1931 至 1945 年 14 年中日战争尤其 8 年全国性抗战期间，中国“生命之牺牲、财产之损失、预期收获成为泡影、公私事业之转变、土地之被蹂躏、人民心理之不定等等直接间接损失之巨大，同盟国中无可比拟，即历史上亦复少见……各省遇战县数多少不一，山西省特多计六十一县……概括言之，山西境内不独争斗频繁，规模亦特巨大。”[①] 根据战后山西省政府统计，此次战争直接造成山西 166 万余人口伤亡、64 484 亿元（法币）财产损失（不含战争消耗）[②]。回首反观这场给中华民族带来空前浩劫的战争，并对此所造成的各种损失进行调查研究，无论历史意义抑或现实意义均十分深远。因为，战争以及由此造成的种种悲剧还远远没有引起整个人类社会的充分检讨与认真反思。

日本对中国的大规模侵略行动与其野蛮掠夺行为互为表里，而这种掠夺既有惨无人道的人力掠夺，又有贪得无厌的财力物力掠夺，“这种帝国主义式的掠夺，有的是在‘合法贸易’掩盖下进行的，更多的是明火执仗的强盗行径。这种掠夺极大

① 王炳文：《中国抗战损失说帖》（1946年），中国第二历史档案馆编：《中华民国史档案资料汇编》第五辑第三编外交，江苏古籍出版社2000年版，第219—220页。

② 《山西省人口伤亡汇报表》《山西省财产损失总表》《山西财产损失表》《山西省政府关于抗战期间人口、财产直接损失汇报表》《山西省民营事业财产直接损失审报表》《山西省克复地区内损失实情清查审报表》，山西旧政权档案B13-1-75，山西省档案馆藏（以下凡引该馆该项档案者仅标注档案号）。注：据迟景德估计，八年间山西人口直接伤亡总数为694 927人，其中重伤78 969人，轻伤182 347人，死亡433 611人。参见迟景德：《中国对日抗战损失调查史述》，台北“国史馆”1987年版，第140页。笔者认为这一估算严重不足，正如迟氏本人所言，该项统计尚未包括“中共占据区”，且“与实际的损失相差甚远”（见前揭书第188页）。

地刺激了日本军事经济的发展，严重地削弱了中国的国力，延缓或阻滞了中国经济技术的发展。”[①] 同时，它在战争过程中对中国和平居民的残暴的血腥屠杀，又与德国法西斯对犹太民族的种族灭绝行为一样成为人类历史上最令人发指的黑色记录之一。但70多年来日本许多政要以及颇有影响力的学者不仅拒不承认本国当年发动战争的历史责任，并肆意“漂白”和“美化”自己的侵略史，即高唱“大东亚战争肯定论”“相互责任论”“结果有益论”“罪小功大论”“战争时效论”“排除感情论”以及“侵略有理”的各种论调[②]，甚或欲借国际政治再造之机重走军国主义老路，而对那些曾经饱受战争之痛的国家和人民所发出的“以史为鉴、面向未来”的呼声置若罔闻，极大地伤害了他们的民族情感，更引起了他们的高度警觉。所以，全面而仔细地清理此次战争所造成之损失及其灾难性后果成为学术界的一项重要的刻不容缓的命题。正如中国社会科学院近代史研究所陈铁健研究员所言：“日本帝国主义侵略中国的战争所造成的中国人民生命财产损失，有人估算中国军民伤亡3 500万人，直接财产损失1 000亿美元，间接财产损失5 000亿美元以上。具体分类数字，则尚无全面精确的统计。人们说起第二次世界大战中法西斯的暴行，往往只知道希特勒屠杀犹太人、斯拉夫人，而知道日本军队屠杀中国人的却极少。至于日本侵略者究竟从中国占领区掠夺了多少财产，知道的人就更少了。造成这种状况有许多原因，其中要旨就是中国人自己对抗日战争的历史，对日本侵略者在中国犯下的滔天罪行研究得不够。几十年来，中国抗日战争史的研究几乎完全是在国共政治斗争的格局和思路中进行的……”“我们的抗战史研究重点，应当放在何处？宏观考察，还是微观实证？我个人意见，应注重后者，加强微观研究……研究的重点应当是具体的实际的历史事件和人物，战役和战斗的经过，日军的烧杀劫掠暴行，中国人民的生命财产损失，等等。微观的研究透彻明了，宏观问题就有了准确判断和科学评价的基础，否则就只能重复旧话、空话、套话，甚至假话，这样的文章纵有千百篇，也无法使中华民族的抗战历史更加真实、宏观、全面和科学。”“日本帝国主义侵华战争

---

① [日]若槻泰雄著，赵自瑞等译：《日本的战争责任》，社会科学文献出版社1999年版，中文版序第4页。

② 李恩涵：《日本应为战时暴行反省、道歉、赔偿》，见张纯如（Iris Chang）著，萧富元译：《被遗忘的大屠杀：1937南京浩劫》，台北天下文化出版公司1997年版，序言。

所造成的中国人民之巨大生命财产损失，这笔账应当彻底清算，不管你索赔或不乐于索赔。中国历史学者的责任，是通过自己的研究把日本侵华罪行，一桩桩、一件件地凿实，使当年的战争罪犯永远无法遁形，使今天尚在逃脱罪责的日本某些政界人士正视历史。”[①] 又如台湾“中央研究院”近代史研究所李恩涵研究员所指出的那样：对于日本在侵华作战中的“三光”暴行与其他暴行，“中华民族一定要学习战后犹太人对于纳粹德国在第二次世界大战期间屠杀犹太人的暴行的办法，利用种种机会与形式，予以完整地客观地一一记录在史册之中，以为千秋后世国人的鉴戒之用。我们虽为伟大宽容的民族，但如不能从日本战时的种种暴行中获留后世的必要教益，那我们也对子孙后代没尽到先辈的责任。”[②] 前述论断和分析可谓切中肯綮。本书的基本思想正是基于这样一种理路。

本书是关于日军占领期间山西经济社会损失的一个区域性研究，主要立足于大量档案资料、时人调查统计资料、当时的报刊资料以及已出版档案资料选编、地方史志和部分日本文献资料，并结合课题组多年来在全省范围内所进行的田野调查和对亲历过战争的许多老人的采访以及所完成的口述历史资料，比较全面地考察和分析了该省战争受损的整体情形以及由此导致的各种破坏性影响。具体言之，从宏观方面讲，大致包括了三个层面的内容，即（1）战争之直接损失，（2）战争之间接损失，（3）战争对当时经济社会的应时性影响以及对战后社会发展的隐形性、历时性影响。从微观方面讲，则主要包括下列几方面的内容，即通过对日军强征占用及破坏土地资源、掠夺与毁坏粮食资源、统制与强夺棉产资源、鸦片政策与鸦片种植以及山西农村经济受损的总体估量，阐明了战时山西农业资源的受损程度及其各种社会影响；详细阐述了日本在山西的工矿业及交通运输业掠夺计划，并对山西工业受损的基本情形进行了较为完整的数量统计与量化分析，探讨了山西矿产资源受损程度及其经济社会影响，考证了山西交通运输业之被掠状况以及财政金融业之受损程度；通过对战时山西人口损失的调查统计以及人口损失与人口结构变化、人力资源受损程度

① 陈铁健：《〈“开发”与掠夺——抗日战争时期日本在华北华中沦陷区的经济统制〉序一》，见王士花：《“开发”与掠夺——抗日战争时期日本在华北华中沦陷区的经济统制》，中国社会科学出版社1998年版，第1—3页。

② 李恩涵：《战时日本贩毒与“三光作战”研究》，江苏人民出版社1999年版，第227—228页。

及其社会经济影响的分析，说明了山西人口资源遭受掠夺破坏的程度及其深远影响；通过对日军掠夺与破坏山西文化教育资源及其所推行的殖民化教育和由此导致的人文生态环境恶化态势的检视，再现了战时山西社会文化教育事业遭受摧残的历史面貌，并分析了其各种消极影响；通过对日军“三光作战”[①]下的民众心理、“细菌战”与“毒气战”下的民众身心状况、“烟山毒海”侵蚀下的“山西社会相”以及战时受害妇女或“慰安妇”生理和心理的分析研究，深刻揭示了日军对山西民众身心环境侵害的广度与深度。通过上述内容的研究，试图构建一种能够准确评估山西抗战实际受损情形的可操作性分析模式；或者说，将日本入侵山西的破坏性置诸该省整个近现代社会发展过程或历史的长距离中进行考察，以发现战争与生态、战争与经济、战争与人口、战争与民生、战争与发展、战争与文明之间的相互关系。当然，在研究过程中，每个问题的叙述与分析是不均衡的，凡前人研究充分且深入的问题力求简洁明了，反之则力求精到厚实，以尽力避免形成叙事与分析上的重复现象。

本书以历史学、统计学、社会学、人口学和心理学等社会科学理论为研究工具，提出了自己对山西抗战实际受损程度的基本估量，并以之为基础比较全面而客观地分析了战争的显形破坏和隐形影响，特别是对战争隐形损失的评估和分析具有某种创新意义。研究的主要意图不再限于从表层上描述日本的侵华暴行，而在于通过大量数据的统计及量化分析从深层上挖掘战争的应时性、历时性或长效性破坏作用，

---

① 李恩涵先生认为，“三光作战”系侵华日军在“一定地区有系统、大规模杀戮非战斗人员（自然也包括战斗人员）的居民与对该地区的公私房舍、粮秣与其他物资设备彻底破坏的总称”。其“实施的地区与范围，特别是大规模地针对华北中共游击区而设计，其着重所在尤在于中共所控制的晋东北、冀西、晋东南、冀中、冀南、冀东、鲁中、鲁南等地（即晋察冀、晋冀鲁豫、山东等‘根据地’）；也就是将从1937年‘七七’抗战以来日军在对抗日地区普遍地进行不同规模的屠杀、焚烧与破坏，一变而为有系统、有组织的大规模的屠杀与破坏”。由于这一严重暴行的实施区域“主要是在中共区，所以，国民政府所刊布的官方记录与私家记述中，常缺乏系统而完整的资料。‘三光作战’（政策）此一词汇，也显然是来自于中共的党政通告与传播媒体，根据日军对中共区大规模‘扫荡战’中残酷的屠杀、焚掠与破坏的事实，而对其战术予以简括描述的一项中国名词；在日军作战命令与作战术语中，则称之为‘烬灭作战’‘彻底覆灭’‘彻底毁灭’‘彻底的肃正作战’‘彻底的扫荡’‘讨灭作战’等等。其实中、日文中的这两套名词，在意义上是非常相类似的：日文中的‘烬灭作战’就是烧尽灭绝、烧光、杀光的意思，与‘三光作战’的意义可说完全相同。而其他的日文战术用语，虽然意义略有隐晦，但其在作战的意义上，也与‘烬灭作战’一词非常接近。”见李恩涵：《战时日本贩毒与“三光作战”研究》，江苏人民出版社1999年版，第179—180页。

并力图使这些证据及其分析结果形成难以翻案的历史“铁证”。因此，其学术价值和现实意义十分彰显。或者说，本书深化了中国抗日战争史的研究并补充了多年来有关战争损失研究的不足或缺陷。

目 录

第一章 全国抗战前后山西社会环境……………………………………001
第一节 战前经济社会概况 ……………………………………………001
第二节 日本入侵与社会的反应 ………………………………………012
第二章 农业资源损失……………………………………………………019
第一节 土地资源 ………………………………………………………019
第二节 粮食资源 ………………………………………………………028
第三节 棉产资源 ………………………………………………………037
第四节 日军的鸦片政策与鸦片种植 …………………………………042
第五节 农村经济受损的综合估量 ……………………………………051
第三章 工矿业、交通运输业及财政金融损失…………………………059
第一节 日军的工矿业及交通运输业掠夺计划 ………………………059
第二节 工业受损统计及其量化分析 …………………………………075
第三节 矿产资源受损统计及其影响 …………………………………083
第四节 交通运输业被掠情形 …………………………………………089
第五节 财政金融损失状况 ……………………………………………096
第四章 人口资源损失……………………………………………………102
第一节 人口损失统计 …………………………………………………102
第二节 人口损失与人口结构变化 ……………………………………132
第三节 人力资源受损程度 ……………………………………………145
第四节 人力资源受损的经济社会影响 ………………………………157

第五章　文化教育资源损失……163
　第一节 文化教育资源直接损失……163
　第二节 殖民化教育下的另面社会镜像……172
　第三节 人文生态恶化……180
第六章　民众身心被灾程度……190
　第一节 “三光作战”下的民众心理创伤……190
　第二节 “细菌战”与“毒气战”下的民众苦难挣扎……199
　第三节 “烟山毒海”下的“山西社会相”……211
　第四节 “慰安妇”的人生际遇……219
结　语……226
主要参考文献……231
后　记……235

第一章　全国抗战前后山西社会环境

第一节　战前经济社会概况

一、地理与经济社会环境

山西地处黄土高原东部，平均海拔南部约830米，向北渐高至1 666米，素有“表里河山”之誉。由于深受断层作用影响，70%以上的地貌为山地和丘陵区，主要山脉有太行山、五台山、太岳山、恒山、吕梁山等。群山之间形成一连串陷落盆地，自东北向西南依次分布着大同、忻定、太原、临汾、运城五大盆地，盆地海拔顺次从1 000米降至250米。这些盆地土质肥沃，拥有较为丰富的地下水与山泉水，属山西最重要的农耕区域。汾河是山西境内最大河流，全长250余公里，发源于海拔2 333米的山西北部宁武管涔山，向南流经阳曲、平遥、霍县、临汾至曲沃县西转，经新绛过河津西边入黄河。另有漳河、桑干河、涑水河、三川河等10余条主要河流以及大小不等的诸多支流沟谷，汇水面积在100平方公里以上的河流共计240余条。不过，由于地处高寒，山西属大陆性气候，全年降雨量较小，河水水势很弱，河床也窄，很难形成高山流水之势。

山西高原气候比较干燥，全年降水量为400—600毫米，由西北向东南递增，夏季雨量较大，春秋季雨量较小，春季多旱。全年无霜期约150天，地形相对复杂，区域之间差异大，无论耐寒作物莜麦、荞麦、胡麻抑或喜温作物玉米、小麦、棉花均可依地种植。

复杂的自然条件决定了山西经济的地区差异，五大盆地、山间狭长地带及周边区域由于地势平坦、雨量充沛成为山西最主要的产粮区，而梁、峁错综分布的广大山地、丘陵区域则因地貌崎岖不平、植被稀少、水土流失严重难以开展大规模的农业生产。工商业乃是以市、镇为中心向周边辐射的，中部城市太原是山西的政治、经济、文化中心，民国初期人口9—10万人[①]。以太原为中心的经济圈包括阳曲、榆次、

① 李玉文编著：《山西近现代人口统计与研究》，中国经济出版社1992年版，第59—60页。

太谷、祁县、平遥、介休等市镇，其中太谷、祁县、平遥、介休4县票号曾一度执中国金融之牛耳。北部城市大同曾是北魏故都，自古即为边陲重镇，民国时期则成为连接内地与塞外的重要中转基地，亦是京（平）绥铁路主要站点，商业发达，尤以杂粮、皮毛生意见长。另外，阳泉、汾阳、临汾、运城等城镇也形成了具有地域特色的经济带。

山西最丰富的物产资源是矿藏资源，从地质构造基础来看，山西处于华北地台与大兴安岭褶皱带之间，隆起区与沉陷带共同作用使该地区岩浆活动剧烈，从而形成多种内生和外生矿床。在多种矿产资源中，尤以煤、铝土、铁资源储藏甚巨。据1916年地质调查所勘察，中国煤炭储量达2 390亿吨，其中华北地区为1 679亿吨，而山西探明煤炭储量即达1 270亿吨，占全国煤储量的1/2强，且主要分布于大同、太原、阳泉、寿阳、轩岗、富家滩、孝义、介休、潞安、平定等处[①]。铝土矿是仅次于煤的第二大优势矿种，主要分布于原平—保德—怀仁、寿阳—阳泉—和顺、兴县—孝义、夏县—平陆、五台等地。山西铁资源亦很丰富，平定、盂县、晋城、太原、宁武、静乐、临县、定襄、五台、代县等地的铁矿无论在藏量上还是品位上均较优良。此外，汾河沿岸的石膏藏量在几十亿吨以上，可用于水泥生产和提取硫酸。静乐、岚县一带锰储量不下5 000万吨，阳泉、赛鱼、太原东山锰矿数量也不少。五台县东冶镇蕴藏着用于制造炼钢平炉的耐火材料红白硅石3亿余吨[②]。这些矿产构成了山西资源链条上的重要环节，为山西近代工业体系的建立与发展提供了可靠的资源保障。

二、工矿业

山西地处内陆，尽管矿产资源十分丰富，却历来是一个以农业为主体经济的省份，全省直到19世纪末不过寥寥数家手工业作坊。进入20世纪之后，一些官僚、地主和商人开始将部分资本投入工业建设，先后出现利用简单机器生产的太原火柴厂、太原机械局、太原电灯公司、晋新印刷厂、玉成永铁工厂、顺铁工厂、振元铁厂等近代企业。除此之外，又陆续开办了20多个轻纺企业。相比之下，矿业发展尤其煤炭开采在此时取得了一定成果。1907年，山西商办全省保晋矿务有限总公司（简称“保晋公司”）在太原成立，该公司下设平定、晋城、石家庄分公司，后又增设大同、寿阳、天津、保定、北平等分公司。“保晋公司”以蒸汽机为动力，大大提高了生产效能，

① 樊吉厚、李茂盛、岳谦厚撰：《华北抗日战争史》上卷，山西人民出版社2005年版，第17页。

② 中央档案馆、中国第二历史档案馆、吉林省社会科学院合编：《河本大作与日军山西“残留”》，中华书局1995年版，第739—740页。

并随着生产规模的扩大又对铁炉沟、剪子沟、贾地沟等中小煤矿进行技术改造。继“保晋公司”之后，1913 年平定建昌公司成立，1915 年平定中孚公司创办，1916 年孝义华兴公司成立，1918 年和 1919 年出现平定广懋、中兴、富畅、济生及大同宝恒公司。1920 年，大同同宝公司组建，至此大同地区形成了以裕晋、保丰、同泰等 40 余家矿业公司组成的矿业生产群①。不过，这些厂矿除少数采用机器生产外，大多以人力、畜力为主要动力，生产工艺较为落后，无论从生产规模和资金投入抑或生产效率上均不足以奠定山西近代工业体系。

1930 年，阎锡山在中原大战中惨败。经此一役，阎氏认识到若“没有比得上蒋介石那样的经济力量就不可能将其敌手的军队拒之到山西之外”②。为此，从 1932 年开始，阎氏着手施行“山西省政十年建设计划”，决定建立涵盖工矿、交通、金融的“山西人民公营事业”，山西经济由此出现前所未有的“黄金时期”。该计划的实施主要以山西境内煤、铁等资源为依托，以兴修同蒲铁路为纽带，以“山西人民公营事业”为主要内容，以太原、大同、阳泉等城市为中心，以“西北实业公司”为龙头，初步建立山西近代经济体系。计划实施不久便初显成效，1934 年全省 61 个产煤区产煤总量已达 5 032 713 吨，超过 1931 年 2 266 333.62 吨一倍多；全省电厂到抗日战争全面爆发之前发展到 31 处，总装机容量达 28 582 千瓦，其中大部分用于民用照明、冶金、煤炭开采、纺织、面粉加工等生产或生活领域；全省轻工业到 1936 年总产值已达 2 040 万元（法币），主要产品年产量如卷烟达到 46 900 箱（每箱 5 万支）、饮料酒 346 吨、火柴 116 600 件（每件 240 包）、机制纸 346 吨，印刷厂发展到 122 家，蛋厂增加到 16 家③。由于能源开发以及经济勃兴，涌现出一批新兴工业城市，其中太原到 1937 年就已成为一个拥有 21 家工厂的“综合工业基地”④。以上成就有赖于“山西人民公营事业”的发展，而其重中之重则是“西北实业公司”的建立与发展。到 1937 年全面抗战爆发前夕，“西北实业公司”所属工矿企业已成为振兴山西经济的一支举足轻重的力量，并随着工业体系的形成，效益

① 《山西煤炭工业志》编委会编：《山西煤炭工业志》，煤炭工业出版社1991年版，第9页。

② [美]唐纳德·G·季林（Donald G.Gillin）著，牛长岁等译：《阎锡山研究——一个美国人笔下的阎锡山》，黑龙江教育出版社1990年版，第123页。

③ 山西省史志研究院编：《山西通志·电力工业志》，中华书局1997年版，第15—17页；《山西省的产业与贸易概况》，侯振彤译编：《山西历史辑览》，山西省地方志编纂委员会办公室1987年版，第100页；山西省史志研究院编：《山西通志·轻工业志》，中华书局1998年版，第2页。

④ [美]唐纳德·G·季林（Donald G.Gillin）著，牛长岁等译：《阎锡山研究——一个美国人笔下的阎锡山》，黑龙江教育出版社1990年版，第187页。

渐涨，如 1936 年就已盈利 10 369 042 元（法币）[①]。有关“西北实业公司”下属各企业及其运营情况详见表 1.1.1：

表1.1.1　“西北实业公司”各企业运营情况

厂名	资本（万元）	投产日期	运营情况
西北印刷厂	30	1932年	各种钞票 、商标、书籍、杂志等36万张
西北火柴厂	13	1934年	年产8万箱，产值60万元
西北皮革制造厂	20	1934年	年产靴20万双、皮带用革1 650张、底革4 750张
西北窑厂	33	1924年	年产各种砖1 010 400吨
西北洋灰厂	50		日产高级水泥500桶
西北造纸厂	45	1935年	年产毛边道林纸738 747磅
西北毛织厂	45	1933年	日产哔叽800码、毛呢400码、毛毯20条、针织品200磅
西北煤矿第一厂	110	—	日产烟煤1 000吨
西北炼钢厂	600	—	预计日产焦炭240吨、生铁160吨、钢120吨、钢轨80—120吨
兴农酒精厂	15	—	日产酒精及新农油50—60桶
西北电化厂	40	—	日产烧碱2吨、漂白粉2吨、盐酸2吨
晋华卷烟厂	—	—	日产300—400箱
西北煤矿第二厂	20	—	预计日产800吨
西北木材厂	—	—	以供给火柴用材为主
西北发电厂	—	—	机器设备计10 500千瓦
西北机车厂	—	—	年制作各种机器450台（个）
西北农工器具厂	—	—	制造新式农具，如播种机、锄草机、脱粒机、深耕犁等
西北铁工厂	—	—	制作锉刀、钻、油印机等
西北熔化厂	—	—	制造各种铜制品
西北机械厂	—	—	主要制造煤气炉、瓦斯灯等
西北水压机厂	—	—	制造水泵、电动机等
西北化学工厂	—	—	年产硫酸50万磅、硝酸15万磅、酒精17万磅
西北汽车修理厂	—	—	修理汽车兼安装暖气及自来水管等
西北育才机械厂	—	—	年制造能力为各种机械设备454套（台）
西北铸造机器厂	—	—	铸造同蒲铁路所用车辆、铁管、螺丝等

① 中共山西省委调查研究室编：《山西省经济资料》第四分册，中共山西省委调查研究室1963年内部刊行，第19页。

注：西北炼钢厂预定 1937 年 10 月 1 日开工，因日军侵晋未及开工即陷敌手；西北木材厂 1937 年 1 月从西北火柴厂划出。

资料来源：山西省政协文史资料研究委员会编：《阎锡山统治山西史实》，山西人民出版社 1981 年版，第 182—185 页；《山西省的产业与贸易概况》，侯振彤译编：《山西历史辑览》，山西省地方志编纂委员会办公室 1987 年版，第 79—83 页；《华北通览》，侯振彤译编：《山西历史辑览》，山西省地方志编纂委员会办公室 1987 年版，第 169—174 页；张其昌：《太原火柴业的演变》，《太原文史资料》第 10 辑，1987 年编印。

在山西工矿业体系中，除“山西人民公营事业”下属工矿企业外，省、县、村营公社也是不容忽视的力量。以省营公社为例，晋丰面粉公司、大同煤业公司、晋通花店等主要企业总资产达 340 余万元。其他如晋北矿务局、土货商场、阳泉煤业公司等省直属企业资本也在 350 万元以上[①]。上述新兴企业构成多层次多领域的产业链，并将山西经济推向一个新的发展阶段。这些近代工矿企业的兴建与投产，“使山西的工业在全国开始占有一定地位”[②]。然而，非常不幸的是，山西刚刚起步且初见成效的近代工业基础建设却被 1937 年日本所发动的全面侵华战争完全阻断，山西艰难的近代化进程由此而止。

三、交通运输业

山西近代交通网络是随着山西近代工业和商品经济的发展而兴起的，近代交通以火车、汽车运输为标志，以铁路、公路修建为发展脉络，同时辅以邮电网络扩充。这些均是社会发展的重要表征。

（一）铁路与公路交通

山西是中国较早拥有铁路干线的省份之一，到 1911 年已有正太和京绥两条铁路干线。其中，正太线为窄轨线，全长 235 公里，山西境内路长 172.381 公里；京绥线为标准线路，全长 830 余公里，山西境内干线长 148.4 公里[③]。1919 年，又建成长 20.569 公里的京绥线大同运煤支线[④]。两条铁路干线是晋煤外运以及物资交流、信息

① 山西省政协文史资料研究委员会编：《阎锡山统治山西史实》，山西人民出版社1981年版，第189—190页。

② 祝慈寿：《中国近代工业史》，重庆出版社1989年版，第92页。

③ 山西省史志研究院编：《山西通志·铁路志》，中华书局1997年版，第12页；李大钧：《山西铁路史话》，山西人民出版社2001年版，第10页。

④ 山西省史志研究院编：《山西通志·铁路志》，中华书局1997年版，第47页。

传送的重要通道。1935年，正太铁路全路货运量达251.5万吨，平绥铁路全路为239万吨。同年，正太、平绥铁路分别运送旅客73.3万人次和130万人次[①]。由于正太、平绥铁路在经济和军事上日益彰显的重要性，阎锡山于1932年决定修建纵贯全省南北的同蒲铁路，该路到1937年抗战全面爆发前基本建成并通车运营，其中干线853公里，忻窑线、平汾线、太白线、原阳线、太兰线、榆谷线等6条主要支线计270余公里[②]。同蒲路成为贯通山西南北交通的大动脉，1934年太原至介休段通车后即发送旅客7万人次，次年则达27.5万人次。货运量同样大幅提高，1935年货运量约44万吨，比上年增长6倍[③]。同一时间，还修建了总长约38公里的上兰村支线、西山支线、西铭支线等专用铁路线，以方便专用厂矿之生产[④]。至此，山西全省境内各类铁路已达1 500余公里，占华北铁路总长的1/5。这些铁路的修筑带来了丰厚的经济利益，以同蒲铁路为例，仅1936年就盈利2 960 561.39元（法币）[⑤]。

至于公路建设，从1921年山西修建第一条以太原为中心、南至平遥、北达忻县的干线公路起，至全国抗战前已建成以太原、忻县、大同、平遥、运城、长治、晋城等城市为圆心并辐射周围县市的23条（段）公路干支线，共计2 938公里，其中已通车者计2 300余公里。此外，正在修筑者计1 000余公里，计划兴修者有3 000余公里[⑥]。1937年2月，山西省政府更提出“（民国）二十六年以筑路为中心工作”的宏伟计划，要求全年修筑公路2 500余公里[⑦]。与此同时，公路汽车运输业亦呈现出快速发展之势，到1936年全省营业汽车共达389辆，其中客车267辆、货车122辆[⑧]。据

① 《山西铁路志》编纂委员会办公室编：《山西铁路志（1896—1985）》第三编中册送审稿，《山西铁路志》编纂委员会办公室1995年版，第3页；《山西铁路志》编纂委员会办公室编：《山西铁路志（1896—1985）》第三编上册送审稿，《山西铁路志》编纂委员会办公室1995年版，第5页。

② 《同蒲铁路概况》（1946年），B30-2-495-2；山西省史志研究院编：《山西通志·铁路志》，中华书局1997年版，第111页。

③ 《山西铁路志》编纂委员会办公室编：《山西铁路志（1896—1985）》第三编上册送审稿，《山西铁路志》编纂委员会办公室1995年版，第5页；《山西铁路志》编纂委员会办公室编：《山西铁路志（1896—1985）》第三编中册送审稿，《山西铁路志》编纂委员会办公室1995年版，第5页。

④ 山西省史志研究院编：《山西通志·铁路志》，中华书局1997年版，第104—111页。

⑤ 《1934—1936年同蒲铁路运营统计表》，山西省史志研究院编：《山西通志·铁路志》，中华书局1997年版，第608页。

⑥ 山西省史志研究院编：《山西通志·交通志·公路水运篇》，中华书局1999年版，第13页；《山西公路状况及修复意见》，B30-2-495-6。

⑦ 山西省交通厅公路交通史志编审委员会编：《山西公路交通史》第一册，人民交通出版社1988年版，第122页。

⑧ 中共山西省委调查研究室编：《山西省经济资料》第二分册，山西人民出版社1960年版，第769页。

统计，汽车运输营业额在1933年时就达1 456 825.46元（晋钞），除支出1 078 051元外，净赢利超过378 774元[①]。

由此可见，到1937年7月前铁路与公路交通业已在山西国民经济和社会发展中扮演着越来越重要的角色。

（二）邮政电信事业

山西邮政始于1901年，最初设太原邮政局，为副邮界首局，归北京正邮界管辖。[②]当时，全省只在太原设分局1处，在平遥、太谷、祁县等3处设代办所。1905年，太原邮政局升为副总局，统辖山西全境。1909年，邮务范围包括山西、绥远及河南彰德等地区。到清王朝覆亡之时，所辖局、所达297个，全省邮路长8 014公里，其中火车邮路203公里，余为步班邮路[③]。民国建立之后，太原副邮界升格为正邮界，太原邮政副总局亦相应升为总局。1913年，太原邮政总局改称山西邮务管理局，1935年又改称山西邮政管理局。名称变化显示出山西邮政规模的扩大，但由于军阀混战，交通受阻，山西邮政事业总体上在艰难中前行。直至阎锡山实施“山西省政十年建设计划”之后，山西邮政事业方进入中华邮政管理下的“黄金”阶段。尤其随着同蒲铁路的分段开通以及公路的大规模兴建，邮路大为扩展。据统计，至1937年6月底，山西邮路总长度达17 555公里，比清末增长119%。其中，铁道邮路969公里，占5.5%；汽车邮路1 155公里，占6.6%；邮差邮路15 431公里，占87.9%[④]。同期，全省105县中设置管理局1处，二等局20处，三等局68处，合计89处，占县城总数的约84.8%；设代办所16处，占县城总数的约15.2%；另在县城以下的城镇设局15处，代办所347处，基本形成以县、镇为中心并辐射全省的近代邮政网络系统[⑤]。邮路的扩充及网络的完备使邮政业务种类逐渐趋于周全，业务除普通信邮之外陆续开办了中华邮政所有的其他各项业务，如保险信函、邮政储金、航空邮件、汇票、代订刊物、邮转电报等项目，整个业务呈蒸蒸日上之势[⑥]。可见，

---

① 山西省交通厅公路交通史志编审委员会编：《山西公路交通史》第一册，人民交通出版社1988年版，第144—145页。

② 大清邮政按照海关管界划分邮界，北京邮政官局称“北京邮界总局”，管辖范围包括直隶、内蒙古以及河南、山西、陕西、甘肃、新疆副邮界。

③ 《山西邮电志》编纂委员会编：《山西邮电志》，山西人民出版社1995年版，第2页。

④ 山西省史志研究院编：《山西通志·邮电志》，中华书局1996年版，第98页。

⑤ 山西省史志研究院编：《山西通志·邮电志》，中华书局1996年版，第21页，第135—136页；《山西各邮区统计表》，B37-4-5。

⑥ 山西省史志研究院编：《山西通志·邮电志》，中华书局1996年版，第135—136页；《山西各邮区统计表》，B37-4-5。

战前山西邮政已具备了现代邮政的诸多功能，如发布政令文件、进行宣传教育、向生产各部门提供信息交流通道、为广大城乡居民提供信息沟通和感情联络以及互通有无的交流平台、进行国际信息交换等功能，并随着各级政府及普通民众对信息交流需求的不断增加而在整个社会中的地位越来越突出。

电信业亦是交通系统的基本元件，其分为电报与电话两个子系统，两者均源于清末。1890 年，由保定经获鹿、太原、平遥、侯马至西安的有线电报线路建成，全长 1 301.77 公里，山西境内约 880.71 公里。1908 年，增建太原—忻县等三条线路，共约 224.66 公里。1909 年，兴建牛杜至运城线路 25.92 公里。次年，展建归化（今呼和浩特市）到太原线路，约 284.56 公里。1911 年之后，民国北京政府将山西电报局划归晋豫电政管理局管辖，直到 1928 年独立的山西电政管理局成立而止。至 1937 年，全省国营电信局、所共计 36 处，约占全省县城电信局、所总数的 34.2%。与此同时，阎锡山于 1915 年创办山西军用电信局，从而建构起山西电信系统国营与省营相互竞争的格局。山西军用电信局在阎锡山大力支持下，凭借政策等方面的优势在各县广设分局、分卡。该局虽名为“军用”，实属军民两用。至 1934 年，各县军电分局、分卡已发展到 140 处，全省 105 个县和主要集镇皆可通报通话[①]。

山西的电话业务产生于 1902 年。是年，清政府创办太原电话局，经营市话业务。民国之后，山西同时存在两个不同系统的电话网络，一个是由国民政府交通部兴办的国营系统，但因受到山西军用电信局的挤压，直到 1935 年仅在太原、榆次、大同三地开通市话业务，其中太原电话局拥有交换机 500 门、架空明线 1 064.32 公里[②]；一个是 1915 年成立的山西军用电信局，该局在以太原为中心的 28 个市县开通市话业务，仅太原总局就有交换机 250 门。长话业务起步较晚，但在两系统竞争中发展很快，到全国抗战前省内各电报局、卡已均可接转通话，同时省际长话亦连通了河南、陕西、河北、江苏、湖北、湖南、江西、热河、察哈尔、绥远等地。

总的来说，到全国抗战爆发前，山西已基本形成以铁路、公路、有线通信线路为动脉，以火车、汽车、电报、电话为主要工具的连通省内外的立体式交通网络。但这一较为完备的交通网络在日军侵晋之后立即沦入敌手，并成为日军掠夺山西资财及奴役广大人民的工具。

四、农林牧副业

山西属于农牧结合地区，在地势上多表现为山岳地带，除河东一带部分地区土地

---

① 《山西邮电志》编纂委员会编：《山西邮电志》，山西人民出版社1995年版，第3页。

② 太原市人民政府地方志办公室编：《太原市志》第二册送审稿，时间不详，第67页。

肥沃外，其余各地均较贫瘠，加之水利资源有限，近代农业生产所受限制较大。作为一个以农为主的省份，耕地自然是其发展的基本要素。据统计，1932年前，山西耕地一直保持在6 000万亩左右，之后略有下降，但到1936年又恢复到6 510万亩。耕地中旱田多，水田少。据1935年统计，全省旱地面积5 551万亩，约占农田面积的97.2%；其中平地2 244.5万亩，约占总面积的39.28%。剩下均为山坡地、河滩地、碱地，另有水田面积161.02万亩，仅占农田总面积的约2.82%①。

从土地肥瘦程度及与自然环境关系上讲，大体可分为北部、中部及南部3个区域，农作物无论从产量还是品种上也均可照此划分。北部地区人口分布较为稀疏，自然条件相对恶劣，且灌溉设施不甚发达，加上冬季寒冷，农作物多为一年一季；农作物主要是燕麦、粟、高粱等，其次是豆类、马铃薯、荞麦、胡麻等，小麦均为春天播种且种植面积很小。该地区百姓主要食用燕麦、小麦、马铃薯，并辅以高粱、豆类。到20世纪30年代，粮食亩产量也没有超过8斗，每年粮食总产量约1 000万石，除去自用尚余350万石②。中部地区是以太原盆地为核心的辐射区域，此处为山西经济、政治、文化中心，人口稠密，水利条件较好，且气候较温和，能够种植部分冬季作物。农作物以小麦为主，次为燕麦、玉米等以及少量水田作物。亩产量比北部地区高，每亩平均在1.2石以上，粮食年产量达2 700余万石。该地区人民多以高粱、玉米为食，所产小麦大都销往晋南或外省。同时，盛产各类水果和干果，崞县梨、忻县桃和杏以及徐沟和文水等地葡萄、汾阳核桃不仅产量可观，且口感驰名中外。定襄、文水、汾阳、太谷、祁县等地则是山西著名产棉区，年产棉均在3万担左右。山西南部地区属于重要产棉区，20世纪30年代年产棉花达60万担。农产品主要为小麦，大约每年可产500万石，其次是高粱、玉米、豆类等。由于棉田挤占粮田以及人口众多等因素，该地粮食生产不足，需仰仗山西其他地方或外省供给。除棉花之外，烟草亦是该地区重要的经济作物，如曲沃产量最高时可年产烟草450万斤③。以上划分基本上是依照地域而设，各地农田分布实际很不平衡。据1935年山西农业调查数据显示，耕地在100万亩以上者有大同等6县，50—100万亩之间者有榆次等44县，50万亩以下者有祁县等55县。如按农户划分，全省共有农户1 829 836户，每户平均4.8人，平均耕地31.2亩，每个农业人口人均耕地6.85亩。其中，平均每户所有耕地辽县（今左权县）最多，约142.8亩，

① 山西省地方志编纂委员会编：《山西通志·农业志》，中华书局1994年版，第33页。

② 10斗为1石。各地换算标准不同，一般1石=300斤。

③ 《山西省的产业与贸易概况》，侯振彤译编：《山西历史辑览》，山西省地方志编纂委员会办公室1987年版，第67页。

而平顺最低，仅 83 亩。在被统计的 105 个县中，农户人均占有耕地 10 亩以下的县有 4 个，11—20 亩之间的有 17 县，21—30 亩之间的有 27 县，31—40 亩之间的有 27 县，41—50 亩之间的有 10 县，51—60 亩之间的有 3 县，61—70 亩之间的有 4 县，71—80 亩之间的有 6 县，81—90 亩之间的有 2 县，91—100 亩之间的有 1 县，100 亩以上的有 4 县。就全省整体而言，加上非农业人口，人均占有耕地约 5.04 亩[①]。

由于受地理环境制约及时局动荡影响，山西自民国以来粮食产量增幅缓慢，1916—1936 年 20 年间只增加 26.625 万斤，年均增长幅度 0.2%，每年平均亩产量净增不超过 1 斤。到 1935 年，山西粮食总产量为 5 533.7 万石，其中水稻 12.7 万石、小麦 1 658.76 万石、谷类 1 872.4 万石、玉米 562.8 万石、高粱 1 054.3 万石、豆类 354.3 万石、薯类 191.6 万石，其他 464.2 万石（薯类中的马铃薯按每 4 斤折 1 斤粮食计）。1936 年，山西粮食产量达到最高峰，总产量为 3 367 410 吨，人均产量为每一农业人口 317 公斤，每一劳力 635 公斤[②]。

农业发展与林木种植可谓相辅相成，山西由于自然条件及人为破坏等因素在近代森林覆盖率不高，只有天然林数处，即北部地区宁武、岢岚一带和中部地区交城、方山、静乐等地以及南部地区沁源、安泽一带 3 个区域。民国时期，为了综合发展本地经济，阎锡山在《山西省政十年建设计划案》中专门对林业做出规划，设想 10 年之中以保护旧林和增造新林为基本方针，政府每年播种 240 万亩新林，期成量为 70%，必成量至少 50%。同时，在民众中广泛宣传，鼓励植树造林，要求每年每户以 2 株为期成量，1 株为必成量；逐年生产树木 750 万株，500 万株为必成量；生产树苗圃 50 万株为期成量，25 万株为必成量[③]。全民性的植树造林很快取得效果。到 1935 年，山西全省共有森林 2 743 763 亩，天然林 1 309 682 亩，人工林有木材树 12 280 212 株、生产树 4 161 268 株。各县中，以宁武森林最广泛，共有 579 000 亩；木材数以崞县（今原平市）最多，达 427 006 株；生产树以高平为首，共有 696 447 株[④]。这些木材除用于本省外，还向内蒙古、河北等地输送。其中，宁武、大同的木材销量最大，两地在 1926 年时就出产木材 60 353 株；其次是方山、离石、中阳、交城、介休、沁源等地，当时

① 武昌祺、侯欣珪主编：《山西粮食史话》，山西人民出版社1988年版，第2页。

② 武昌祺、侯欣珪主编：《山西粮食史话》，山西人民出版社1988年版，第4—7页；山西省地方志编纂委员会编：《山西通志·农业志》，中华书局1994年版，第225页。

③ 山西省政协文史资料研究委员会编：《阎锡山统治山西史实》，山西人民出版社1981年版，第178页。

④ 山西省地方志编纂委员会编：《山西通志·林业志》，中华书局1992年版，第9—10页。

出产各类木材 22 744 株；再次是垣曲等地[①]。

农业经济的发展促进了畜牧业的勃兴。20 世纪初期，山西家畜以羊、鸡数量最多，牛、马、猪等则相对较少。但随着农业经济的逐步发展，各类家畜数量明显增加，其增长情形参见表 1.1.2：

表1.1.2　1921年和1931年山西主要家畜统计表

家畜名	羊	鸡	牛	马	猪	驴
1921年	3 052 620	3 452 403	304 000	93 296	353 346	309 193
1931年	1 012 935	12 510 540	628 845	187 110	4 971 015	1 181 040

资料来源：《山西省的产业与贸易概况》，侯振彤译编：《山西历史辑览》，山西省地方志编纂委员会办公室 1987 年版，第 71 页。

各类家畜的养殖又带动了畜产品加工和销售业的发展，山西北部出产大量羊皮、羊毛，每年运往河北的羊皮就达 10 万张，由榆次经正太路输往外省的皮货达 500 万斤，经平绥路运往外省的羊毛达 50 余万斤。此外，晋北地区的蛋产品每年达 15 000 担，且大都运往天津市场[②]。

五、商业与市场网络

晋省自古商业发达，尤在明清之际，山西商人更将商业网络辐射至俄罗斯等海外地区，同时以其吃苦耐劳、精明强干而闻名遐迩。商业繁荣促进了金融业的发达，以“票号”为代表性产业的山西商人甚至一度执全国金融之牛耳。而且，明清以来随着商贸往来的频繁，省内集市数量不断增加。有人测算，1644—1734 年间全省有集市 599 个，1736—1795 年间全省集市数量达到 700 个，1796—1861 年间又增加到 743 个，1862—1911 年间则达到 805 个，1912—1937 年间发展到 840 个[③]。集市的兴旺促进了商业中心的形成，到民国时期已基本形成以太原、大同、平定、榆次、太谷、祁县、平遥、汾阳、临汾、运城等城市为中心的沟通省内外的商业和市场网络，且各网络中心多以地域特点开展商业活动。

以上市场的形成一方面依赖于地理位置、资源储备等先天条件，另一方面则倚重于工业及交通发展等后天优势，而这两个方面的因素反过来又造成了商业交往过程中明显的地区差异。例如，1934 年阳曲县营业税收入达 217 354 元，而偏关县仅 6 480 元，

---

① 山西省政府统计处编：《山西省第七次经济统计》（1926年），第101—102页，山西省档案馆藏。

② 《山西省的产业与贸易概况》，侯振彤译编：《山西历史辑览》，山西省地方志编纂委员会办公室1987年版，第70页。

③ 龚关：《明清至民国时期华北集市的数量分析》，《中国社会经济史研究》1999年第3期。

相差数额之巨显现出区域间商业发展的不平衡态势。这种不均衡的发展态势还表现在中心城市往往处于出超状态，在被统计的105个县市中有27个为出超且大多属于上述中心城市或环中心地区。如太原出超171 573元，大同出超232 689元，平定出超708 435元，榆次出超798 020元，徐沟出超355 360元，临汾出超108 296元，新绛出超377 854元，安邑出超6 083 200元，等等。这些地区大多工矿业发达，交通便利，产品商业化程度较高，产品除自用外仍能外销。当然，在这些贸易出超的县市中，亦有商业水平不甚发达者，如阳城、大宁等县尽管贸易额处于出超地位，但主要是由于人口稀少以及商品需求量不足所致。反过来，即使贸易入超之城镇，也不一定就表明其商业处于萧条状态，如太谷、祁县两地入超额分别为559 381元、158 600元，而其营业税收入却达76 314元、56 752元。这类地区多处于中心城市辐射区且产业不甚发达，工农产品难以自给，又基本属于消费市镇，因而需要外部大量供给。就山西商业贸易的总体状况而言，基本上属于内需大于外销的状态，即常年处于贸易逆差地位，且数额巨大。例如，1934年贸易逆差高达7 683 000元[①]。

总的来说，全国抗战之前山西商业网络有了长足发展，但较华北其他地区仍显不足，如在民国最兴盛时期每县平均不过8个集市，而同期河北和山东每县平均则分别达到20.4个和39.8个[②]。集市作为初级市场的缺乏导致山西商品市场较为消沉，只能通过集期的密集来弥补集市数量的不足，或通过大型庙会拓展商业往来。如太原每年举行的城隍庙会、精英大会，集期一月，“此两会为杂货会，全省各地产物皆粹焉”。其他各地的城隍庙会也多循此例[③]。这些庙会大多集期较长，以因应地处偏远之商品能够赶在集期之内运到销售。毫无疑问，商业网络的发展与近代产业链的构建息息相关，而商业网点的广布则有助于拓展农产品尤其是工矿产品的供销渠道，并融通境内境外信息，进而加速山西社会的商品化进程。

第二节　日本入侵与社会的反应

一、日本入侵山西的战略构想

山西自古即为兵家必争之地，随着日本由东北而华北的步步进逼，山西在整个中国的战略位置益显重要。阎锡山曾如此描述：“山西表里山河，中外军事家对它都有

① 段良辰：《一年来之山西经济》，《建政周报》1935年1月1日，第15页。

② 龚关：《明清至民国时期华北集市的数量分析》，《中国社会经济史研究》1999年第3期。

③ 王金绂：《中国经济地理》上册，文化学社1929年版，第201页。

华北要塞之称，合上绥远，可以说是西北的门户，也可以说是西北的屏藩；就全国说，与华南互为犄角，是全国的一个堡垒。山西保不住，不只华北失掉了地理上的重心，西北和华南也感受重大的威胁。”① 实际远不止此，山西全省境内蕴藏着丰富的煤、铁等矿产资源以及充裕的农牧副产品，无论从军事角度抑或经济层面均对日本有着巨大的吸引力。早在 1903 年，日本天津驻屯军司令官主持编写的《天津志》就对山西当时的经济状况作了详细的描述。之后，日方不断派人来晋调查当地矿产资源、社会经济、风土人情，并根据所收集到的资料撰写了许多有关山西经济状况的调查报告，如日本商人大岛让次于 1927 年编写的《山西、直隶棉花情况报告书》、“满铁”（即“南满铁道株式会社”）调查科于 1936 年编写的《山西省产业与贸易情况》、日本东洋情况研究会编辑并于 1937 年 8 月 30 日发行的《华北通览》等。这些资料既为日军侵入山西之后有计划地掠夺该地区资源提供了可靠的数据或情报，同时亦使日本认识到“山西省以及以山西为根据地，跨蒙疆、陕西、甘肃的中国西北地区，对于大东亚建设而言，确是个重要地区。”②

日本尽管在地理上将山西与西北诸省划归一体，而在经济上却将之纳入华北经济圈，即通过对山西省内矿产资源的调查和掠夺，建立“日满支经济布洛克”③。1933 年 9 月 1 日，日本外务省亚洲局中国课课长守岛伍郎拟订了一份“开发”华北经济的政策草案——《关于发展华北地区我方经济文件》，该文件提出要对“华北地区的我方既得利益”“实行重新投资”，以“逐步获取新的权益”。为实现这一计划，须以统制山东、山西煤炭为中心，组织以日本资本市场为主体的投资团，必要时由日本政府直接出面或利用日本支持的地方政权对“投资”实施有力保护④。同时为便于华北资源外运，“满铁”于 1934 年 3 月和 6 月两次派人进行实地考察，并在此基础上提出一份对中国尤其华北实施经济扩张的方案，其要点包括“由满铁在华北设立运输公司，或与中国‘合办’运输公司，经营中国国有铁路的普通业务”，“同时还计划将北宁线（北平—沈阳）延长至山西，以便于山西煤炭外运。”⑤1936 年，日本关东军驻北平特务机关长松宝孝良在《华北经济对策》文件中则明确宣称：

---

① 李茂盛等：《阎锡山全传》下，当代中国出版社1997年版，第692页。

② 中央档案馆、中国第二历史档案馆、吉林省社会科学院合编：《河本大作与日军山西“残留”》，中华书局1995年版，第142页。

③ 中央档案馆、中国第二历史档案馆、吉林省社会科学院合编：《华北事变》，中华书局2000年版，第286—287页。

④ 臧运祜：《七七事变前的日本对华政策》，社会科学文献出版社2000年版，第197页。

⑤ 军事科学院军事历史研究部著：《中国抗日战争史》上卷，解放军出版社1991年版，第337页。

“华北为全华原料中心地，物产为丰富之煤、铁、小麦、棉花、石油……故华北诚为我帝国最好新殖民地。”更有日人发表《华北煤炭及铁矿资源的开发问题》一文，公开指出：“山西省不但是中国的宝库，而且也是东洋的宝库……这个地方，今后成为日本的势力范围，在同一地域生产铁和煤炭，可以说是得天独厚，更不用说要善用这里的物产。”①

日本对山西资源的觊觎可谓如火如荼，一方面派人从事实地勘察并进行分析论证，另一方面还积极与阎锡山就山西“产业发展”问题进行协商，希图参与山西经济事业。同时，通过向山西商人借款以及直接投资的方式强化对山西经济的控制力度。例如，日方仅1933年就向山西商人贷款1 106 000日元，约占当时日本对华贷款总数的0.15%。投资则主要集中于山西煤矿业，其中以大同保晋、晋北煤矿以及孝义县煤矿金额最大，分别为150万和140余万日元②。此外，还利用走私方式挤占山西“土货”市场，拓展日货倾销渠道。走私品种繁多，尤以纺织品和毒品为最。

除经济或资源因素外，日本在政治上亦未曾松怠。早在九一八事变之后，日本为了“驱逐国民政府势力于华北之外”，就制订了谋求“华北自治”的基本措施，其要点就是将山东、山西等地方实权派“逐渐在事实上独立于中央政权的政令之外，恢复与华北及日满两国的依存关系”③。基于此种考量，日本在加强对华北地方当局实施军事压力的同时，始终将工作重点放在华北诸省实力派特别是山西阎锡山方面。1937年5月，日军在天津专门召开华北特务机关会议，会议决定撤销太原特务机关，“以示表面停止对晋之活动”，但要求加强山西临时特务机关组织，尤须在察、绥、冀、豫各省与山西交界地区增设小型机构，“取星罗棋布形式包围山西”。而且，这些机关须尽量任用晋籍人员，尤要收买在外省的晋籍商人以及该省的一些政治失意分子，以利用他们回乡省亲的机会或旧有的关系为日本收集情报。强调对晋工作“须列于基本工作之重心”，须密切关注该省“党派活动，各团体之活动与组织，山西牺牲救国同盟之活动情形，抗日刊物之收罗，山西当局与各省之勾结，中央在山西之活动，国防之一切设施”④。

总的来说，1937年前日本对山西的一系列活动基本上是以经济渗透和政治分化为主，并通过这些活动确立了入侵山西的基本方针及其战略目标。例如，1936年11月日军进攻绥远时就有这样的设想：“假令绥军不事抗敌，即可深入山西，再谋宁夏，

① 张全盛、魏卞梅编著：《日本侵晋纪实》，山西人民出版社1992年版，第162页。

② 侯振彤译编：《山西历史辑览》，山西省地方志编纂委员会办公室1987年版，第81页。

③ 臧运祜：《七七事变前的日本对华政策》，社会科学文献出版社2000年版，第87页。

④ 《日寇侵略山西的重要纲领》，《救国时报》1937年7月5日。

使外蒙受其包围，对俄军事可取得优势地位，同时对中国华北数省垂手可得，并可威胁黄河流域及新疆、青海等省，深入内地。”按此狂妄设想，“此时之中国非复我有，而彼则可取得天然丰富之资源，以供侵苏战争之需要。”① 显然，日本在发动全面侵华战争前就已明确了占领山西的整体架构或基本的政策轮廓，即在战略上将山西作为扩大侵略中国西北、华北乃至整个中国的基地，并以山西为结合部将“蒙疆”和华北两大地区连接起来，构建日本主导的政治文化圈；在经济上则通过占领山西实现黄河以北区域的经济整合，进而完成对上述所有地区的经济殖民化，并使之成为日本战时经济膨胀的资源供给地。

二、日军入侵山西

1937年7月7日，日本制造卢沟桥事变，并以此为起点发动全面侵华战争。7月底，平、津相继失陷。随之，日军分兵三路沿平绥、平汉和津浦线向中国腹地大举进攻，山西遂成为华北战场之中心。

9月初，日军首犯晋北天镇，进而直攻阳高、广灵，中国守军溃退，第二战区司令长官阎锡山乃命令部队放弃大同，退守雁门关以南并坚守平型关至阳方口一线。同时，阎氏急电国民政府军事委员会委员长蒋介石并请求派兵增援，蒋即派卫立煌率3个军驰援山西，后又调遣孙连仲诸军进入山西协同作战。刚刚完成改编并渡河进入山西的八路军亦归入第二战区序列，统一接受阎锡山指挥。9月24日，八路军第115师于平型关至东河南镇10余里长的公路南侧山地伏击了板垣师团的辎重部队，取得全国抗战以来中国军队的首次胜利，打破了日军不可战胜的神话。

但整个战局并未向有利于中国的方面发展，日军不仅突破内长城一线，而且平汉路日军在占领石家庄之后亦分兵直趋晋东门户娘子关。在形势极为不利的情况下，阎锡山决定部队撤至忻口一线全力阻击日军南下，以确保太原。10月初，日军突破中方崞县、原平防线，直扑忻口，双方在此展开为期20余天的血战，史称“忻口会战”。忻口之役，中国军队以牺牲3万余名官兵包括第9军军长郝梦龄、第54师师长刘家麒等数名高级将领在内为代价，毙伤日军2万余人，再一次沉重打击了日军的嚣张气焰。

日军由于在忻口正面遭受重创，乃调遣平汉路主力由正太路西进，准备占娘子关，取太原，从后面迂回包抄并全歼中国军队。10月下旬，娘子关失守，太原东部屏障顿失，忻口中方守军面临腹背受敌之虞。11月2日，忻口被迫撤守。11月8日，太原失陷，阎锡山及其所属军政机关撤往晋南重镇临汾。

---

① 《第二次华北处理纲要》（1936年8月11日），中央档案馆、中国第二历史档案馆、吉林省社会科学院合编：《华北事变》，中华书局2000年版，第763页。

1938年2月，日军发动“晋南作战”。3月，临汾、运城、风陵渡等晋南重要城镇及黄河渡口相继失陷。至此，山西境内各大中城市、交通干线及沿线主要地区全部沦于敌手，日军在山西境内的大兵团作战基本结束。与此同时，战时山西政治军事格局初步形成，日军将大同与晋北诸县划归“蒙疆”伪政权管辖（即“蒙疆联合自治政府”）[①]，其余占领区则成立了以苏体仁为伪省长的山西伪政权[②]；阎锡山以晋西吉县为中心，重建山西省政权，下辖10余县；中共以山西境内各大山系为依托建立了晋察冀、晋绥、晋冀豫、晋西南等抗日根据地，展开全面的游击战争。三方势力范围虽随战事演进时有变化，但总体上或在较长时间内一直保持犬牙交错态势，并在具体斗争中表现为三种势力此消彼长。这种格局存续的结果实际正像1942年1月中共太岳区岳南专办主任时逸之所指出的那样：“军队多不统一，犬牙交错，彼此对峙，形成混乱……这些军队与敌人、与我方犬牙交错，彼此对峙，你来我往，形成拉锯形势”。“政权形成多头，县长多头，区长多头，村长你斯我杀，展开全面斗争（特别是宣传战，这样形成人心携二……）。在武装掩护下，敌人有伪县长、伪区长，61军有61军的县长、区长（浮山、翼城），27军有27军的县长、区长（在高平），在沁水城附近（二区）、在晋城晋翼公路以西，有所谓办事处……这样一县就形成了3个政权、4个政权，至少两个政权（敌人政权与抗日政权）。”[③]。

三、山西社会的反应

卢沟桥事变发生后，日军大举进攻平津，山西社会各界立即感受到中日大战已经来临，抗日热情随之高涨，全省各团体、各阶层纷纷组织各种各样的活动声援前线作战将士[④]。省内各救亡团体及青年志愿者则“为达救亡志愿，分编志愿军及看护队”，奔赴前线参战服务[⑤]。为了消解民众对战争的恐慌以及避免由战争引起的社会失控，

① 1937年10月15日，日军在大同组建“晋北自治政府”，管辖晋北13县；1939年9月1日，又将“晋北自治政府”与1937年9月4日在张家口成立的“察南自治政府”和10月27日在归绥成立的“蒙古联盟自治政府”合并为“蒙疆联合自治政府”，原“晋北自治政府”则改为其下辖的“晋北政厅”。1943年2月，“蒙疆联合自治政府”又将“晋北政厅”改为“大同省公署”。

② 1937年12月10日，日军在太原成立“山西省临时政府筹备委员会”。1938年1月下旬，改称“山西省政府筹备委员会”。1938年6月27日，伪山西省公署正式成立，下设1处5厅，伪省长苏体仁、伪秘书长李升培、伪民政厅厅长宋澈、伪财政厅厅长宋启秀、伪教育厅厅长裴涧泉、伪建设厅厅长张联魁、伪警务厅厅长白文惠。继苏体仁之后，伪省长先后为冯司直、王襄。

③ 时逸之：《岳南专办时期工作报告》（1942年1月3日），山西省史志研究院编：《太岳抗日根据地重要文献选编》，中央文献出版社2006年版，第312—313页。

④ 《各地民众愤慨激昂》，《大公报》1937年7月12日。

⑤ 《太原青年编志愿军》，《大公报》1937年7月18日。

山西省政府组建“晋钞发行准备管理会”，极力稳定币值，并由各商会成立“粮食平价委员会”，严禁商人囤积居奇，违反者“按军法重办”[①]。

虽然如此，战争的阴影仍造成山西社会恐慌，太原市已很少看到学生，男女学生连同工人均集中于军营，随时准备参军参战。日机频繁轰炸，市面萧条，妇女儿童已疏散到乡下，而店员、公务员、自由职业者则大多早出晚归躲避轰炸，营业及办公时间移至18—22点。物价昂贵，晋钞贬值，囤积之风愈演愈烈[②]。处于战区的大同形势更为严峻，“大同城内街上已经死寂得很，只有几个卖西瓜的老汉在街头上走动，城门洞口的守兵不像往日那样自然，对进城来的人盘查也改了语调，沉重而带有埋怨意思的‘进城来干什么？’”军方已经决定放弃大同固守雁门关，“汽车、大车、骆驼、毛驴子、独轮木车和洋车载着各种各样公的私的东西，潮水般的涌出西门。”[③]大同到雁门关路上，到处是逃亡人群，路旁庄稼地里“成熟的肥硕的高粱，狗尾大的小米穗子，倒栽及地”，沿途卖小吃的商贩由于敌机轰炸已无踪影[④]。无人之处，一切东西均可以自由分配，地里的庄稼被马夫用来做草料[⑤]。在晋东战场，人们同样充满对战争的恐慌，百姓大部分匆忙地逃难而去，“丢下剪刀、裁尺在炕上，烧饼在锅里，有几个壮年在对面村口徘徊，老人上来‘支应’也面带忧惶之色。”[⑥]

随着战事恶化，娘子关、忻口、太原等地相继失陷。太原沦陷之后，日军在城内大施淫威，将未及逃出城的百姓集中于太原中学，任意毒打、杀戮，对幸存者每天仅供应面包一个，饮水每人只限冷水一口……[⑦]城内“到处是残垣断壁，到处是燃烧的火焰、堆积的瓦砾，血肉模糊的尸体发出令人作呕的恶臭。成群结伙的野狗，在十室九空的街巷中乱窜，啃食着尸体。昔日阎锡山高官显贵们集居的精营街、新民街一带，朱门洞开，衣物狼藉。战前繁华的柳巷、鳞次栉比的店铺门面大开，遍地都是东倒西歪的货架，破碎的柜台，以及各种残破的什物，满目疮痍，一片战后带来的凄惨景象。”[⑧]

---

① 《晋金融界协力稳定钞价》，《大公报》1937年7月21日；《晋禁抬高粮价》，《大公报》1937年7月21日。

② 秋江：《娘子关雁门关途中（二）》，《大公报》1937年9月23日；秋江：《娘子关雁门关途中（一）》，《大公报》1937年9月21日。

③ 秋江：《退守雁门关（一）》，《大公报》1937年9月30日。

④ 秋江：《退守雁门关（二）》，《大公报》1937年10月1日；秋江：《大战平型关（一）》，《大公报》1937年10月5日。

⑤ 秋江：《大战平型关（二）》，《大公报》1937年10月7日。

⑥ 溪映：《山西的外线战》，《大公报》1937年10月29日。

⑦ 《陷后太原敌肆意屠戮》，《大公报》1937年12月3日。

⑧ 谷峰：《太原抗日风云录》，山西人民出版社2002年版，第113—114页。

在城乡附近，“四十岁以下妇女多被敌人奸淫，商号货物均被敌搜集载去，商民恨敌刺骨，纷起组织游击队杀敌。”[①] 随着日军对交通沿线两旁城镇的占领以及各地伪政权的建立，汉奸四处活跃，墙上抗日标语被用墨水涂掉[②]。日军在各地抢夺给养，任意枪杀怀疑的平民，所经之地，十室九空，汾阳核桃生意已近停止，各商号门首都贴上“本店数次被抢停止营业”等字条[③]。

战争不仅打乱了社会的正常运作，而且将山西分割成三种互不统属的社会形态，各处社会又表现出不同的面相，但处于日本奴役下的社会状态则成为当时山西社会的主要表象。这种景象正如李公朴先生所描述的那样：“随着日寇所到的区域，我们旧的政权全行瓦解，而汉奸组织的维持会一类的伪政权如雨后春笋而生。在‘挽救时艰’‘拯万民于水火’之类美妙的辞句下，把老百姓的财物、粮食及猪羊搜括而来送到‘兵营’，邻人的妻女，甚至自己的老婆亦送去慰劳。其用心亦可谓无耻良苦。”“由于旧政权的瓦解，不愿做亡国奴的……各县有许多地方人民便选出自己的抗日县长。”“无论是旧的或新的政权工作同志，只要是坚留在敌后的……他们感受到日寇的压迫最为亲切，他们都有着明确的民族意识。”“他们生在这个抗日战斗的时代，也勇敢地担当起这个伟大的战斗任务。”[④]

---

① 《北方战况》，《大公报》1937年12月26日。

② 秋江：《陷落半月的平遥》，《大公报》1937年12月26日。

③ 秋江：《劫后的汾阳、介休》，《大公报》1937年12月24日。

④ 李公朴：《华北敌后——晋察冀》，生活·读书·新知三联书店1979年版，第13—14页。

第二章　农业资源损失

山西自古以来就是一个不折不扣的农业省份，境内地形复杂，山地较多，约占总面积 70% 之多；耕地面积较少，且耕地中旱田多、水田少，丘陵、山坡地所占面积很大[①]。又据山西省地方志编纂委员会所编《山西通志·农业志》记载，1936 年全省粮食总产量 3 367 410 吨，棉花总产量 3 万吨，大牲畜 137 万头，当年总人口 1 147.2 万人，其中农业人口 1 059.5 万人，人均粮食 317.8 公斤、棉花 2.83 公斤[②]。这些数据大体反映了全国抗战之前山西农业生产的水平，亦是民国年间山西农业生产的最高水平。但是，随着日军侵入及其对山西农业资源竭泽而渔的掠夺与破坏，山西农业发展及农村经济遭到了难以估量的灾难性打击。

第一节 土地资源

土地资源是自然资源中最基本且不可再生或不可替代的资源，是人类社会赖以生息繁衍的物质基础，亦是农民安身立命之本，农民与土地之间自然存在着一种特有的“亲缘”关系。以 1936 年计，山西全省总人口 1 147.2 万人，农业人口 1 059.5 万人，农业人口占总人口约 92%。[③] 对于世世代代生活在这里的农民来说，土地是他们最宝贵的财产或最有意义的价值储存。然而，自日军侵入山西以来大量土地被强征占用，或破坏或荒弃，受损程度相当严重。

一、修筑军事工程对土地的占用与破坏

日军为了加强对占领区的控制，自侵入山西以来肆意强征占用农村土地，以大规

① 刘元堂等主编：《山西国土资源》上册，山西省计划委员会1985年版，第530页。

② 山西省地方志编纂委员会编：《山西通志·农业志》，中华书局1994年版，第18页。

③ 山西省地方志编纂委员会编：《山西通志·农业志》，中华书局1994年版，第18页。

模修筑各种军事工程，如封锁沟、封锁墙、碉堡、据点、公路网，以及为割断游击区与沦陷区之间联系而制造的“无人区”等。这些军事工程不仅占用了农民赖以耕作的大片良田沃土，而且密集的军事工程星罗棋布、纵横交错，又使大量土地被分割破坏。特别是1938年10月广州、武汉失陷之后，日军停止了大规模的战略进攻，而采取以巩固占领区为主的方针，中日战争转入战略相持阶段。1939年9月，多田骏出任日军华北方面军司令官后又提出所谓的“囚笼政策”，即以铁路为柱、公路为链、碉堡为锁，辅之以封锁沟、封锁墙，将抗日根据地分割成许多小块，然后实行压缩包围，形成网状的“囚笼”，以达到彻底摧毁抗日根据地和消灭抗日武装力量的目的。在此方针指导下，日军更加肆无忌惮地在山西各地大量强征占用土地，以修筑公路、据点、碉堡及封锁沟、封锁墙等。

1940年8月，八路军发动了以交通破袭战为主的“百团大战”，给予日军沉重打击，日本朝野惊呼“对华北应有再认识”，并将攻击矛头进一步指向华北敌后抗日根据地。1941年，冈村宁次继任日军华北方面军司令官，随即提出“治安强化运动”方针，即强化对华北的进攻、统制、奴役和掠夺，将华北变为日本的殖民地。“治安强化运动”的内容是“三分军事，七分政治”，是集军事、政治、经济、文化、交通为一体的“总力战”，是原有“囚笼政策”的再扩展。根据这个方针，日军以“囚笼”为依托，将华北划分为“治安区”（即敌占区）、“准治安区”（即敌我争夺的游击区）与“非治安区”（即抗日根据地）。对“治安区”以“清乡”为主，强化保甲制，推行“圈村”政策，掠夺粮食物资；对“准治安区”以“蚕食”为主，制造“无人区”，并在这些地区广修封锁沟、封锁墙与碉堡，防止八路军深入游击区和敌占区活动；对“非治安区”则以“扫荡”为主，实行残酷的“三光政策”。根据当时日军华北方面军作战主任参谋岛贯武治大佐的叙述，日军制定这些政策的依据是：“值此与中共争夺民众之际，把在我保护下的民众用这样的隔离线围绕起来，划出界限加以防护，不但可保居民安定，对于促使民众向我方靠拢，也有很大效果。在准治安地区和未治安地区的交界处，修筑适当的隔离壕沟或小堡垒（岗楼、据点之类）或两者并用，是阻止共军入侵的有效方法，因而广泛采用了这种方法。这种方法对于维护铁路交通也具有成效。在京汉路两侧各10公里的地带就修筑了长达500公里的隔离壕沟，以与共军根据地相隔绝，切断了冀中、冀南的丰富物资向其根据地运送的通路，起到经济封锁的作用。”①

所谓“封锁沟”被日军美其名曰“惠民壕”，主要修筑在日伪统治区和抗日根据

① 日本防卫厅防卫研修所战史室编，天津市政协编译组译：《华北治安战》上，天津人民出版社1982年版，第419页。

地交错地带，借此来割断两区之间的往来，使抗日根据地内的中国军民丧失生存条件，以达到将其彻底消灭的险恶目的，因此被老百姓愤然称之为“毁民壕”。“毁民壕”“长度往往达数十里，长宽和深度均在一丈五尺左右，沟底可通汽车，沟沿筑有围墙，沿着沟边五六里远即筑一碉堡，碉堡外并有铁丝网”①。例如，1942 年，“晋中区太谷各据点之敌，于 4 月 12 日起强征民夫万余人，由三台村沿山边至马范村以北，挖筑长达五十余里之封锁沟，深宽各一丈，所经之处侵占良田二千余亩，地内麦苗全被毁坏”②。据统计，到 1942 年，日军在华北强制人民挖掘的封锁沟达 11 860 公里，其长度等于山海关至张家口、宁夏及外长城线的 3 倍，这些封锁沟都是以农民失去土地和房屋为代价的③。

此外，日军还打着“修路补路积善多”的口号，肆意掠夺土地，强迫百姓修路。1940 年，日军在榆次强迫百姓修筑南要至长凝、南要至许曲宽 3.2 丈的汽车路，共毁坏百姓农田 100 余亩④。在太谷县修建的环山公路纵横交叉 10 余条，总长计 300 余里，毁坏农民耕地 300 多亩。为防止抗日军民破坏公路，日军在道路两旁挖掘了所谓的“护路沟”。1941 年，仅在赵城县因挖“护路沟”损毁土地就达 1 000 余亩⑤。1942 年，在太祁公路两侧挖掘了 1—1.5 丈宽的“护路沟”，绵延数百里，民间良田被毁者不计其数。日军甚至下令各县将靠近铁路、公路、大道两旁 300 米以内的庄稼一律割去，谁敢违抗就按“通八路”论罪。到 1942 年，晋东日军因修筑铁路路基强占民田 3 984 亩，修筑白晋路北段路基强占民田 1 860 亩，修筑公路强占民田 3 535 亩，共计 9 379 亩，若每亩平均产粮以 1 石计算，则晋东敌占区民众每年少收粮食 9 379 石⑥。太行区八年来日军共修筑据点 127 座，侵占土地 6 350 亩；修筑碉堡 726 座，侵占土地 7 260 亩；修筑炮楼 2 159 座，侵占土地 6 477 亩，仅此 3 项太行区人民就损失土地 20 087 亩⑦。

据不完全统计，至 1943 年日军在华北（包括河北、山东、山西、察哈尔、绥远 5 省和北平、天津两市）修筑铁路至少占地 1 800 平方里，新修公路至少占地 35 000 平方里，修筑铁路两旁“护路沟”至少占地 7 000 平方里，修筑公路两旁“护路沟”至

① 《密造封锁沟，暗设陷人井》，《太岳日报》1941年12月15日。

② 《暴敌奴役同胞万人，挖沟筑堡阴图封锁》，《新华日报》（华北版）1942年5月14日。

③ 裴琴：《华北敌筑万里沟》，《新华日报》（华北版）1942年11月20日。

④ 《敌人破坏春耕》，《新华日报》（华北版）1940年4月1日。

⑤ 《血腥弥漫下的赵城敌占区》，《太岳日报》1941年9月24日。

⑥ 《晋东敌寇修路，强占民田九千余亩》，《新华日报》（华北版）1942年2月10日。

⑦ 《八年来敌伪在太行区修筑碉堡、炮楼耗费民力及土地荒芜统计》，山西革命历史档案A128-2-8，山西省档案馆藏（以下凡引该馆该项档案者仅标注档案号）。

少占地 15 000 平方里，铁路和公路与“护路沟”之间至少占地 25 000 平方里，修筑封锁墙至少占地 5 000 平方里，合计占地达 88 800 平方里以上[①]。山西全省因之损失的土地数目惊人，但由于当时调查统计方面的因素以及后来资料损毁等原因，下面仅就该省 15 县土地受损情形以及由此引起的粮食损失作一统计，具体情形见表 2.1.1：

表2.1.1　全国抗战八年间山西部分县份日军征占土地统计表

县份	原有土地数（亩）	每亩平均产量（石）	共产粮数（石）	敌修沟墙碉堡公路占地数（亩）	共减粮数（石）
长治	29 645.1	1.04	30 830.904	4 479	12 110.67
长子	406 072.5	0.5	203036.25	17 600	52 800
襄垣	713 906.28	1.054 2	752600	40 243	403 436
屯留	747 219	0.6	448331.4	25 326	1 215 648
黎城	352 609.96	0.4	141043.984	1 265.1	11 568
潞城	59 860 687	0.5	29 930 343.5	1 336	4 008
壶关	395 672.12	1.5	593 508.18	1 318	11 862
平顺	259 842.1	—	371 093.7	—	244 070
高平	562 085	0.9	505 876.5	2 650	2 385
沁水	205 818	0.76	156 421.68	3 424	2 602.24
武乡	534 800.45	—	1 909 791.85	982	785.7
榆社	337 470	0.6	202 482	5 300	9 540
和顺	401 097.15	0.87	348 954.5	1 323.5	1 151.5
寿阳	2 605 469	0.5	13 027 34.5	1 644	822
太谷	516 994.9	0.8	4 135 95.92	14 574	11 759.2
总计	67 929 389	—	37310644.87	121 464.6（平顺除外）	1 984 548.3

资料来源：《上党区八年抗日战争资财损失调查表》，A128-4-7；《寿阳县财产损失调查表》，A128-4-86；《太谷财产损失调查表》，A128-4-85。

表 2.1.1 显示，全国抗战期间，14 县（平顺除外）因日军修筑封锁沟、封锁墙、碉堡、公路等项军事设施共计占用土地 121 464.6 亩，约占土地总面积的 0.18%，其中襄垣县

① 王炜：《敌寇对华北占领区粮食人力耕地的掠夺与破坏》，《晋察冀日报》1943年3月9日。

则占全县土地面积的5.6%，这些土地大部分属于民间上等好地。而且，由此造成的粮食损失亦十分惊人，15县仅此就减少粮食1 984 548.3石。

二、“无人区”及其他相关政策造成的土地荒弃与破坏

日占期间，日军为巩固对山西占领区的控制，大量构筑“无人区”，从而导致大片土地被分割破坏或荒芜废弃。就日军在晋冀两省交界处强行制造的“无人区”而言，从其开始兴建至1941年9月上旬，目的是要阻断冀西与晋东北山岳区和冀中平原区的联系，范围从平定二区娘子关经一、三区到四区南韩庄，再经盂县东山、定襄东南山区和五台一、二、三区，直至繁峙、灵丘南山，长500多里，宽三四十里，毁坏耕地无数①。五台县境内“无人区”，南至牛道岭，北到长城岭，东至晋冀交界处，西到清水河，长100余里，宽三四十里，境内被毁耕地3万余亩②。五台二区屋腔村是一个仅有100余户人家的山沟小村，因日军制造“无人区”荒芜土地竟达1 000余亩③。据北岳二专区8县340村不完全统计，八年间因敌制造“无人区”荒弃土地255 148亩（见表2.1.2）。由此可见，日军为割断沦陷区与抗战区之间的联系并彻底奴役和掠夺当地百姓，在山西制造了大量“无人区”，无数耕地就此荒废，无数村庄因此消失，成千上万民众为此失去赖以为生的土地而挣扎在生存与死亡的边缘。

表2.1.2 全国抗战八年来北岳二专区“无人区”荒废耕地统计表

县 份	阳曲	五台	寿阳	崞县	定襄	忻县	平定	盂县	合计
村庄数	84	83	4	5	13	1	30	120	340
荒废耕地（亩）	10 640	95 000	1 900	2 280	36 458	950	20 520	87 400	255 148

资料来源：中央档案馆、中国第二历史档案馆、吉林省社会科学院合编:《华北大“扫荡”》，中华书局1998年版，第884页；《北岳二专区“无人区”八年来寇灾损失统计》（1946年6月），中央档案馆、中国第二历史档案馆、河北省社会科学院编：《日本侵略华北罪行档案·无人区》，河北人民出版社2005年版，第154页。

除日军制造“无人区”造成大片土地毁坏荒芜外，还有其他一些因素（归根结底

① 《晋察冀抗日根据地》史料丛书编审委员会编：《晋察冀抗日根据地》第三册，中共党史资料出版社1991年版，第150—153页。

② 《晋察冀抗日根据地》史料丛书编审委员会编：《晋察冀抗日根据地》第二册，中共党史出版社1991年版，第156页。

③ 中央档案馆、中国第二历史档案馆、吉林省社会科学院合编：《华北大“扫荡”》，中华书局1998年版，第880页。

是日军侵略造成的）亦导致农村土地荒芜无数。

首先，由于日军在沦陷区设立名目繁重的苛捐杂税，百姓负担苛重，大片土地因无人愿意耕种而荒芜。例如，朔东平川位于同蒲路以东，仅 1944 年春以来群众对日伪负担所谓“正款”一项即达 15 种之多，涉及土地的有：地基款，即用作修筑碉堡工事用款，每闾（1917 年阎锡山兼任山西省长之后推行“编行村制”，设立村、闾、邻三级管理梯次，“闾”为村级管理单元之一）每季须交纳伪钞 220 元；地捐，每亩至 1944 年 9 月止仅正捐已摊到伪钞 4 元、附加 6 元；田赋，每两粮银伪钞 70 元。此外，尚有牲口捐、夏季口粮、储蓄金、门户捐、牛肉捐、车捐、鸡狗税等名目繁多的其他捐税。其中，驴骡等大牲口价值伪钞 100 元者每月抽 30% 的捐税即伪钞 30 元，100 元以上至 200 元者抽 40%，200 元以上者抽 50%；夏季口粮每闾须完纳小麦和莜麦各 500 斤。繁峙县许多村庄对敌负担相当沉重，如 1942 年正当民众春耕下种之时，日伪不断催款，老百姓只好将种子卖掉交款，许多土地因无种子下种而荒芜。南北洪水、上下台庄 2 000 多亩土地因民众担心受敌盘剥全部抛荒①。

其次，抗战转入相持阶段之后，日军对华北采取所谓“确保和扩大占领区”的侵略方针，并从 1938 年 10 月起开始实行“高度分散配置”和广泛杀伐的“扫荡”政策，且随着时间的推移愈演愈烈，特别是 1941—1942 年又与所谓“华北治安强化运动”相结合而达到高峰。日军武力“扫荡”的主要目标是中国共产党及其领导的敌后抗日根据地，“扫荡”完全采取毁灭一切的政策。据被俘日军士兵交代，1940 年冬日军华北方面军指挥机关曾向在山西中部“扫荡”的日军下达过这样的命令：“这次作战与过去完全相异，乃是在于求得完全歼灭八路军及八路军根据地。凡是敌人区域内的人，不问男女老幼，应全部杀死；所有房屋，应一律烧毁；所有粮秣，其不能搬运的，亦一律烧毁；锅碗要一律打碎；井要一律埋死或投下毒药……”②在此政策指导下，山西农村经济惨遭毁灭性打击。1940 年 9 月 13 日，日军“扫荡”平定县马家庄，杀死村民 334 人，烧毁房屋 248 处，抢走驴 127 头、牛 237 头、羊 532 只、猪 6 头、鸡 1 028 只、小米 1 011 石、小麦 820 石、玉米 236 石、黄豆 34 石、白面 2 174 斤、大米 30 斤、核桃 15 麻袋，抢走犁耙等农具 411 件、扇车 4 个，以及价值达 262 708 元（根据战后损失调查统计推断应为法币）的其他财物③。昔阳县安丰村赵栓家中原有坡地 20 余亩，因日军在“扫荡”中抢走了牲口和农具，加上缺衣少吃所引起的精力

① 署渊：《同是繁峙县生活绝不同》，《晋察冀日报》1942年9月17日。

② 《日本暴行座谈会记录》，《新华日报》（太行版）1944年8月15日。

③ 叶昌纲：《侵华日军在山西的暴行》，《山西文史资料全编》第5卷，《山西文史资料》编辑部1999年编印，第793页。

疲衰，土地几乎全部荒芜，秋后仅收麻籽2斗，全家4口人只能在糠菜里掺上几粒麻籽充食①。在日军“扫荡”之下，农村耕畜、农具、肥料等最基本的农业资本大为减少，此亦是土地荒芜的一个重要因素。

再次，日军在进行“扫荡”和施行“三光政策”的同时，疯狂地强征壮丁，逼迫他们从事各种劳役。例如，五台县前坪村每人每年平均出工270天，约占全年日数3/4，也就是说只有1/4的时日能够用于农业劳作。1941年，日军大量征调民夫沿各城市、铁道、公路或挖深壑或筑高墙或修碉堡炮楼，若男子不够则拉女子服役，民众因之奔逃至根据地者甚多。昔西日占区因劳动力缺乏，约有2/3的土地无人耕种②。1943年，日军在新绛附近修筑全长约50华里的“惠民壕”，在全县派征或强征苦力达1万人左右，农民离家弃田，无暇耕种，任其荒芜。据统计，中共上党区长治、长子、襄垣、屯留、黎城、潞城、壶关、平顺、高平、沁水、榆社等11县民众八年来修建碉堡、据点、炮楼、公路及封锁沟等耗去人工533 129 511个，而11县战前原有人口1 461 924人，按此计算，日占期间平均每人出工365个，加之服劳役者大多为青壮劳力，土地由此大片荒芜③。此外，日军为了扩充国防产业，弥补本国和“满洲”劳力不足，从山西掠走大批劳工。仅昔西一县在1941年就被抓去壮丁300人，占全县人口5‰。某20户人家的小村被抓壮丁达17人④。1942年8月，日人甲斐政治从伪满调到山西并被委以“顾问”职务，其在山西期间给当地人民制造了无数灾难，其中最大一件就是对山西劳力的拼命掠夺。1943年秋“祭孔”时，甲斐政治对当时的伪省长冯司直说：“山西资源丰富，日本愿以财力和技术支援中国，但中国必须自己先振作起来。为此，我建议山西成立一个建设性的组织，参加资源开发工作”。在冯司直照例表示同意后又说：“依我之见，咱们可将省内19到21岁的壮丁征集起来，进行军事管理，把他们分配到最重要的工厂和矿山，参加资源开发工作，技术条件和经营管理由山西产业株式会社负责。这样，各尽所长，对支援圣战和开发山西都有好处。”⑤“山西产业株式会社”是几乎囊括当时日占区所有近代厂矿的掠夺机构，是日本财阀攫取利润和军阀组织军需生产的重要来源。此前工人逃亡太多，日方感到劳力不足。甲斐政治的“建议”正是这种情势的产物。之后不久，即由甲斐与冯司直拟定了“急进建设团”这一名称，并通过《山西省“急进建设团”组织条例》，从而在山西太原和各县掀起一场抓丁狂风。

---

① 《昔阳县关于安丰村典型被灾户的材料》，A128-4-48。

② 《敌寇统治下的人间地狱》，《新华日报》（华北版）1941年8月21日。

③ 《上党这几年来抗日战争资财损失调查表》，A128-4-7。

④ 《晋中敌寇狂暴》，《新华日报》（华北版）1942年2月10日。

⑤ 《一场大规模的劳力掠夺内幕》，《太原文史资料》第21辑，1995年编印。

太原市由伪省警察署负责通知伪市政府出面召集适龄商店人员、作坊工人以及无业市民到海子边“自省堂”开会，待与会者入场后突然以伪武装警察包围会场，当场宣布征集令，立即强迫编组，押送营盘[①]。与此同时，阳曲等县日伪也开始疯狂强征壮丁，仅在向阳镇、板桥、蓝村等4村就强征250人，阳曲全县共征1 200余人[②]。据统计，此次全省被抓壮丁约有1万人。随后，日军将这些壮丁分别拨到太原东山孟家井、寿阳、阳泉等地充当矿工。此外，日军每年从华北掠走大批劳工运往关外。据缴获的日伪文件证明，日军运往伪满的华北劳工1937年为323 689人，1938年为501 686人，1939年为954 882人，1940年即达1 200 000人，4年合计2 980 257人，逐年激增[③]。

三、棉花和鸦片强制种植对粮地的“蚕食”与消耗

日军为满足军需民用并榨取各种利润，制定了各种政策强迫山西占领区内百姓以大量耕地种植棉花、鸦片，甚至设立水田公司直接掠夺土地，原在这些土地上世代耕作生息的农民不是被驱逐就是被迫替日本人劳作。据统计，榆次、平遥、临汾、襄陵、汾城等18县市1940年棉花种植面积达156 942.2亩，1941年为287 331.9亩，1942年为384 273亩，这些棉田面积的不断扩大是以牺牲农民赖以生存的禾田、麦田为代价的[④]。这些耕地因不间断地种植棉花而肥力下降，直接影响了之后土地的再利用或粮食作物的生长。

日伪还强迫各地民众占用大量耕地种植鸦片。例如，1940年，日伪在同蒲路沿线地区强迫民众拔掉禾苗改种鸦片。据日伪组织观察员统计，仅霍县因此就种鸦片5 000余亩[⑤]。1942年，日军在赵城县强迫百姓种植鸦片不下2 000亩，并下令每亩勒索现金60元，限4月底前交清，如限期不交者则立刻剥夺该土地之耕种权。到1942年，离石、榆次、忻县、代县4县鸦片种植面积已达11 389亩（759公顷）[⑥]。1942—1944年，方山县日军强迫该县百姓种植鸦片，全县沿川和大沟4 000余亩水地被迫改种鸦片，占全县水地面积80%以上[⑦]。在日军的威逼利诱下，山西整个沦陷区鸦片种植面积不

---

① 《一场大规模的劳力掠夺内幕》，《太原文史资料》第21辑，1995年编印。

② 《阳曲敌疯狂抓壮丁，敌占区成恐怖局面》，《抗战日报》1943年12月21日。

③ 《华北敌酷毒掠夺人力，四年捕我壮丁三百万》，《新华日报》（华北版）1941年12月1日。

④ 《（伪山西省建设厅）关于函送二十九年各县调查表的公函》，B54-1-14-22；《山西省各县六月份棉田面积调查表》，B54-1-15-3。

⑤ 玉甲、李牛：《在敌寇毒化下已成人间地狱》，《太岳日报》1940年9月23日。

⑥ [日]内田知行著，刘春芳译，孙凤翔审校：《山西省日军侵占区的鸦片管理政策》，《山西文史资料全编》第9卷，《山西文史资料》编辑部1999年编印，第162页。

⑦ 章伯锋、庄建平主编：《抗日战争·侵华日军暴行日志》，四川大学出版社1997年版，第103页。

断扩大，到 1945 年，仅晋源、清源、忻县、崞县、文水等 13 县鸦片栽种面积就达 66 181.56 亩[①]。鸦片种植占用了农村大片耕地，造成当地严重粮食恐慌，百姓生活陷入绝境。

除此之外，日军还公开掠夺农民土地。如寿阳、榆次之敌于 1942 年颁布命令，强夺民田，宣布段廷、西洛及榆次黄龙江之间水田一律归其所有，并尽毁当地麦田而改种稻禾。“上述两地，乃寿阳、榆次第一肥美田园，均为当地人民生活命脉，现在无论贫富，都成无地之人。”同年，日军为在赵城王可一带建立一水田公司并种植稻禾，强行没收民田 6 000 亩[②]。不仅如此，赵城百姓每日要无代价地替日军种地，从早到晚遭受着“两头不见太阳”的苦役，从而荒芜了自家田地。1944 年，长子县日伪强迫农民将土地“插牌”出卖，名叫“顶负担”，仅 ××（原资料未注明）等 7 个编村自 1943 年秋到 1944 年 6 月每村被如此没收的土地均在 100 亩以上[③]。凡此种种，不一而举。

总之，日占期间由于日军直接或间接对土地的强征占用及破坏，造成山西土地受损严重。据不完全统计，日军在和顺、潞城、榆社、昔阳、榆次、武乡、祁县、寿阳、平定、黎城等 10 县就占用土地 26 781.1 亩（包括修筑军事工程以及强迫百姓种植棉花、建立水田公司等所占土地），因日军侵略荒芜土地 1 666 362.47 亩[④]。如盂县 1936 年全县拥有耕地 60 余万亩，由于日军破坏，荒芜达 12 万余亩，到战后全县耕地已下降至 48 万余亩[⑤]。朔东平川位于同蒲路以东，原有沃田 5 000 余顷，过去每年出口粮食上万石，但在日军蹂躏和压榨下，大片土地或被占用或荒芜，当地人民陷于饥饿和死亡边缘[⑥]。其他日占区县份的情况亦大致如此，甚或更为严重，只是由于笔者目前掌握的资料有限，尚不能对全国抗战时期山西整个土地损失作出完全的估计或准确的统计。不过，有一点可以肯定，即农村大片土地受损对山西农业发展造成了相当不利的影响。一向以土地为生的农民因失去土地而面临粮食危机或因饥饿而死或被迫背井离乡沦为难民，成为战后农村重建的一大难题。

---

① [日]内田知行著，刘春芳译，孙凤翔审校：《山西省日军侵占区的鸦片管理政策》，《山西文史资料全编》第9卷，《山西文史资料》编辑部1999年编印，第164页。

② 《治安运动大现原形，没收民田种稻》，《太岳日报》1942年4月27日。

③ 郭述尧：《长子敌伪掠夺土地》，《新华日报》（太岳版）1944年6月28日。

④ 《太行二专区战争损失调查统计材料》，A128-2-11；《潞城县十一年来战争损失统计表》，A128-4-81；《长治、平顺、左权等二十个县八年抗战人财物损失调查表、统计表》，A128-4-7；《黎城县关于八年来战争人口等损失的统计表》，A128-4-41。

⑤ 盂县史志编纂委员会编：《盂县志》，方志出版社1995年版，第162页。

⑥ 耿林：《朔东平川的灾难》，《抗战日报》1944年11月29日。

第二节 粮食资源

日本全面侵华战争期间在中国大陆驻扎了上百万的兵力，若包括后勤、文职人员及侨民则人数更为巨大。由于战争历时久长、战线宽，军粮耗费量远远超出日本发动战争之时的预想，亦非其国力所及。因此，粮食供应问题直接决定日军能否在中国大陆长期作战。日军在山西的粮食政策是随战争的进行而逐步变化的，不同时期呈现出不同的特点。

战争初期，日军对各地粮食主要以“焚毁”为主。1937 年 7 月，日本发动全面侵华战争之时曾狂妄地宣称要在 3 个月内灭亡中国。由于日本蓄谋战事已久，准备充分，战争之初军需供给充足，无须为军粮等问题担忧，此时日军的主要目标集中于攻城略地以及摧毁中国军民的抗日精神，而对于粮食等物资的掠夺需求尚属其次，乃肆意进行焚毁或破坏。据《日本侵晋纪实》记述：太原失守后，日军曾对西山一带进行“扫荡”，在小虎峪村抢走几头猪，牵走若干牛羊，而对百姓储存的粮食斤两未抢，乃是浇上汽油予以烧毁。当这股日军“扫荡”西山返回太原途经移村时，除在该村抓鸡杀狗、奸淫滥杀外，同样对粮食采取破坏行为。1938 年 5 月 17 日侵入襄汾东令伯村时又将该村农民刚刚收割回麦场的麦捆全部焚烧①。在榆社县城内，数百间囤满金黄小米的楼房在日军“扫荡”时悉数被焚。屯留、长子、沁县 3 县仅在日军的一次“扫荡”中就被烧毁粮食 3 000 余石②。日军当时不仅肆意践踏百姓粮食，甚至连他们随军配备的大米、罐头等类物品也毫不珍惜，随意抛弃③。

随着日军速战速决战略破产，战线日益拉长，战局迅速扩大，侵华日军猛增。当时驻扎在山西的日军近 10 万人，加上 3 万侨民，军需供给日趋紧张，尤其粮食短缺现象十分严重，日军于是调整战初的粮食“焚毁”策略，开始极力贯彻“以战养战”政策。1938 年初，日军通过伪山西省公署采取恢复沦陷区农业生产的措施。1938 年春秋两季，伪省公署受命为一部分地区的农民散发种子，要求农民种田并承诺豁免 1938 年夏秋两季田赋。1939 年和 1940 年，山西发生水、旱、虫、雹等自然灾害，灾情遍及 46 县市，灾民达 50 余万人，灾情严重的晋中地区收获仅一二成，受灾较轻的晋南也只有五六成，有些地方甚至颗粒无收，农民被迫沿街乞讨，而日军不顾人民死活，命令伪省公署从 1939 年秋季开始征收田赋。随即，在建有伪政权的县份命令汉

① 张全盛、魏卞梅编著：《日本侵晋纪实》，山西人民出版社1992年版，第223页。

② 《八年来晋东南人民被敌蹂躏的一瞥》，A128-4-8。

③ 张全盛、魏卞梅编著：《日本侵晋纪实》，山西人民出版社1992年版，第224页。

奸查翻“鱼鳞册”（即战前县政府向农民征收钱粮的底簿），并命令伪村长将村内地亩、田主、粮银等情况如实编册上报，以供日军掌握掠夺情况。1939 年秋季开征后，各地日军命令所在地伪政权按册挨户征粮，一家一户也不能漏交漏征。猗氏县当时约有农田 4 000 顷，按日军规定田赋计算，第一年（1939 年秋至 1940 年秋）应征粮折价 8 万余元，实际征得 2 万余元。1942 年和 1943 年每年征收 5 万到 6 万元，1944 年和 1945 年分别征收 5 万元、4 万元。尽管未达到日军既定目标，但对农民已是竭泽而渔了。荣河县从 1939 年征收田赋后，每年被日军以种种方式夺走粮食约 500 万斤，占该县全年产量的 1/3①。

1940 年，日本国内发生严重的粮食危机，日本政府不得不“令人悉废午餐，各大纱厂工人，因营养不良，工作效率锐减，且每将机器损坏”②，而农村中“自中日战争爆发以来，至少有 100 万以上之农民被征服兵役，耕马亦减少全数之 35%，肥料价格飞涨，因此，农村情况日趋恶化，每个农民之捐税负担已由 1936 年的 7.7 日元增为 28.5 日元。自 1936 年至 1938 年，农民破产者数愈 15 万户以上”③。日本政府乃于 1941 年实行粮食配给制，国内反战情绪日益高涨。在中国，1940 年中国共产党领导的“百团大战”沉重打击了日军的嚣张气焰。为了缓和国内人民反战情绪并解决粮食危机，日军除继续围困和试图消灭抗日根据地外，从 1940 年起在经济上加紧了对粮食的掠夺。不过，早在 1939 年，日本华北方面军就已将粮食统制与掠夺作为围困与消灭抗日根据地的重要措施，并命令部队必须“保护其他地区的粮秣不被掠夺，并严加监视向山地运入粮秣物资，绝对防止共军获得粮秣”④。“百团大战”发生后，日本内阁于 1940 年 11 月 8 日公布《对华经济紧急对策》，提出要“极力增进中国土产物资的上市”，“要尽可能减轻我国（指日本——笔者注）的经济负担”，具体措施是“军队在当地自身生活上所需物资及特定的输出物资，尽量在其占领地区内获得”⑤。所谓“自身生活上所需物资”即特指粮食。也就是说，日本企图通过军队在占领区就地自给的方式来缓解国内危机。日本华北方面军副参谋长平田正判少将特别强调：“目前治安工作的一项重要内容，就是粮食供应问题……

① 张全盛、魏卞梅编著：《日本侵晋纪实》，山西人民出版社1992年版，第224—225页；曾业英：《日伪统治下的华北农村经济》，《近代史研究》1998年第3期。

② 《日寇粮食恐慌》，《新华日报》（华北版）1940年4月3日。

③ 《农村经济破产》，《新华日报》（华北版）1940年2月19日。

④ 日本防卫厅防卫研修所战史室编，天津市政协编译组译：《华北治安战》上，天津人民出版社1982年版，第141页。

⑤ 曾业英：《日伪统治下的华北农村经济》，《近代史研究》1998年第3期。

要采取应急措施，务期保证供应”[①]；“对于粮食问题，首先要争取华北自给自足”[②]。日军因之为满足军需民用，开始竭尽所能地掠夺山西粮食资源。

1940 年，日军在山西沦陷区开始推行“粮食派购”政策，即用军事或行政力量廉价夺取粮食。具体来说，就是按播种面积估计产量，并确定收购粮食总数，然后逐级派购到户，各户则须按照指定派购数量和品种限期交纳。为了迫使农民如期交纳所派购之粮食，伪山西省公署还制定赏罚条例：第一，凡隐藏粮食不能按期交售者以刑事处罚，并将所有粮食全部没收；第二，对按期按量交售粮食的农民发给“粮食供出证明书”，由日伪合作社配给日用品（所谓日用品，不过是一些棉布、食盐、火柴、纸烟而已，且配给量很少）[③]。据统计，1942 年配给品的款额尚能占到售粮总额的 60%，1943 年则下降到 40%，1944 年仅为 30%[④]。日军的粮食派购总是以高额高比例硬派强征，其估产数往往高于实际产量。据祁县同蒲铁路以北地区 80 多个村庄统计，粮食产量高估到 5 000 多万斤，征购量则达到 2 000 多万斤，占到了估计量 40% 左右，而以当年实际产量计，派购额则更高达 60%—70%，这无疑愈益加重了人民负担[⑤]。

1941 年 12 月，太平洋战争爆发。日军由于战线过长，粮棉等军需品储备日渐紧缩，甚至已经入不敷出，日军遂加紧实行粮食掠夺政策，以解决自身粮食困难并达到“以战养战”的目标。同时希望通过粮食统制政策使群众无法向中国军队提供后勤补给。从 1942 年起，日军在山西开始实行“现地自活体制”。所谓“现地自活”就是日军在山西的近 10 万军队和 3 万侨民之一切生活来源、战略物资供给全部仰仗对山西人民的掠夺。日军对粮食的掠夺主要通过以下几种方式实现：

1. 粮食统制与强征

实行“粮食统制”就是要全面控制粮食，包括粮食生产、收购、销售及运输等。1942 年，日伪华北物价处将“稻米”确定为统制物资，要求统制的粮种由日本方面统制收购，伪政权方面负责支援。伪山西省公署随之将“晋祠一带大米产区划为军粮征

---

① 日本防卫厅防卫研修所战史室编，天津市政协编译组译：《华北治安战》上，天津人民出版社1982年版，第242—243页。

② 日本防卫厅防卫研修所战史室编，天津市政协编译组译：《华北治安战》上，天津人民出版社1982年版，第241页。

③ 山西省地方志编纂委员会编：《山西通志·粮食志》，中华书局1996年版，第35页。

④ 山西省地方志编纂委员会编：《山西通志·粮食志》，中华书局1996年版，第35页。

⑤ 中共中央党史研究室科研管理部编：《日军侵华罪行纪实（1931—1945）》，中共党史出版社1995年版，第405页。

购区，规定所产大米全部征购，颗粒不得私藏民间。到秋收季节，指定打粮场所，由日伪军监督打场，将所有粮食押运公库保管，农民不得食用。”①1943 年前后，日伪又对小麦、杂粮实行统制。每到夏秋收粮季节，日伪就下达命令，强迫农民到指定地点交纳粮食。为确保这些重要粮食产品的收购，日伪自上而下层层组织收购“督励班”，伪行政长官和日军陆军联络部长亲自督阵，作为“绝对命令”由伪县公署、伪新民会、伪合作社三位一体向沦陷区农民强行低价收购。名为“收购”，实为掠夺。因为，农民上缴后所得钱款大都又以税收形式被征，几乎拿不到一分钱，故实为抢粮②。同时，日军为保障粮食供给，防止其流入抗日根据地，规定“治安区”内居民须将自己收获粮食的 80% 送入日军在各个据点设立的“储粮委员会”及“粮食会”的仓库中“保管”，每户只准保留一两个月的口粮，并使用捣毁民间石磨、石碾的办法迫使居民将粮食送进据点仓库。还规定居民领粮数目：6—12 岁的每人每日发粮 4 两，12—50 岁的每人每日发粮 1 斤，50—60 岁的只准吃稀饭糠皮，6 岁以下 60 岁以上的则颗粒不发。这些所谓入库“保管”的粮食实际根本不会再发给老百姓，而是以极低廉的价格“收购”后运往沦陷区各大城市或输往日本国内③。

日军除实行粮食统制政策之外，为了达到掠夺粮食的目的还强征各地人民粮食，而且强征数量往往要高于实际产量。特别从 1943 年起，日军借汪伪国民政府对美英等国宣战要求各地伪政权实行“参战体制”，伪山西省公署则为此专门制订了《山西省粮食搜集方案》，规定分配各县的搜集数额必须限期完成，超额完成者予以记功、提升等奖励，完不成任务者予以处分。根据这一方案，山西省日占区须在当年征粮 24 万吨（实际后来又追加为 35 万吨），约等于 331 万石（追加后约等于 538 万石）。而当时日占区 63 县总计有耕地 2 623.3 万余亩（伪山西省公署统计数），全年产粮不过 1 389.5 万石。也就是说，日伪规定的征粮数额几乎达到了 63 县正常年景时全年总产量的 1/4 或 2/5④。实际由于各县事先所报粮食播种亩数失实以及年成好坏等不确定因素，许多地方征派数额大都超过了产量数。例如，1943 年，日军在离石仅大麦一项就要强征 240 吨，而离石日占区产麦不过 60 吨，仅及日军征发数量的 1/4；交城覃村全村麦收最多不过 35 石，而日军却要强征小麦 10 920 斤（计 82 石），有 8 户人家

---

① 中共山西省委调查研究室编：《山西省经济资料》第四分册，中共山西省委调查研究室1963年内部刊行，第406页。

② 王士花：《“开发”与掠夺——抗日战争时期日本在华北华中沦陷区的经济统制》，中国社会科学出版社1998年版，第169页。

③ 刘欣、景占魁主编：《晋绥边区财政经济史》，山西经济出版社1993年版，第77页。

④ 张全盛、魏卞梅编著：《日本侵晋纪实》，山西人民出版社1992年版，第226页，第235页。

因无法交粮不得不将全部麦田交给伪村公所，该村饿死者达160余人[①]。又如晋西北的“宁武县产小麦很少，1943年产量不足收购量，农民请以杂粮代替……不许。”[②]在晋东南一些村庄，日伪甚至按房屋好坏用粉笔写上“立即征献小麦若干”，随后大车即到，如不愿交粮，就进家大抢[③]。在潞城，仅1942年前半年日军就征收11次粮款，除留每口4斗外一律缴纳，甚至连瓜菜也强令交“公”，不许私吃，群众稍有迟延即被全部没收[④]。据统计，1943年日伪通过伪合作社在山西强征到的粮食占其摊派量的比率中，小麦大致平均六七成，有的县份甚至超出摊派量；杂粮大致平均五六成，太谷等地则超过百分之百，其中崞县和汾城两县更因远远超出摊派量而受到日伪嘉奖[⑤]。这些强征的粮食物资大都被运往伪满、日本及战争前线，以作军需或准军需之用。日伪自己亦承认，伪合作社以少量之配给换取大量粮食，农民以公定价格卖出不足成本，“致自身无粮可食”。所谓的“收购”工作是在强迫农民作出牺牲，“对日贡献”[⑥]。

2. 以粮代税

1942年，日军又在山西广大占领区实行“以粮代税”政策，以扩大粮食掠夺数量。具体规定如下：每亩交纳小麦15公斤，不产小麦地区则按下列比例交纳其他粮食，即每100公斤小麦折合谷子320斤或小米240斤，或玉米260斤，或其他杂粮400斤。交纳日期分“上忙”“下忙”两期，即6月1日至8月底为“上忙”，10月1日至12月底为“下忙”。农民必须按期交纳，否则课以5%—20%滞纳金[⑦]。据此，日军又掠夺了农民大量粮食。如太原县某村全村112户人家种麦24顷（对敌报告20顷），若以每亩产量110斤计，可产小麦264 000斤，而日伪却指令征收4 099 200斤，后虽经斗争仍缴纳139 900斤，约占总产量的53%。交城县南辛村1944年全年收麦不过15 000斤左右，日伪却要征收25 000余斤；大营村小麦地每亩按70余斤征收、

① 《敌强征敌占区粮，数目超过产量数倍》，《抗战日报》1943年8月28日。

② 《华北合作事业视察团座谈会记录》，《华北合作》第10卷第1期，1944年2月。

③ 《八年来晋东南人民被敌蹂躏的一瞥》，A128-4-8。

④ 《八年来日本法西斯摧毁太行区人民的概述》，A128-2-5。

⑤ 《优秀表彰县联工作概况》，《华北合作》1944年2月第10卷第1期。另据张全盛、魏卞梅编著的《日本侵晋纪实》记载：1944年春，伪山西省公署为表彰上年征粮“有功”人员，特报请伪华北政务委员会转报南京汪伪国民政府明令嘉奖的伪县长有伪高平县县长李慎言、伪崞县县长江隆、伪忻县县长李文荣，同时向每人发放奖金30万元（伪国币）。见该书第229页。

⑥ 《华北合作事业视察团座谈会记录》，《华北合作》第10卷第1期，1944年2月；王士花：《“开发”与掠夺——抗日战争时期日本在华北华中沦陷区的经济统制》，中国社会科学出版社1998年版，第169—170页。

⑦ 中共山西省委调查研究室编：《山西省经济资料》第四分册，中共山西省委调查研究室1963年内部刊行，第406页。

非小麦地每亩按6斤小麦强征。在宁武县，日伪于1944年一次就向仅有150户人家的头马营村摊派粮食29万斤，平均每户约1 933斤；向约200户人家的二马营村摊派35万斤，平均每户约1 750斤；向东寨村摊派40万斤，比上年（21万斤）增加了近1倍。日伪还常常采取“屡起屡派”的办法，正赋之外尚有许多“附加”，如东寨村在夏收之后仅小麦一宗就“附加”了6次。在方山县，日伪于1944年11个月里向只有87户人家、350口人和400亩土地的故贤村摊派米面16 155斤、杂粮26 400斤、大麦4 400斤、小麦8 800斤、山药蛋18 000斤、花料2 800斤，另有伪钞56 000元、银元1 742.8元以及劈柴40 000斤，若按时价计算总计折合银元12 675.2元，每人平均达36.2元①。

3. 配给制

日伪山西省公署对粮食经营和运输进行全面统制，禁止私营贩运粮食，城镇粮食供应陷入困境。1942年，日伪对城市粮食消费实行“配给制”，“配给”分为特殊配给和一般配给两种，特殊配给对象主要指公务人员、军警，一般配给对象主要为普通市民。特殊配给的配售天数较长、数量较多，日配给量一般为0.5公斤—0.75公斤，而普通市民配售数量很少，且常因粮源断绝而停止配售。有关日伪粮食配给情形见表2.2.1：

表2.2.1　日伪食粮配给票样

<table>
<tr><td colspan="2">户主</td><td colspan="3"></td><td>住所</td><td></td></tr>
<tr><td rowspan="4">户内人口</td><td>老人</td><td colspan="4">（60岁以上）一日配给量0.35公斤</td><td rowspan="4">指定配给所</td></tr>
<tr><td>大口</td><td colspan="4">（13岁至59岁）一日配给量0.4公斤</td></tr>
<tr><td>女子</td><td colspan="4">（13岁以上）一日配给量0.35公斤</td></tr>
<tr><td>小口</td><td colspan="4">（1岁至12岁）一日配给量0.25公斤</td></tr>
<tr><td colspan="2">日配给量</td><td>斤</td><td>配给总量</td><td colspan="2">斤</td><td></td></tr>
</table>

资料来源：山西省地方志编纂委员会编：《山西通志·粮食志》，中华书局1996年版，第42页。

1943年，汾阳城内人民甚至连小米都吃不上，每人每天只能拿着配给证领取没去糠皮的黍子面1斤4两，而且必须大清早就得去排队等候，稍迟一步就什么也没有了，城内饥民难民随处可见。在省城太原，日伪颁布了《太原市粮食配给方案》，规定禁止粮食自由买卖，由伪省公署定量供给市民“口粮”。所谓的“口粮”不过是掺土的

① 《敌寇八年来在晋绥边区的暴行》（1946年10月20日），中央档案馆、中国第二历史档案馆、河北省社会科学院编：《日本侵略华北罪行档案·损失调查》，河北人民出版社2005年版，第240—266页。

黑面或带皮的高粱面以及又粗又碜的混合面，“这些东西吃到嘴里不敢嚼，进了肚里化不了，粗涩干燥的使人排不下粪便，肛门常常撑得鲜血直流，只得用手指往外抠拔。”[①]又据寿阳县宗艾村（镇）赵鹤岗老人讲述：“日本人占领宗艾以前，人们还能从市场上买到东西，特别是一些生活必需品，是自由买卖。但随着日军的进入，人们不能从市场上自由买到日常生活用品，这些商品都实行实物配给制，咸盐是每月每人一斤，煤油是每户每月一斤，纸、面粉、洋布都是短缺物，这些东西凭伪合作社社员拿社员证才能买到。由于日本人对日常用品的管制，使得当地人民不能买到食盐甚至粮食等生活必需品，身体非常虚弱。”[②]1943 年以后，山西一般居民配给的粮食多半为豆饼和其他代食品所制成的混合面粉，不仅难吃且有害于健康。“配给制”下生活的居民，其境况可想而知。

4. 抢粮

日军对中国共产党领导的敌后抗日根据地以及阎锡山统治区、敌我交错区则主要实行粮食“抢劫”政策。日军仅 1945 年全省抢粮计划中就明确记载了 469 673 吨的数目，甚至连伪军家属都在被抢之列。日军每次“扫荡”总要强征大量牲口和大批民夫随军出发，帮助抢运粮食，并提出“抢得一斤即可领赏”的口号，以激发部下抢粮欲望。此外，各地还组织“粮秣采购会”“挖掘队”和“劝诱班”，用以寻找藏粮窑洞或专门欺骗百姓说出埋粮地点，或由洋行派出汉奸组织“收买班”，以伪合作社出面进行低价收购。例如，日军在榆社欺骗老百姓说八路军将要抢粮，随后即成立所谓“保险仓库”，要求群众将粮食全部交到“保险仓库”，结果群众的粮食一去不复返，悉数被日军运走。1942 年 8 月，日军动员长治、夏店等 11 个据点 600 余人的兵力，分 10 路包围并抢劫了宋庄等 30 多个村庄，其中宋庄、东白兔及河湃 3 村被掠粮食达 350 多石。同年 10 月，日军在武乡韩壁一带“扫荡”，一次烧毁粮食 60 余石，抢走 700 多石[③]。日军对我方边沿区的抢掠更频繁更严重，不但抢掠现成粮食，而且每到夏收和秋收季节即大量组织抢割队、运输队并配备武器到田地连禾苗一并抢去。例如，1943 年秋日伪 1 600 多人组成的抢粮队在盂（县）寿（阳）县抢走各种粮食 4 539 891 斤，加上百姓被逼交粮 585 890 斤，共计 5 125 781 斤。1944 年秋，日伪又集中 2 000 多人对中共榆寿县根据地区域及游击区发动大规模抢粮活动，尽管我方开展积极的反抢粮

① 张全盛、魏下梅编著：《日本侵晋纪实》，山西人民出版社1992年版，第225—226页。

② 课题组2002年1月11日访问笔录。口述人赵鹤岗，2002年75岁，男，高小毕业，曾任宗艾中学历史教师。

③ 《八年来晋东南人民被敌蹂躏的一瞥》，A128-4-8。

斗争，但仍被抢走粮食 5 435 100 斤[①]。驻西马坊伪矿警队中队长张玉堂带领队员 100 余人到阳山长安村抢粮 300 余石，到龙科、李富沟等村抢粮 200 余石，接着又于次年到东马坊抢粮 100 余石。1945 年 6 月，静乐县伪县长卢清和亲率保安队、警察、挺进队、特务队等将该县四区一带粮食抢掠一空，并在南北湖庄、水草会、上下道宏、张家庄、闹林沟等 30 余村抢粮四五百石。忻县伪县政府经济顾问日人雄谷英长仅 1945 年一年就指挥手下在当地抢粮 7 570 吨[②]。在阎统区与沦陷区之交错地带，日军同样不惜代价地抢夺粮食。例如，稷山县两埝村是阎锡山方面的一个粮食转运站，该村集结了从万泉、荣河、临晋、猗县、夏县 5 县征来的小麦。两埝村所有窑洞都藏满粮食，阎锡山特派晋绥军第 34 军两个连的兵力驻守该地护粮。1941 年 10 月初，日军增调兵力并通过施放毒瓦斯的伎俩击退晋绥军护粮部队，抢夺马车、牲口及拉丁抓夫向外运粮，半月有余才运完。1944 年，阎锡山正准备将几万袋（每袋约 40—50 斤）小麦运到克难坡时，结果也被日军全数抢走。日军在永济县抢粮时则于村民背上“号”（写）上交粮数目，“号”多少交多少，被“号”农民背后即是持枪日军，不交粮就交命[③]。当地农民因被迫向各方交粮，结果辛苦一年到头来颗粒无存，甚至要乞讨度日。但日军之征敛毫不因灾荒年月而稍有松怠，如 1939 年和 1940 年晋东南各县大旱无雨、赤地千里，伪省公署财政厅长宋启秀仍严令催纳田赋，稍有违抗即遭拘禁或毒打，高平县甚或发生了人吃人的惨剧[④]。

日占期间，山西粮食损失异常惨重。据统计，仅中共太行区粮食损失就达 31 574 861 石，其中被日军抢走或烧毁者 12 174 861 石，被日军以各种名义强征者 19 400 000 石[⑤]。同蒲南路依托太行山的祁县游击区和抗日根据地人口仅 4 万，日军在八年间抢走粮食 3 639 万公斤，烧毁 124 万公斤，平均每人每年被掠 100 公斤[⑥]。又据表 2.2.2 所示，晋东南 14 县共损失粮食（尚属不完全统计）662 904 915.8 斤，其中损失严重的屯留县被日军抢走和烧毁 70 640 000 斤，长治县被抢被烧被强征粮食则更达 133 411 326 斤。

---

① 岳守荣：《寿阳县志（第三编）·抗日战争时期》讨论稿，《寿阳县志》编委会，时间不详，第 87—90 页。

② 《敌寇八年来在晋绥边区的暴行》（1946年10月20日），中央档案馆、中国第二历史档案馆、河北省社会科学院编：《日本侵略华北罪行档案·损失调查》，河北人民出版社2005年版，第260页。

③ 张全盛、魏卞梅编著：《日本侵晋纪实》，山西人民出版社1992年版，第230—231页。

④ 《八年来晋东南人民被敌蹂躏的一瞥》，A128-4-8。

⑤ 《太行区抗战八年来所受损失统计表》，A128-2-8。

⑥ 许瑞凤、翟相卫、王俊山：《论山西敌后抗日根据地的对敌粮食斗争》，山西省史志研究院编：《抗日战争研究文集》，山西人民出版社1999年版，第194页。

表2.2.2　日占期间山西部分县（市）份粮食损失统计表

类别 县（市）别	被抢被烧 （斤）	被强征摊派 （斤）	前两项合计		
			斤数	每斤价格 （元）	合价
长治市	2 344 251	3 830 531	6 174 782	12	74 097 384
长治（现为长治市上党区，下同）	43 820 416	89 590 910	133 411 326	12	1 600 935 912
襄垣	35 654 400	67 359 840	103 014 240	12	1 236 170 880
长子	32 797 680	45 081 200	77 878 880	10.75	837 197 960
屯留	70 640 000	33 782 082	104 422 082	13	1 357 487 066
黎城	9 401 696	1 982 262	11 383 958	10	113 839 580
潞城	170 100	13 345 244	13 515 344	9	121 638 096
壶关	4 171 456.1	13 894 400	18 065 856.1/	7	126 460 993
平顺	13 891 868.8	2 596 668.8	16 488 537.6	10	164 885 376
高平	39 447 240	85 867 040	125 314 280	25	3 132 857 000
沁水	10 814 700.8	4 631 859.2	15 446 560	25	386 164 000
武乡	943 293.52	111 334.98	1 054 628.5	10	10 546 285
榆社	1 600 000	3 408 000	5 008 000	10	50 080 000
和顺	16 048 000	15 678 441.6	31 726 441.6	25	793 161 040
合计	281 745 102.22	381 159 813.58	662 904 915.8	15.09	10 005 521 572

资料来源：《上党区八年抗日战争资财损失调查表》（1946 年），A128-4-7；《武乡县八年来战争中群众损失统计表》（1946 年 8 月 4 日），A128-4-26。

日军对粮食的强征派购和大规模掠夺是造成山西全省出现“粮荒”的显性原因，而其隐性原因则是日军军事侵略和破坏所造成的各地粮食播种面积及其产量的急剧下降。据日占区阳曲、榆次、曲沃、新绛、大同等 37 县统计，战前粮食播种面积为 2 061 万亩，1941 年则减少至 1 581 万亩，减少约 23.3%；粮食总产量战前为 119 880 万公斤，1941 年则下降为 60 885 万公斤，减少约 49.2%；亩产量战前平均为 58 公斤，1941 年则下降为 38.5 公斤，下降了约 33.6%。粮食生产的下降和日军掠夺的加剧，使得粮荒日益严重。据伪山西省公署年报统计，1941 年，日占区 55 县中群众缺粮县份就达 46 个，占总县数约 83.6%，共计缺粮 49 707 万公斤，饥民达 300 余万人，因饥饿死亡者 10 余万人[①]。仅武乡县在日占期间因缺粮病饿死者达 15 230 人[②]。

① 山西省地方志编纂委员会编：《山西通志・粮食志》，中华书局1996年版，第38页。

② 《武乡县八年来人口损失统计表》，A128-4-26。

第三节 棉产资源

棉花是山西境内的主要经济作物之一。在1911—1937年间，随着近代工业的发展以及山西当局的日益重视，山西棉花生产在这一时期得到较快发展，棉区分布由晋南和晋中一带扩展到晋东地区乃至忻定盆地。据《中国经济年鉴》记载：1937年山西全省种棉县份已达60多个，棉田面积达228万余亩，总产量达31 452吨，成为战前棉花产量最高的一年①。而日军于1937年侵入山西之后，为了满足战争需要，对晋省各地棉产资源进行疯狂掠夺，使之遭受空前损失。日军在不同时期对山西棉花的统制掠夺政策有所不同，具体叙述如下：

1937年之前，日本国内拥有庞大且发达的纺织工业，在1936年就以27亿平方码的棉布出口压倒英国而居世界首位，但其原棉自给率却仅为1.35%②。正如时人所言："日本国内仅山梨、鸟取等数县，略有（棉花）种植，年共约产棉3 000担左右而已。而日本用棉量每年至少是12亿斤"，棉纺织业原料主要依赖外国原棉输入③。当时中国棉产日增，已成为世界三大产棉市场之一。中国对日输出原棉在1935年时为215 392公担，约占原棉总出口量的68.4%④。1936年中国产棉1 446万担，其中华北地区的河北、山东、山西3省产量即达482万担，占总产量的1/3⑤。因此，日本的中国驻屯军司令部早在1936年就制定了《华北产业开发指导纲领》，确定棉纺织业为统制性产业。

日军侵入山西之后，山西棉花主要被日军统制和收购。从1938年开始，日军强行统制棉花收购价格，采用低价强制收购办法对山西棉花进行疯狂掠夺，当时日军的强制收购价与汾阳市场价之比就比较典型地反映了这种情形（见表2.3.1）。

表2.3.1 日军棉花强制收购价与汾阳市场价比照表（单位：元/伪联银币）

年份	日军收购中等棉花每斤平均价格	汾阳市场出售中等棉花每斤平均价格	收购价与市场价之比（%）
1938	0.38	0.75	50.67
1939	0.44	0.88	50.00
1940	0.75	1.20	62.50

① 徐月文主编：《山西经济开发史》，山西经济出版社1992年版，第457页。

② 曾业英：《日伪统治下的华北农村经济》，《近代史研究》1998年第3期；胡华：《日伪在沦陷区的棉花增产与棉花统制》，《贵州师范大学学报》2003年第1期。

③ 曾业英：《日伪统治下的华北农村经济》，《近代史研究》1998年第3期。

④ 胡华：《日伪在沦陷区的棉花增产与棉花统制》，《贵州师范大学学报》2003年第1期。

⑤《日军在沦陷区》，解放社1939年版，山西省档案馆藏。

续表

年份	日军收购中等棉花每斤平均价格	汾阳市场出售中等棉花每斤平均价格	收购价与市场价之比（%）
1941	0.90	1.44	62.50
1942	0.91	1.90	47.89

资料来源：张全盛、魏卞梅编著：《日本侵晋纪实》，山西人民出版社 1992 年版，第 247 页。

根据表 2.3.1 所示，1938 年日军规定的棉花收购价格仅为山西汾阳市场价的 50.67%，棉农利益受到严重侵害。同时，日军还限制棉花的输出与销售。同年 12 月，日军指令伪华北临时政府颁布《棉花输出许可暂行条例》，该条例规定："棉花非经实业部总长之许可，不得输出"，违者"处以 3 年以下徒刑或 1 万元以下罚金。但其交易目的物之价额超过 1 万元时，罚金为其价额之 3 倍以下"，并对这些物品予以没收。又规定：华北棉花禁止上市交易，老百姓购棉必须凭证到指定的伪新民合作社，且定量供应，每人限购棉 1 斤，如偷着买卖，一经发现，轻则刑罚，重则枪毙①。由于日军的掠夺性收购及严格统制，山西广大沦陷区农民不愿种棉，以致 1937—1940 年间棉田面积逐年收缩，棉花产量急剧衰减。具体情形参见表 2.3.2：

表2.3.2　1937—1940年间山西棉田及棉花产量变化情形

年份	棉田数（亩）	皮棉产量（担）
1937	2 287 141	629 049
1938	457 428	125 810
1939	362 100	69 752
1940	330 671	69 262

资料来源：张全盛、魏卞梅编著：《日本侵晋纪实》，山西人民出版社 1992 年版，第 247 页。

表 2.3.2 显示，从 1937 年到 1940 年，山西无论是棉花种植面积还是棉产量均呈逐年下降趋势，1940 年棉田数仅相当于 1937 年的约 14%，棉产量则仅及 1937 年的约 11%。其中，1938 年衰减幅度最大，比 1937 年下降了约 80%。

随着战事发展，日军对棉花的需求量日益增加，而山西广大沦陷区棉产量却急剧衰减，日军为此不得不考虑增产事宜。1939 年 2 月，伪华北临时政府将原"河北省棉

① 居之芬、张利民主编：《日本在华北经济统制掠夺史》，天津古籍出版社1997年版，第232页。

产改进会”改组为“华北棉产改进会”，在山西、山东、河北、河南各省设立分会以及指导区办事处和分办事处。“华北棉产改进会”是日军在华北实行棉花增产运动的主要实施机关，但具体增产事务则主要由伪方负责，而“财团法人日本棉花栽培协会给予技术的及财政的协助”，由此掀起一场“棉花增产运动”[①]。不过，由于1939—1940年山西广大农村发生水、旱、虫、雹等严重自然灾害，灾情遍及46县市，灾民达50余万人，灾情严重的晋中地区收获仅一二成，略轻的晋南也仅有五六成，严重制约了棉花生产。加之，中共抗日根据地政府提倡“多种粮食，少种棉花”以打击日伪的掠夺政策，使得1939年山西棉花产量骤减，较之1938年减少近45%，日军增产计划在这一时期并未见效。

全国抗战之前，日本棉纺业原料主要仰仗美国原棉输入。随着战争的深入，尤其1940年《德意日三国同盟条约》签订前后，欧美各国逐步开始对日实行物资禁运，日本因此加大了对中国原棉的掠夺。为此，“华北棉产改进会”及其下属机构声称“以普及改良华北棉作及增进种棉之利益为目的”，计划于1939—1946年8年内改进晋、冀、鲁、豫4省棉产，以增加产量至1 200万担[②]。1940年11月的“日满华经济建设纲要”又指出:“关于中国之农业，努力确保其国民主食，必须考虑棉花及特产物之增产”；“发展农业，增加农产品，特别注重于粮食及棉花之增产”。棉花增产运动再次展开[③]。1941年12月太平洋战争爆发后，由于交通和贸易中断，日本无法得到美国、印度、埃及等国棉花补给，而其占领下的朝鲜、伪满洲国尽管生产棉花，却因气候、土质等条件限制，产量有限。据有关统计披露，朝鲜每年产棉不过2亿斤，伪满洲国每年产棉仅1.5亿斤，远远不能满足基本需要[④]。因之，华北地区自然成为日本棉花资源的主要供给地。日军华北方面军参谋部在1942年9月的一份文件中写道：“华北的棉花，由于从第三国输入棉花的途径已被完全隔绝，它成了日本纺织业所必需的重要来源。另外，由南方各地购进必要物资需以棉纱、布匹等交换，因此，对华北棉花的需要就越发增大”[⑤]。

日伪加紧山西等地的棉花增产进程，主要通过以下方式进行：（1）增加棉田面积。伪华北棉产改进会计划强迫农民将原来种植小麦、小米、玉米的部分农田改种棉花；规定华北以往荒废的棉田必须恢复植棉，在八路军抗日根据地内无法恢复的棉田则由

① 胡华：《日伪在沦陷区的棉花增产与棉花统制》，《贵州师范大学学报》2003年第1期。
② 曾业英：《日伪统治下的华北农村经济》，《近代史研究》1998年第3期。
③ 胡华：《日伪在沦陷区的棉花增产与棉花统制》，《贵州师范大学学报》2003年第1期。
④ 曾业英：《日伪统治下的华北农村经济》，《近代史研究》1998年第3期。
⑤ 曾业英：《日伪统治下的华北农村经济》，《近代史研究》1998年第3期。

铁道两侧、公路和水路两侧、飞机厂与县城及重要乡镇周围300米内禁植高秆作物的地方植棉补充[①]。日军计划使华北4省（晋、冀、鲁、豫）棉田总面积达到3 600万亩，占到耕地总面积9%强（华北4省耕地总面积为38 763万余亩）[②]。（2）组织"宣抚班"宣传植棉。伪华北棉产改进会山西分会为了鼓励棉农种棉以满足战争需要，不惜花大力气到沦陷区宣传植棉。专门成立所谓"宣抚班"，向农民宣传植棉"好处"，并发放种子给农民，让他们试种，许诺收成之后以高价收买。1940年2月，伪山西省分会专门委派太原铁路分局的"爱路列车"到同蒲路南段各站宣传植棉达20天，所到之处召集"爱路"村长、村民开会，由局长"将种植美棉利益为村民等讲说"，随后"将所带各项宣传品按出席人数多寡酌量分送，并与村长等谈询各地之植棉概况"。据统计，这次宣传集会人数近2万，分发《植棉日历》160份、《种植美棉浅说》80册、《劝棉农棉商鼓词》160册[③]。这一时期，一些地方的农民被迫开始植棉，日军在达到棉花增产目的之后，以低价强制收买棉花。1942年，日军所定收购每斤棉花的平均价格为0.91元，而当时汾阳市场价每斤棉花平均价格则为1.90元，收购价仅为市场出售价的约47.89%，农民利益受到重大损失。（3）发放植棉贷款。日伪当局为了"吸引"农民种植棉花，不惜贷款给农民。1940年，临汾、运城、曲沃3县发放贷款37 500元，整个华北到1940年底由伪华北棉产改进会发放贷款计750万元[④]。但日伪毕竟财力有限，棉贷只能是杯水车薪。

但上述政策在日伪1941—1942年发动的5次"治安强化运动"中表现出一定的"效果"，此时期山西棉产得到较大幅度恢复，棉田面积亦有所扩大。1940—1942年山西各县棉花种植面积见表2.3.3：

表2.3.3　1940—1942年山西各县棉花种植面积统计表（单位：市亩）

县　份	1940年	1941年	1942年	1943年
榆　次	1 572	2 641.9	3 913	3 551
平　遥	5 000	5 675	10 043	4 992
临　汾	21 000	39 000	52 320	25 691
襄　陵	5 455	9 640	9 171	6 953
汾　城	5 000	9 000	12 000	9 049
洪　洞	7 500	22 000	32 709	17 342
赵　城	1200	13 200	23 645	15 630

① 居之芬、张利民主编：《日本在华北经济统制掠夺史》，天津古籍出版社1997年版，第231—232页。
② 曾业英：《日伪统治下的华北农村经济》，《近代史研究》1998年第3期。
③ 《关于呈报奉派随同爱路列车宣传植棉情况的呈文》，B54-1-14-22。
④ 胡华：《日伪在沦陷区的棉花增产与棉花统制》，《贵州师范大学学报》2003年第1期。

续表

县 份	1940年	1941年	1942年	1943年
曲 沃	17 530.2	40 280	67 738	44 100
翼 城	1 200	15 930	16 295	12 223
安 邑	6 300	7 200	12 000	9 650
解 县	35 252	46 122	48 122	23 597
新 绛	33 732	45 200	54 000	11 000
稷 山	4 324	9 200	9 500	1 550
河 津	4 820	9 050	12 000	6 500
夏 县	4 012	7 000	11 420	8 520
太 谷	875	1 990	3 580	—
祁 县	470	822	2 147	—
万 泉	1 700	3 381	3 670	8 651
总 计	156 942.2	287 331.9	384 273	208 999

资料来源：《（伪山西省建设厅）关于函送二十九年各县调查表的公函》，B54-1-14-22；《山西各县六月份棉田面积调查表》，B54-1-15-3；《华北四省棉田面积及棉花产额估计表》，B54-1-10-6。

从表 2.3.3 可以看出，1941—1942 年山西棉田面积扩大了，如祁县 1942 年比 1941 年增加了约 161%，18 县 1941 年的棉田面积比 1940 年增加了 130 389.7 亩，增加约 83%，而 1942 年则比 1941 年增加了约 34%。

1942 年 6 月，日军在中途岛海战中战败，从此丧失了中太平洋地区的战略主动权，太平洋战争发生转折。随后从 1942 年 8 月到 1943 年 2 月，日军在与美军争夺瓜达尔卡纳尔岛时再次告败，从而转攻为守。到 1943 年 7 月，美国已在太平洋战场转入反攻，所谓“大东亚经济共荣圈”宣告破产，日本不得不退回中国占领区。由于逐步丧失东南亚粮食的输入，连续几年的棉花增产运动又使许多原本生产粮食的田地变成棉田，沦陷区粮荒日益严重。为解决粮食问题，日伪乃调整棉花策略，从“棉花增产”逐步转变为对棉花的“全面统制”。1943 年 2 月 13 日，汪伪政府公布“战时经济政策纲领”，宣称要“改进农业技术，兴修水利，拓辟耕地，以求食粮及其他战时主要农产品之充分的增产”，并在北方确立“以新粮食政策为中心的华北战时经济体制”。汪伪政府特别强调：“为顾虑棉田大量扩增足以影响粮食之自给自足，增产棉花置重点于棉田单位面积产量之增加，而对扩增棉田采取缓进方针”[①]。这一时期，日伪的棉花增产

① 山西省地方志编纂委员会编：《山西通志·农业志》，中华书局1994年版，第17页。

运动尽管仍在继续，但增产重心已转移到粮食方面。

1943 年，日伪将“华北棉花公司”“华北棉业工会”“华北棉产改进会”统一整合为“华北纤维公司”，对华北棉麻原料实行保管、采买、配发、进出口一元化统制。不过，日伪尽管采取了各种各样的手段，但山西棉花产量和棉田面积从 1943 年起又开始呈下降走势。从表 2.3.3 可见，1943 年山西沦陷区各县植棉面积大幅度收缩，其中平遥、临汾、解县等县下降 50% 以上，新绛、稷山等县则下降幅度更大。1944 年，日军因发动“一号作战”从华北抽调大量兵力，抗日武装则乘机发动局部反攻并将日军山西占领区压缩到 1940 年前的大小城市、铁路沿线，而沦陷区农民又竭力抵制种植棉花，以致 1944—1945 年山西沦陷区植棉面积及棉花产量大幅下降（见表 2.3.4）。

表2.3.4　1942—1945年山西沦陷区植棉面积及棉花产量统计表

年 份	植棉面积（亩）	总产量（吨）	年 份	植棉面积（亩）	总产量（吨）
1942	771 512	9 070	1943	116 000	5 255
1944	349 000	4 740	1945	184 042	3 200

资料来源：山西省地方志编纂委员会编：《山西通志·农业志》，中华书局 1994 年版，第 287 页。

从 1943 年开始，山西沦陷区棉花产量呈逐年下降趋势，其中 1943 年棉产量仅为 1942 年的约 58%。到 1945 年，棉田面积仅 184 042 亩，产量为 3 200 吨，产量约为战前的 1/3①。

总之，日占期间山西棉花产量共减少 413 万余担，为全国各省减少数目最大者。山西棉产量的大幅度下降与日军不顾棉农利益的疯狂掠夺、收购是分不开的，其间日伪虽然为满足军需民用搞过所谓“棉花增产运动”，但收效不大。

第四节　日军的鸦片政策与鸦片种植

鸦片政策是日本帝国主义侵略中国的一项毒化政策，其目的之一就是要用毒品来侵害中国人的身体，腐蚀中国人民的反侵略意志，使之心甘情愿地充当亡国奴，最终达到巩固殖民统治的目的；另一方面意在掠夺中国人民的钱财，为日本继续扩大侵略战争开辟财源。因此，鸦片毒化政策的制订和实施便成为日本帝国主义在中国所犯下的重要罪行。美国国务院在 1943 年曾明确指出：日本人使用被禁止的麻醉品毒化他

① 徐月文主编：《山西经济开发史》，山西经济出版社1992年版，第457页。

国人民的阴谋得到了当局的怂恿，而且“自1936年以来，全球只有一个国家，其领导人鼓励种植鸦片及制造烟毒以供吸食和其他用途，这个国家就是日本。日军入侵之处，即伴随着鸦片交易。日军目前占领着菲律宾群岛、中国的部分领土、印度支那、泰国、缅甸、马六甲海峡、英属北婆罗、荷属东印度群岛、帖木岛等太平洋西南地区。人们普遍认为，这些地方公开销售鸦片和提炼物，其机构受到了日本军方的庇护。”①

事实上，早在战前日本就已经以领事裁判权以及租界、铁路用地等为护符，制造毒品，贩运烟毒。当时烟祸四起，触目皆是，不但阻挠了中国政府全面推行的禁烟政策，还间接地破坏了国际社会对毒品的管制工作。战争爆发之后，日本帝国主义不仅加紧制造、贩运海洛因和鸦片，而且强制百姓种植罂粟和吸食鸦片，以致日军所到之处违法毒品交易就会四处弥漫，中国人民所遭受的烟毒痛苦和损失绝不亚于战争直接造成的损害。其中，山西就是日军极力推行鸦片政策下深受其害的省份之一。

早在民国初年，日本“浪人”就组织贩毒队伍，从日本将大批毒品运入中国，并向山西倾销。事实上，这是日本政府蓄意削弱中国人民体力、兵力和财力而为发动全面侵华战争所做的重要准备工作。起初，日本“浪人”仅在天津日租界同山西毒贩从事毒品交易，然后再由这些毒贩携带毒品返省兜售。这些毒贩先低价出售以诱使百姓上钩，尔后再抬高价格。未经数年，日本毒品如瘟疫似的在山西泛滥起来。1918年，日本销入山西的毒品有吗啡、金丹等种类，每年借毒品掠走银元达600万—700万两之多。1920年，山西徐沟县村村都有吸食金丹者，大村多至百余人，小村也达七八十人，而县城城关一带尤为盛炽。由此足见日本金丹流播范围之广②。据当时非常重要的舆论媒体《申报》报道：“日本浪人，派遣大批汉奸，携带毒品潜入晋境，暗中雇用流氓地痞代为运销……所销毒款，按三七批分。如能大量倾销，尚定有特别奖励办法。”“大量毒品，一系由津经平汉路运抵榆次，销行中路各县；一系由宣化一带运入晋南，销行河东上党各县；一系由平绥路运销大同，销晋北各县。”③“毒祸流行山西，可谓无微不至……二十年来漏卮之数，竟在十万万元以上。”④

1937年日军侵入山西之后则更加明目张胆地推行毒品政策，每占领一个城市与交

① 王德溥著，郦玉明译：《日本在中国占领区内使用麻醉毒品戕害中国人民的罪行》（1946年），《民国档案》1994年第1期；《日本在中国占领区毒化罪行备忘录》（1946年），马模贞主编：《中国禁毒史资料》，天津人民出版社1998年版，第1575页。

② 张全盛、魏卞梅编著：《日本侵晋纪实》，山西人民出版社1992年版，第276页。

③ 张新平：《“土药组合”公司的内幕》，郭裕怀主编：《山西社会大观》，上海书店出版社2000年版，第106—107页；张全盛、魏卞梅编著：《日本侵晋纪实》，山西人民出版社1992年版，第277页。

④ 张全盛、魏卞梅编著：《日本侵晋纪实》，山西人民出版社1992年版，第279页。

通重要区域即准许公开贩卖和吸食鸦片、吗啡、海洛因等毒品，在占领区内竭尽所能地使鸦片政策合法化、公开化。例如，在山西境内，晋北伪政权成立之初即强令各区村庄种植罂粟，规定水田每亩应割烟 50 两、旱田每亩应割烟 30 两，各种烟户应照额径交烟土实物，收购价特等烟每两 29 元（较市价低 30 元）、头等烟收购价每两 22 元（较市价低 22 元）、二等烟收购价每两 16 元（较市价低 19 元）、三等烟收购价每两 14 元（较市价低 15 元）。伪晋北自治政府（1937 年 10 月 15 日在大同成立，1939 年 9 月 1 日伪蒙疆联合自治政府成立后则将伪晋北自治政府改组成其下属的“晋北政厅”）和伪山西省公署即划定雁北 13 县及冀宁边 9 县为种烟地带①。

1939 年，伪山西省政府民政厅厅长宋澈、财政厅厅长宋启秀向伪省公署（1938 年 7 月在太原正式成立）提交《罂粟增产计划》，经伪省长苏体仁同意之后即派参事赵汝扬到日本陆军特务机关请求此事。征得伪省公署顾问室顾问、太原日本陆军特务机关长谷荻那华雄许可之后，伪省公署下令在日占区普遍种植罂粟②。并规定每种烟每亩以“罚款”名义征税 20 元，另须缴纳省附加、县附加等项变相税捐。1939 年，山西有 30 多个县 500 多万亩良田种植罂粟，仅“罚款”一项就掠夺民财上亿元③。在霍县，日伪“运来大批烟子，每斤售十二元，在铁路沿线各村，有许多贪利的分子已经栽种”。在白晋路沿线，日伪规定铁路沿线 10 里以内禁止耕种五谷，只准种植罂粟和棉花④。在大同，日军从东北运入一批数量可观的罂粟种子，分给各地播种。农村富户为了牟取暴利而选择肥沃土地种植，贫苦人家则为了摆脱困境而租地种植，也有农户被迫将栽种黄花菜的耕地改种罂粟，整个大同地区的水浇地大都种上了罂粟。当时只要走出大同城，满眼遍是“洋烟花”，无数中国百姓做了“洋烟花”的冤鬼。据统计，仅大同县 583 个自然村就有近百个种上了罂粟，占全部水浇地的 95%⑤。与此相反，粮食种植面积和产量却锐减，农业经济陷入畸形状态。1940 年，日伪又在同蒲路沿线地区强迫民众拔掉禾苗改种罂粟。据日伪组织观察员统计，仅霍县因此种烟 5 000 余亩，收割烟土 25 万两，每亩抽烟税以 51 元（伪钞）计，每年抽税 25 万余元⑥。

---

① 魏宏运：《三四十年代日本的鸦片侵华政策》，张海鹏主编：《第二届近百年中日关系史国际研讨会论文集》，中华书局1995年版，第73页。

② [日]内田知行著，刘春芳译，孙凤翔审校：《山西省日军侵占区的鸦片管理政策》，《山西文史资料全编》第9卷，《山西文史资料》编辑部1999年编印，第160页。

③ 张全盛、魏卞梅编著：《日本侵晋纪实》，山西人民出版社1992年版，第281页。

④ 《敌迫种烟棉》，《新华日报》（华北版）1940年4月15日。

⑤ 张新平：《“土药组合”公司的内幕》，郭裕怀主编：《山西社会大观》，上海书店出版社2000年版，第110页；张全盛、魏卞梅编著：《日本侵晋纪实》，山西人民出版社1992年版，第281—283页。

⑥ 玉甲、李牛：《在敌寇毒化下已成人间地狱》，《太岳日报》1940年9月23日。

1940年秋，日军在伪华北政务委员会之下设置伪华北禁烟总局（华北日军占领区内管理鸦片的最高机关），在山西太原设伪禁烟分局。同年8月31日，伪华北政务委员会发布一系列有关鸦片的法令法规，如《华北禁烟暂行办法》《华北禁烟暂行办法施行细则》《华北禁烟总局组织暂行规程》《华北禁烟分局组织暂行规程》《华北药业公会规则》《华北禁烟缉私规则》《华北查获私土奖励规则》《华北禁烟总局征费规则》等，从字面上看，日伪是要"禁烟"，而事实上却是要对鸦片种植、买卖、流通等开始实行统制。例如，《华北禁烟暂行办法》规定："非经主管官署的许可，不得栽种罂粟"；"经主管官署许可的罂粟栽种者，其所产之未加工鸦片应卖给主管官署指定的人"。《华北禁烟暂行办法施行细则》则规定："罂粟栽种人应于每年1月31日以前向禁烟总局递交申请，写明姓名、年龄、原籍、住址以及栽种的场所、面积，才能发给栽种许可证"。据此，伪山西省公署于1941年2月相应地制定了生产和管理鸦片的基本政策，并将制定的"五年禁烟计划"下达到各伪县政府或伪县治安维持会执行，指出"我省禁种罂粟于事变前（1937年7月以前）已付实施，事变后由于从严查禁，恐使民众误解。本省有鉴于此，从去年开始采取了禁种罂粟、收取罚款办法，并制定了五年禁绝计划，每年减少播种数量，期望最后禁绝，俾使遵守村令而抒民困。值此春耕期间，务须认真实施计划，以达目的。除另行令达外，兹附发五年禁烟计划，仰该知事、会长，一体遵照实施"。"五年禁烟计划"（1941年1月实施）规定"（民国）30年的种植面积不得超过29年，31年削减至八成，32年削减至五成，33年削减至二成，34年必须禁绝"①。表面上堂而皇之地要禁绝鸦片，事实上伪山西省公署对罂粟种植却采取了放任态度。例如，1941年6月伪山西省公署发出《本年度各县超种烟亩暂免铲除的训令》，指出："据各委员查报，鉴于人民生活困难，各县知事对超种烟亩需予救济，且栽种罂粟已花去相当费用，改种其他作物已误农时，故铲除很困难。各县知事未能注意事前限制栽种，待罂粟成长以后强行铲除则极其困难……"1942年伪山西省公署顾问室又出台《关于罂粟栽培及鸦片收购》文件，称"民国29年8月31日，各项禁烟法规公布、禁烟局成立，统一管制栽种罂粟，确立特定收购制度，设立华北土药业公会……"②从中可见，伪山西省公署亦遵从伪华北政务委员会公布的各项鸦片法规，实行鸦片统制。不过，罂粟栽种亩数是由伪华北政务委员会进行分配、由伪禁烟总局下达训令，各省伪禁烟分局则负责登记管理栽种

① [日]内田知行：《黄土の大地，1937—1945：山西省占领地の社会经济史》，创土社2005年版，第142—143页。

② [日]内田知行著，刘春芳译，孙凤翔审校：《山西省日军侵占区的鸦片管理政策》，《山西文史资料全编》第9卷，《山西文史资料》编辑部1999年编印，第161页，第164页。

量。1941 年分配给山西的栽种面积为 10 万亩，而当时实种 5 万亩，依照配额则需要增加播种面积，这就违背了所谓的“五年禁烟计划”。《华北禁烟暂行办法施行细则》第 21 条及第 22 条规定由伪禁烟总局指定收购人，罂粟栽种户生产的未加工鸦片由指定的收购人垄断，按收购价格收回。山西则由伪太原禁烟分局指定并监督特定收购人，伪省公署监视收购情况。当时山西的特定收购人有晋北地区的陶菊圃和晋中地区的郭定览等人①。同时，在公务员奖金发给办法中又规定：“督励药草栽种的各级公务员能够圆满完成任务，且无不轨行为时，依照以下各项发给奖金：（1）每收集一两土药，发给村公务员奖金一元五角；（2）每收集一两土药，发给区公务员奖金一元；（3）每收集一两土药，发给县公务员奖金一元”②。文件在提法上虽谓“督励”，实则是在日伪军政控制下以行政权限为支撑强制推行。或者说，名为“禁烟”，实则鼓励或强迫百姓种烟。

1941 年，伪山西省公署勒令阳曲、晋源、榆次、太谷、祁县、交城、文水、徐沟、清源、汾阳、孝义、平遥、介休、中阳、离石、岚县、长治、长子、屯留、襄垣、潞城、高平、和顺、沁县、武乡、平定、昔阳、盂县、寿阳、临汾、洪洞、曲沃、翼城、汾城、襄陵、临晋、虞乡、荣河、猗氏、解县、安邑、新绛、闻喜、绛县、稷山、河津、霍县、汾西、灵石、赵城、宁武、偏关、神池、五寨、忻县、定襄、静乐、代县、五台、崞县、繁峙等县广种罂粟。1942 年，更划定 26 县部分地区为鸦片专门种植区，强迫老百姓栽种。以太谷县为例，是年种烟竟达 6 000 余亩③。而晋北伪繁峙县公署则于当年命令种烟 4 000 亩；伪应县公署当年征收鸦片实物税 1 300 两，并向农民制发了种烟许可证和《种烟规约》。在晋西北偏关县，日军从外地运来罂粟种子强迫民众大量种植，收割后所熬制的生鸦片则由“官膏局”收买，并引诱老百姓吸食，使得该县县城和楼沟堡附近 10 里之内种烟面积高达 450 亩（此地可耕地较少），有些村庄嗜食鸦片的村民竟占全村人口的 2/3④。在交城县，据郭家寨村郭建宁老人所述：“当时村子周围种植的鸦片一大片一大片的，到了每年 4 月份，地里白茫茫的，雪白雪白的。

---

① [日]内田知行：《黄土の大地，1937—1945：山西省占领地の社会经济史》，创土社2005年版，第140—142页。

② [日]内田知行著，刘春芳译，孙凤翔审校：《山西省日军侵占区的鸦片管理政策》，《山西文史资料全编》第9卷，《山西文史资料》编辑部1999年编印，第161页，第165页。

③ 王德溥著，郦玉明译：《日本在中国占领区内使用麻醉毒品戕害中国人民的罪行》（1946年），《民国档案》1994年第1期；《国民政府内政部就伪山西省公署划定种烟区域事致外交部电》（1942年1月2日），马模贞主编：《中国禁毒史资料》，天津人民出版社1998年版，第1548—1549页。

④ 魏宏运：《三四十年代日本的鸦片侵华政策》，张海鹏主编：《第二届近百年中日关系史国际研讨会论文集》，中华书局1995年版，第67—75页。

日本人都要征税的，而且征得很多，一亩约烟土 20 两。”[①] 在晋南地区的赵城县，日军强迫百姓种烟不下 2 000 亩，并下令每亩勒索现金 60 元，限 4 月底前交清，如限期不交者则立刻剥夺该土地之耕种权。在日军的威逼利诱下，山西整个沦陷区罂粟种植面积不断扩大，这可以从表 2.4.1 体现出来。

表2.4.1　1942年山西日占区罂粟栽种面积

	许可面积（亩）	再调查面积（亩）	1941年耕地面积（亩）	备 考
介 休	800	—	—	全未种
平 遥	2 500	365	—	
离 石	4 000	4 284	318 084	超种284亩
汾 阳	1 900	591.17	430 874	
交 城	2 700	2 493.17	264 452	
文 水	3 000	2 809	607 442.5	
太 谷	800	268	—	
赵 城	1 300	1 300	—	
霍 县	2 300	1 622	—	
阳 曲	4 000	2 810	48 251	
榆 次	1 200	1 293	—	超种93亩
静 乐	2 000	1 275	302 143	
忻 县	1 500	2 461	—	超种961亩
清 源	700	698	—	有超种，正在计算中
晋 源	900	372	—	
岚 县	800	716	286 452	
崞 县	1 500	947	337 776	
代 县	3 000	3 351	—	超种351亩
繁 峙	4 000	3 614	—	
宁 武	1 000	637	161 478	
神 池	250	21	598 759.5	
定 襄	100	100	—	
五 寨	100	46	174 567	
平 定	500	172.11	—	
寿 阳	500	244.73	—	
盂 县	200	71.1	—	
合 计	41 550	32 561.28	—	

注：表中“许可面积”原为“特许亩数”，“再调查面积”原为“复查亩数”。

资料来源：[日] 内田知行：《黄土の大地，1937—1945：山西省占领地の社会经

① 课题组2002年3月17日访问笔录。口述人郭建宁，2002年84岁，男，当时全家8口人（父母及6个子女），有地20余亩，以务农为生。

济史》，创土社 2005 年版，第 152 页。

从表 2.4.1 可以看出，1942 年经伪山西省公署许可栽种罂粟的县份有 26 个，原计划栽种 41 550 亩，实际栽种 32 561.28 亩，实际栽种虽比计划减少约 22%，但离石、榆次、忻县、代县 4 县的实际栽种面积均超过许可面积，4 县合计达 11 389 亩，超出许可面积约 15%。其中，离石罂粟栽种面积约占 1941 年耕地面积 1.3%，离石、交城、汾阳、文水、阳曲、静乐、岚县、崞县、宁武、神池、五寨等 11 县罂粟栽种面积约占耕地总面积的 0.47%。

1943年，日本“大东亚省”（原“兴亚院”）北京事务所及所谓“日本驻中国大使馆”合议改组“华北土药业公会”，并指定山西省为特许罂粟栽培省份，拟推广种烟面积至40万亩，以生产鸦片1 000多万两（一说800万两）[①]。1942—1944年，方山县日军强迫该县百姓种植鸦片，全县沿川和大沟4 000余亩水地被迫改种鸦片，占全县水地面积的80%以上，致使该县万余人沾染吸食毒品恶习，占到种烟区成年人口的70%以上[②]。1944年以后，随着日军在太平洋战场的失利以及中国军队的局部反攻，日占区日渐萎缩，山西罂粟栽种县数减少，但栽种面积却扩大了。具体情形见表2.4.2：

表2.4.2　1945年山西日占区罂粟栽种面积

地　名	检讨面积（亩）	实际面积（亩）	受灾残存面积（亩）	1942年复查面积（亩）
太原市	10 000	2 488	2 245.46	（阳曲县）2 810
晋源	12 000	9 065.93	667.65	372
清源	8 000	6 716.6	3 382.8	698
忻县	3 000	3 000	1 814.4	2 461
崞县	3 000	3 000	2 550.16	947
文水	10 000	10 000	3 011.9	2 089
交城	5 000	5 000	2 681.2	2 493.17
汾阳	3 000	3 000	687.72	591.07
榆次	12 000	8 706.36	677.28	1 293
平遥	5 000	6 606.59	402.65	365
祁县	5 000	4 758.08	149.31	未记
太谷	2 500	2 500	49.35	268
离石	5 000	1 340	不详	4 284
合计	83 500	66 181.56	18319.88	18671.24

① 李恩涵：《本世纪30年代前后日本对华北的毒化政策》，《近代史研究》1997年第4期；李恩涵：《战时日本贩毒与“三光作战”研究》，江苏人民出版社1999年版，第87—88页。

② 章伯锋、庄建平主编：《抗日战争·侵华日军暴行日志》，四川大学出版社1997年版，第103页。

资料来源：[日]内田知行：《黄土の大地，1937—1945：山西省占领地の社会经济史》，创土社2005年版，第155页。

表2.4.2中“检讨面积”为事先计划面积，与1942年相比，1945年山西日占区栽种罂粟县（市）数明显减少，计有13县（市）栽种罂粟，但实际栽种面积却扩大了，如1942年26县栽种32 561.28亩，而1945年13县就达66 181.56亩，增长幅度超过103%。由此可见，此时日军占领区在抗日军民打击下尽管不断缩小，而罂粟栽种却得到进一步强化。究其原因，乃在于日伪的强制和利诱，某些伪地方政府“公务员”受到所谓“奖金”刺激，不断奔走以“督励”“药草”（1945年日伪将罂粟更名为“药草”）栽种。

总而言之，日占期间日伪强迫山西沦陷区人民废弃麦田、禾田而大量种植罂粟，使得原来种植粮食作物的大批良田被侵占，粮食播种指数大幅缩减，加重了沦陷区人民的粮食危机，阻滞了各地农业及农村经济的发展。同时，罂粟还与传统农作物争夺人力、水肥资源，成为稼禾致命之敌。在种植罂粟之前与之后，纵使同一亩土地种植同一种农作物，其产量却极不相同，单位面积产量随罂粟的广种日趋衰减，从而破坏了农业生产发展的基础，扭曲了正常的发展趋势，农业经济呈现出“畸形”状态。山西广大农村原本地瘠民贫，由于大种罂粟，百姓生活更加艰辛而困苦。例如，日军侵占应县第二年，即1938年，伪应县县政府便下令强制百姓种植罂粟，人们起初只在水利比较充足的五峪水口流域等地区种植，当年全县种植罂粟5 000亩左右。1939至1945年，在日伪政权的逼迫下，应县农民不仅在水地和下湿地种植罂粟，有的甚至开始挖掘旱井蓄水浇地种植。据统计，其间北楼口村每年平均种植120亩，罗庄村每年平均种植800余亩，大临河村每年平均种植400余亩，大石口村每年平均种植400余亩，王宜庄村每年平均种植300余亩，南马庄一带十几个自然村每年平均种植5 000多亩，南马庄庆玉堂一个村就年均种植7 000—8 000亩，全县每年平均种植面积在1万亩以上[①]。1940年，大同、阳高、天镇、怀仁、山阴、朔县、浑源、左云、右玉、平鲁、广灵、灵丘等12县种植罂粟16余万亩，产烟129 655两。1941年，罂粟种植面积大致与1940年相同，而产量却增加到2 369 400余两[②]。又如1937年日军侵入左云后，

---

① 葛如兰：《日伪时期鸦片在应县的泛滥》，《山西文史资料全编》第5卷，《山西文史资料》编辑部1999年编印，第845—846页。

② 王德溥著，郦玉明译：《日本在中国占领区内使用麻醉毒品戕害中国人民的罪行》（1946年），《民国档案》1994年第1期；《日本在中国占领区毒化罪行备忘录》（1946年），马模贞主编：《中国禁毒史资料》，天津人民出版社1998年版，第1577—1578页。

翌年伪县公署即明令取缔烟禁，引诱农民大种罂粟，同时成立“烟政股”及“土药公司”进行鸦片管理和贸易。1940 年，日伪在左云县强迫农民大面积种植罂粟，总面积达 1 000 亩左右，每亩平均生产鸦片烟浆 200 两，总产量 20 余万两，可制“生土”6 万多两。1943 年上升到 5 070 亩，年产 100 多万两。1944—1945 年，每年种植高达 6 000 亩，占全县总耕地面积 40 万亩的 1.5%，年产鸦片 120 多万两。1938—1945 年，全县种植罂粟累计面积达 25 000 多亩，总产鸦片 500 多万两。全县拥有水地 1 406 亩，其中 1/3 以上种植罂粟。每到割烟季节，大部分劳力投入其中，以致农田荒芜，粮食减产。如果将这些土地播种粮食作物，每亩年产以 200 斤计，则可生产粮食 500 多万斤，足够全县 7 万多人吃两个半月。另根据 1944 年统计，左云县 11 个联合村有 14 062 户人家，其中农户 11 298 户中有种烟户 5 000 户左右，占农户总数约 44%，面积达 6 000 多亩，计征“禁烟特税附加捐”12 998 元（银元）。也就是说，每年每亩平均加捐 2 元，折小米约 32 斤，连同地亩税每亩就得征收约 70 斤小米的税捐。事实上，农民实际负担要比此高出数倍[①]。怀仁县的情况亦如此。据地方史志资料所述，自 1937 年 9 月 14 日日军侵入该县以来，全县 103 个村庄大都开始大面积种植鸦片，年均达 5 000 亩以上。1938 年，日伪设立“清查榷运局”，由日人太田正吉任局长，内设“烟政股”“盐务股”“稽查股”，协助伪县公署管理鸦片种植。征收工作先由伪县公署财政科兼管，1941 年后改由伪县公署民政科下设的“烟政股”负责，而“烟政股”之下又专设一个“土店”负责全县鸦片收购。1943 年后因种植面积扩大，伪县公署又在原“民政科烟政股”基础上扩组“特产科”，科长由日人三甫正光担任，下设“烟政”“盐务”“稽查”三股，并与“清查榷运局”配合，加强种植、征购管理工作。“烟政股”负责摊派任务、丈量土地、征购工作；“稽查股”负责侦缉走私、贩运工作。日伪“每到春季，根据各村实有水地面积进行分配种植亩数，要求所有水地全部种植。夏季烟花盛开时，抽调大批人员分赴到全县各村，对已种植大烟的土地进行丈量，然后根据苗情长势划分一、二、三等级。一等地上交 20 两纯烟，二等地上交 15 两，三等地上交 8 到 10 两。征购时，采用物质刺激和暴力强迫两种手段。物质刺激是交够任务者，卖给‘见返品’即洋布、火柴、香烟等市场缺货，作价比市场价格略低一些；暴力强迫是完不成交烟任务者，抓起来捆绑吊打，用凉水和辣椒水灌……”至于征购办法，则“夏季大烟开刀时（即大烟收割时），伪烟政股的土店开始营业，人们每天收割下的大烟奶用罐子盛着交往土店，由土店管理人员用肉眼判断奶中含纯烟比例，然后将数量记在种大烟人的花名表上，直至交够为止。其收购价每

① 《右玉文史资料》第4辑，山西省右玉县政协文史委员会1986年编印，第2—6页。

市两纯烟约2块银元，私价每两4到5块（每斤旧秤16两）。”八年间日伪仅征购一项就达20余万两大烟[①]。

此外，由于日军大力推销“料面”，许多农村劳动力染上毒瘾，农村呈现出一片惨破景象。例如，“交城平川敌占区，原系村庄稠密、土壤肥沃、民众生活富裕的地区，但在敌寇的毒化政策下，现已成鬼蜮世界，凄怆满目。被毒化村庄人民大部破产，义望村原来住户千家，楼阁林立，风景雅致，今则大半拆毁，典卖一空，断墙残垣，触目皆是，居民已由千来户减为五百来户，每日能吃三餐的人极少，且十有九家朝不保暮。”[②]有关日军鸦片政策及其毒化行为对山西民众生理与心理伤害的分析详见第六章。

第五节 农村经济受损的综合估量

中国向以农业立国，农业乃国家根本，而山西作为内陆省份，农业的意义更非一般。战时由于日军的掠夺性破坏，山西农村经济呈现出一幅前所未有的破败景象。

首先，农村经济发展很大程度依赖于农业发展，而土地是农业生产中最根本的生产资料，常言“民以食为天，食以土为本”，土地增加与缩减或土地多寡将直接影响农村经济发展。抗战全面爆发后，由于日军的掠夺性破坏，山西大片土地或被强征占用或被迫撂荒，农业生产遭遇严重窒碍。据《山西统计年鉴》记载，1940年，阳泉境内共有耕地111.89万亩，其中平定县59.04万亩、盂县52.85万亩。随着日军侵华战争的进一步升级，许多耕地荒芜。1942年，全境耕地减少至97.26万亩，其中平定县49.56万亩、盂县47.70万亩。至1946年，耕地则又降至87.91万亩[③]。另据《（中共）上党区八年抗日战争资财损失调查表》（1946年）不完全统计，日军在晋东南长治市、长治、襄垣、长子、屯留、黎城、潞城、壶关、平顺、高平、沁水、武乡、榆社、和顺等地修筑壕沟、封锁墙和碉堡等军事设施占用耕地113 889.6亩，估计原可产粮1 979 032.41石，而其余土地则在战争影响下大幅减产，每亩平均减产0.31石，每年减收粮食222 050 509.6石[④]。整个山西因日军破坏或强占土地而造成粮食减产的程度以及农村社会经济衰败的情景由此可见。

其次，日军对人力资源的大量征用，使农业失去了必需的劳动力。战争期间，日

① 怀文史：《日伪时期怀仁烟害》，郭裕怀主编：《山西社会大观》，上海书店出版社2000年版，第102—104页。

② 《平川交城一带毒品烧焦了农村》，《太岳日报》1942年9月11日。

③ 阳泉市地方志编纂委员会编：《阳泉市志》上册，当代中国出版社1998年版，第541页。

④ 《上党区八年抗日战争资财损失调查表》（1946年），A128-4-7。

军采取了种种手段，用以奴役沦陷区人民、摧毁抗日武装力量以及最大限度地榨取山西农业资源。例如，日军从 1938 年开始实施“囚笼政策”，在沦陷区大量修筑碉堡、据点，在敌我交错区修筑封锁沟、封锁墙并制造“无人区”，而这些沟壕与堡垒都是强征成千上万老百姓完成的，百姓为此痛苦不堪，农业生产遭受严重制约。正如伪东亚经济恳谈会华北本部长邹泉荪所供认的那样：“农民在耕种收获时期，时间至为宝贵，一刻千金，然而因为同时发生了更重要的征调，往往不得不忍痛失民时而用民力，民失其时，劳力转移，便难耕种如常，田禾荒芜，却又影响了生产。”① 山西农业生产技术落后，农业生产主要依靠大量人力投入，而日军入侵造成农村劳动力大量流失，或死于日军屠刀之下，或被强征充当劳工，或死在了战场上，农业生产因缺乏必要的劳动力而难以进行，由此造成大片土地荒芜，粮食生产难以自给，粮荒严重，甚至简单的农业再生产均无法维系，农村经济发展处于中断乃至崩溃的态势。

再次，日军对农业生产工具的征用和毁坏制约了农业生产的发展水平。战时，日军将农民的生产工具亦作为重要的征用对象，大肆征取或掠夺。“贫苦农民的所有物往往是有限而有限，尽力输将，有时可以提取到他们的生产工具，小而如锄镭，大而如车马，这都是从事生产的必需工具，征之甚易，再来之则甚难，去其所有，惟有再返回原始式的工作方法，无论在效力在收获，都易于受其影响，这实是应加考虑的事！”② 此外，日军在作战中肆意破坏农业生产工具，如日军侵入武乡八年间就烧毁农具 19 123 380 件，特别是段村附近和段村到蟠龙以及蟠龙到洪水沿线村庄所有农具均被烧毁③。日军对生产工具的征用和破坏，致使农村农具短缺，农业资源日益枯竭，生产技术严重倒退。

最后，日军对粮食、农副产品以及生活用品的直接掠夺加速了山西农村经济的崩溃。日军对粮食资源的大量掠夺及破坏，造成许多地区发生粮食危机，各种农副产品及生活用品极度匮乏。据 1943 年《特种经济调查处专报》刊载的《第六七年倭寇经济侵略》一文所述：“山西汾阳、文水、孝义、交城等县，每年每县被掠去之粮食，均在十万石以上，全省则在五百万石以上”。市场粮食零售价总值如以 1937 年为 100%，而从 1937 年 7 月到 1945 年 8 月则上涨了 354 倍。同样，衣服类物品上涨了 549 倍，日用品上涨了 438 倍，烟类上涨了 251 倍，医药品上涨了 367 倍。与之相反，伪币价值却大跌，贫苦百姓受害日深④。除此之外，日军大量砍伐当地树木，如修筑

① 曾业英：《日伪统治下的华北农村经济》，《近代史研究》1998年第3期。

② 曾业英：《日伪统治下的华北农村经济》，《近代史研究》1998年第3期。

③ 《武乡八年来战争损失调查》（1946年3月3日），A128-4-26。

④ 张全盛、魏卞梅编著：《日本侵晋纪实》，山西人民出版社1992年版，第246页。

武乡至榆社公路时就将武乡至榆社城一带树木砍去 80 000 余株[①]。据统计，和顺县八年间被日军砍去树木 77 171 株，襄垣被砍去 14 040 株[②]。大面积砍伐树木则使土地表层植被日益稀少，水土流失严重，农业经济备受打击。

关于当时山西农村经济的具体受损状况可以从现存的部分资料中进行观察。1940 年 12 月，日军"扫荡"辽县，仅路东六区损失如下：被杀民众 262 人，伤 36 人，烧毁房屋 19 904 间，烧毁粮食 14 820 石，损失核桃 10 590 000 个，毁坏农具（仅两区）799 件，损失牲口 289 头、羊 170 头、鸡 1410 只、猪 585 口[③]。如此损失使该地农民根本无法进行正常的农事生产与生活，到处显现出残破景象。盂县县城附近某村战前拥有农户 148 家、人口 800 多人、耕地 3 006 亩，日军于 1943 年 2 月 22 日在此挖掘所谓"惠民壕"，该壕长 8 里、宽 2 丈，侵占耕地 72 亩，并在 40 天内征用民夫 200 人、耗费人工 8 000 个，随后的 38 天每天又征用民夫 100 人、耗工 3 800 个。开工后每天索要 9 人放哨、40 人晚上看墙，共计用工 3 822 个，几项合计用工 15 622 个。自挖壕以来，有几十名伪警备队员驻扎此处，并每天向村里索要小米 28 斤、麦 30 斤、豆子 4 斤、煤 800 斤、油 2 斤、酱 1 斤，按市价每天折合伪币 199.4 元，78 天总计达伪币 15 553.2 元，而鸡、鸡蛋、山药和茶叶等物品及其他苛杂和勒索尚不在内。全村原有驴 120 头、牛 60 多头，待完工后仅剩驴 12 头、牛 30 头，大车则由 30 辆减至 10 辆，作物产量由每亩平均 8 斗减至 3 斗多，更因日军征用民夫过多而荒废田地 280 多亩，全村民众陷于无法过活的饥饿状态[④]。

在襄垣县，1943 年的粮食被日军全部抢走，加之灾荒遍地，百姓纷纷卖儿鬻女，走上妻离子散的逃亡之路。他们每日吃糠菜，有时甚至连这些东西都难以找到。土地荒芜，疾病流行，每日被死亡吞噬的人无以计数[⑤]。襄垣县城关街八年间仅支差一项已使百姓无法承受，平均每人每月支差 20 天，土地几乎全部荒芜（详细情形见表 2.5.1）。其他损失有：（1）日军毁坏禾苗地 114 亩，每亩按 900 元计合洋 102 600 元；对敌支差荒芜土地 244 亩，每亩按 900 元计合洋 219 600 元；日军修筑碉堡、沟壕毁坏土地 416 亩，每亩按 900 元计合洋 374 400 元。（2）日军"九路围攻"时烧毁粮食 3 529 石，每石按 80 元计合洋 282 320 元；苛捐粮食 3 504 石，每石按 80 元计合洋 280 320

---

① 《太行二专区各县八年抗战损失统计表及阎伪顽军罪行材料》，A128-2-11。

② 《和顺县八年来遭敌残塌几项数字统计》，A128-4-50；《襄垣八年来民力消耗调查表》，A128-4-37。

③ 《辽县区损失初步统计》，《新华日报》（华北版）1940年12月11日。

④ 力安：《盂平敌占区农村经济惨遭破坏》，《晋察冀日报》1943年6月4日。

⑤ 《襄垣县政府关于抗日战争中八年血债的统计》，A128-4-37。

元；掠夺粮食401石，每石按80元计合洋32 080元；糟蹋粮食84石，每石按80元计合洋6 720元。（3）日军拉走和杀死牲畜，其中骡42头，每头按16 000元计合洋672 000元；马18匹，每匹按12 000元计合洋216 000元；驴52头，每头按5 000元计合洋260 000元；牛9头，每头按7 000元计合洋63 000元。（4）损失家畜，其中猪459口，每口按3 000元计合洋1 377 000元；羊401只，每只按400元计合洋160 400元；鸡1 082只，每只按50元计合洋54 100元。（5）损坏农具19 607件，每件平均按120元计合洋2 352 840元[①]。

表2.5.1　襄垣县城关街八年间对日支差情况调查统计表

临时差	需工12 001个	修房支差	需工912个
修路差	需工8 241个	修城墙	需工16 542个
修碉堡	需工1 925个	拉道木	需工424个畜力
修房拉砖	需工1 240个畜力	其他	无统计
合　计	需工41 285个		

资料来源：《城关街支差统计》，A128-4-37-9。

在平定县，原有土地434 984.25亩，每亩平均产量为9斗，共可产粮391 485.825石，而日军修建沟、墙、公路、碉堡占地2 710亩，减产粮食2 330石；又因战争影响，每亩产量减少3斗，全县共减收130 495.275石。日军抢掠和烧毁粮食85 369石，灾荒减收粮食47 447石，日伪强征摊派569 915.295石，3项合计损失粮食702 731.295石，若每石价格以2 500元计，合计损失1 756 828 237.5元。战前拥有牲口42 360头，战时损失28 240头，而战后恢复生产急需牲口28 240头，每头价格以2 500元计，合计需要70 600 000元。战时损失猪1 154口，共值2 308 000元；羊31 610只，共值15 805 000元；鸡109 899只，共值5 494 950元；蜂217窝，共值55 400元；铁423 600斤，共值8 472 000元；金19斤4两7钱（旧计量单位），共值2 778 300元；盐1 992 000斤，共值79 680 000元；商业共值2 753 400元；被服1 131 143件，共值1 131 143 000元；农具2 074 485件，共值622 345 500元；树木93 720株，共值93 720 000元；铜锡201 800斤，共值40 360 000元；铜元343 790吊，共值343 790元；银1 665斤3两5钱，共值2 664 350元；工业共值5 101 300元；矿业共值7 627 400元，其他家具等损失共值26 458 756元，17项合计损失2 047 111 146元。战前有房屋211 800间，战争中被烧毁与拆毁者34 124间，战后急需补修34 124间，每间价格

① 《襄垣县政府关于抗日战争中八年血债的统计》，A128-4-37。

折小米15石，共需511 860石[①]。

昔阳县留庄村1937年前有村民190余户、人口950人、土地24顷(内有租种地9顷)，每人平均有土地约2.5亩，全年产粮2 988石，除去缴纳租粮368石后每人平均收粮约2.76石。若将全村所有副业收入计算在内，全年各种收入人均粮5.84石。群众生活实不富裕，全村挨饿受冻者25户，占全村户数13%以上。1937年，日军侵入该村，全村损失粮食1 494石，烧毁农具346件，损坏及烧毁日用家具等折价11 348元，损失衣服、被褥、布匹762件以及牛7头、驴7头、猪1口、鸡228只，总计合洋1 918 682元。1938年，全村全年损失合洋2 469 000元。1939年，对敌支差耗工合洋1 136 800元，全年对敌负担合洋1 147 600元。1940年，全年损失合洋1 503 773元。1941年，全年支差及财资负担合洋1 477 000元。1942年，被敌勒索粮食4 650斤，其中包括小米1 970斤，全年物资损失合洋418 000元，伪军吃喝消耗合洋276 400元，对敌支差耗工26 300个，折洋1 288 700元，全年总计消耗1 983 100元。1943年，全年对敌消耗合洋3 666 150元。1944年，全年对敌消耗合洋3 348 000元[②]。从留庄村八年间所遭受的损失情况观察，该村在未遭日军入侵前尚有25户挨饿受冻，约占总户数的1/8，而1937年日军侵入的第一年就损失上年粮食产量的约1/2，由此可以想象全村挨饿受冻户数的增加趋势。特别是1943年和1944年，对敌损失几乎等于事变前全村总收入，几乎所有人家都处于挨饿受冻的境遇之中。在各年损失中，粮食和牲畜损失呈现出明显的增长态势，正如晋西南民谣所描述的那样："老百姓，真苦情，粮食打下刮了个净，灰条沙蓬当饭用，树皮草根都吃空，饿的眼发昏……"[③]日军从1938年即开始强征徭役，对敌支差工数最高时竟占全村全年劳动力总时数的3/5，村民在饥寒交迫之下仍得为日军服劳役，可谓苦不堪言。

在日军抢掠和破坏之下，农民连最基本的生存保障都难以维持。如昔阳县安丰村农民赵栓虽然有地20余亩，但牲口与农具均被日军抢走，再加上缺衣少吃，身体乏力，土地全部荒芜，全家4口人每天只能以糠菜充饥。又如该村48岁的村民杨友如，全家5口人，即除妻子外有小孩3人，自己在外当劳工。由于日军频繁的抢劫与掠夺，家中衣物、粮食损失一空，全家只能以破羊皮用麻连起来当衣穿，晚上睡觉没有被子。其尽管有地50余亩，但除5亩由妻子和小孩耕种外，余下全部抛荒，而所耕之地又因缺少肥料、劳力投入不足以及与别人合养的两头牛被日军抢走，秋后仅收豆子1.5斗，

① 《平定县财产损失调查表》，A128-4-70-5。

② 《关于第一区留庄村八年来敌伪暴行群众损失的调查》，A128-4-48-5。

③ 华民：《晋西南民间歌谣——日本鬼，活像鬼》，《抗战日报》1945年6月5日。

每天只以糠菜充食，三年未进一粒盐[①]。再如晋西北及雁北一带，因日军连续“扫荡”并实行“三光政策”，造成农村耕畜和农具及肥料缺乏、土地抛荒，百姓无衣无食无居，伤寒、疥疮、疟疾、天花等疾病流行，死亡率惊人。像朔县下水头村每家只有一条裤子，外出时轮流穿；右玉西家沟村许多人没有裤子，以破麻袋缀成布块遮盖下体，八九岁儿童严冬赤条；平鲁兔子村1944年冬季冻死6人。右玉环叶村许多人以谷糠、榆树皮、棉篷、苦菜果腹，数月吃不上盐，面呈菜色，脸肿腿软，小孩经常便结。交城、汾阳等地许多人家人畜同居一室或全家挤睡一间小黑屋[②]。

战争期间，农民因缺乏农具、粮食、耕畜而无不鸠形鹄面，奄奄待毙，同时亦因之失去了最起码的抵抗自然灾害的能力。农民抗灾能力弱化，无疑使得无灾变有灾，小灾变大灾，大大增加了自然灾害发生的频率和破坏程度，农村地区稍遇灾荒便出现饥民遍野、饿殍塞道的悲惨景象。1941年，晋西北许多地方从入夏以后就饱受雹灾和水灾之苦，有些地方则遭遇风灾、旱灾和瘟疫袭击。据统计，此次经受雹灾者1 206个行政村，包括河曲、保德、偏关、神池、五寨、岚县、静乐、临南、离石、朔县、宁武、阳曲、交城、兴县等14县，其中临南、朔县、神池、岚县等4县灾情最为严重，除禾苗、菜瓜等遭雹打损失甚巨外，房屋、田地、耕畜被击毁者也颇多。临南县计有23个行政村遭受雹灾，受灾面积达122 672亩[③]。1942年，山西又发生历史上少有的大旱灾，此次旱灾一直延续到1943年，灾情遍及全省各地区，尤以太行、太岳地区受灾最重。而日伪的军事“围剿”和经济封锁又进一步加剧了当地人民的苦难，仅中共太行区五六两专区的灾民就达30余万人。1944年，全省又发生蝗灾，随之则是瘟疫的大面积流行，加上日军在“扫荡”中实行“三光政策”，根据地灾民人数继续增加，他们在灾荒中或丧生或背井离乡向外逃荒。根据1945年10月中共太岳区《连年灾荒逃亡人口统计表》，晋城、高平、沁阳、士敏等4县合计逃亡220 789人，死亡73 596人，逃、死两项合计减少人口294 385人，当地人口仅剩147 189人。其中，晋城、高平两县最为严重，逃、死人口占到各该县总人口的1/2（其中，死占到逃、死人口的1/3，逃亡占到逃、死人口的2/3）[④]。山西各地在灾荒中所遭损失惊人，以阳城、晋城、黎城3县为例，晋城、黎城仅水旱灾害涉及范围就达31 503平方里并损失牲口33 819头，

① 《昔阳县关于安丰村典型被灾户的材料》，A128-4-48。

② 《中国解放区临时救济委员会晋绥分会报告晋绥边区抗战损失等情形公函》（1946年4月26日），中国第二历史档案馆编：《中华民国史档案资料汇编》第五辑第三编外交，江苏古籍出版社2000年版，第190—193页。

③ 《晋西北五灾为祸，千余村被灾》，《新华日报》（华北版）1941年10月15日。

④ 李玉文编著：《山西近现代人口统计与研究》，中国经济出版社1992年版，第456—457页。

黎城县 352 609.96 亩（战前）耕地中受灾者 8 203 亩，从 3 县统计不难看出灾荒给战时山西人民带来的巨大灾难（见表 2.5.2）。虽然灾荒的发生取决于多种因素，如自然环境等，但人为破坏显然亦是灾荒发生的重要因素。可以说，日军的无止境掠夺与破坏加深了灾荒的危害程度。

表2.5.2　晋东南阳城、晋城和黎城3县八年间水旱灾害损失调查统计表

县份	旱灾面积	水灾面积	损失牲口	被毁村落
阳城	332 047.304亩	12 165.3亩	66 045.5头	163村
晋城	16 900平方里	6 400平方里	10 226头	—
黎城	7 948平方里	255平方里	23 593头	209村

资料来源：《善后救济总署晋绥察分署第八工作队灾情报告表》，A128-4-3-3。

由于日军的不断侵扰以及天灾人祸的接踵而至，处于生存困境中的部分农民不得不背井离乡而沦为难民。在漫漫逃难路上，等待他们的既有大自然的威胁，又有日军的进逼，许多人因此客死他乡。据 1938 年《“满铁”调查月报》统计，当时华北一些乡镇的逃亡人数占到了当地总人口的 50% 左右[①]。表 2.5.3 是山西部分县份战时难民统计：

表2.5.3　晋东南部分县份战时难民调查统计表

县份	当地难民	流离难民	成人	幼童	婴儿
黎城	131	256	285	63	39
晋城	37 086	9 036	16 370	21 773	7 979
阳城	12 227	12 373	9 132	10 448	5 020
左权	1 214	315	1 207	243	79
襄垣	775	310	502	489	94

注：离弃原籍住所逃来本县区内生活确属贫困者为流离难民。

资料来源：《黎城、晋城、阳城、左权各县难民调查表》，A128-4-3-4；《襄垣县难民调查表》，A128-4-37-9。

有记者对当时逃难路上难民的悲惨状况做过如下报道：“老百姓削掉榆树皮，把它碾碎当作食物吃。有的人把新麦连根拔掉；在另一些村子里，人们把花生壳捣碎来吃。路上可以看到难民们把泥土（观音土）塞到嘴里，来填满他们的肚子”。又有报道描述了许多逃难家庭的悲惨命运：“一位医生告诉我们，有个妇人煮着她的孩子时被捕，她并不困恼，因为她坚持说这孩子在她开始煮的以前已经死掉了。另一个女人

① 孙艳魁：《苦难的人流——抗战时期的难民》，广西师范大学出版社1994年版，第44页。

在割掉她死了的丈夫的腿的时候被捕，这也被认为正当，理由是那男人已经死掉了。”①这些难民的流徙，不仅惨况如上，而且还无形中加剧了流入地的经济压力。无论战时还是战后，社会各方为安置难民均须进行大量的经济投入，从而使本已千疮百孔的山西经济承受更大更重的负荷。

在日伪统治下，山西农村经济疲敝，已陷入破产边缘。整个农村经济处于停滞甚至倒退的状态。以粮食生产为例，1936 年山西全省粮食总产量为 3 367 410 吨，到 1949 年中华人民共和国成立时仅恢复到 1936 年的 77.8%，甚至到 1950 年和 1951 年都难以达到战前水平，而直到 1952 年粮食总产量达到 3 840 045 吨时才超过 1936 年的水平（具体情形见表 2.5.4）。很显然，日本所发动的侵略战争及其大规模的破坏行为是粮食减产的重要缘由之一。

表2.5.4　山西各个时期粮食生产情形

年度	粮食作物播种面积（万亩）	粮食总产量（吨）	亩产量（公斤）（按耕地面积计）	人均产量（公斤）	
				农业人口	劳动力
1936年	6 078.60	3 367 410	—	317	635
1949年	6 144.67	2 595 705	44	221	611
1950年	6 012.13	3 008 655	52	251	692
1951年	6 026.01	3 190 925	55	260	714
1952年	6 541.08	3 840 045	62	307	840

资料来源：山西省地方志编纂委员会编：《山西通志·农业志》，中华书局 1994 年版，第 225 页。

综上所述，由于日军对农村资源竭泽而渔的掠夺及破坏，山西农业生产遭遇毁灭性打击，农村经济呈现出一派凋敝景观，人民生活日益贫困，农业现代化发展进程陷于停滞状态甚至发生大幅度倒退。一如华北日伪舆论机关所描述的那样：“现今的农村破落到如何地步，在都市的人们或不宜知晓”，从事农耕者“越为减少，赤地千里，四无人烟”，“他们的生活简直无法形容了”。伪新民会中央总会宣传部长林某更直截了当地说：“现在有的同胞吃马粪，有的同胞吃人肉，我们知道的。”②这些描述则从另一个侧面反映了日伪统治下农村经济破产的真实情势。日军侵略使山西农民本已贫困的生活雪上加霜，他们连最基本的生存都无法保障，更毋提生产及扩大再生产了。

---

① [美]白修德（Theodore H.White）、贾安娜（Annalee Jacoby）著，端纳译：《中国的惊雷》，新华出版社1988年版，第191—192页。

② 曾业英：《日伪统治下的华北农村经济》，《近代史研究》1998年第3期。

第三章　工矿业、交通运输业及财政金融损失

第一节　日军的工矿业及交通运输业掠夺计划

一、工矿业掠夺计划

中日战争全面爆发之后，日本对山西经济掠夺进入一个新阶段。山西作为煤、铁等资源大省，尤其蕴藏着丰富且极易开采的煤炭资源，这些资源均属于日本急需的战略物资。日本掠夺山西资源时出于政治、经济等多方面的考量，始终是在“华北一体化”的体系或框架下施行的，其所谓的“开发”计划随军事形势的变化不断进行修改，并在一定程度上反映了整个战局的发展态势。

早在日军侵入山西之前，日本“满铁”就制订了诸如《华北经济开发的投资机关纲要》《有关华北交通投资预想》等投资计划及投资方案，这些计划或方案几乎囊括了华北5省（即河北、山东、山西、绥远、察哈尔）所有产业项目，准备在20年内完成对华北高达72 498万日元的巨额投资，尤其对交通业及矿产资源的投入最大，占总资金额的72.74%；设想在20年内修建包括山东济南经山西长治到河南博爱总长4 260公里的5条铁路线，开通3万公里汽车运营线；在10年内使华北各铁矿年产铁矿石达到130万吨，并炼钢40万吨、炼铁25万吨，还要接收开滦煤矿，吞并冀东各小矿，年开采煤炭约800万吨[①]。“满铁”的这些设想后来成为日本制订《华北产业开发第一次五年计划》的重要蓝本。与此同时，1936年3月，日本中国驻屯军又拟定《华北产业开发指导纲领》并送军政各机关反复商讨，6月正式报军政部门批准。该《纲领》明确将华北经济分为“禁止”“统制”“自由”3类，即“禁止或抑制不良企业，对日满经济或国防有重大影响的企业要进行必要的统制，其他委诸于自由企业”。其中，统制企业包括矿业、交通业、通讯业、工业（即发电、电灯业、冶金、化工、建

① 居之芬、张利民主编：《日本在华北经济统制掠夺史》，天津古籍出版社1997年版，第79—80页。

材等），这些企业不论资本系统或企业所在地“均根据国际的观点加以统制”，且应当“遵从驻屯军司令部的指令进行计划”，以“使企业的创设和经营便于顺应国策”①。日军占领华北后，日本各种经济力量遂在华北方面军强力指导下沿着既定计划开始对该地区的经济实施控制和掠夺。

1938 年 3 月，山西大部地区沦于敌手，以“西北实业公司”为基干的工矿业体系遭到毁灭性打击。日军首先对山西工矿企业实行军事占领，随后指定各随军财阀、商社代表负责经营这些厂矿，其中委托“兴中公司”经营的就有阳泉、寿阳、白家庄、孝义、介休、灵石、轩岗等煤矿和阳泉铁厂、太原炼铁厂、太原铸造厂等钢铁企业，以及大同煤矿产品的调剂与贩卖，山西原有发电企业等。众多轻工企业也大都以同样方式交付财阀集团代为管理，如日东制粉株式会社负责管理太原、榆次、平遥、临汾、太谷、祁县等地面粉厂，东洋纺织株式会社负责经营榆次晋华纺织公司，而新绛大益成纺织公司、永裕纺织公司以及太原晋生染织厂、祁县益晋染织厂等则由钟渊纺绩株式会社等负责营运。日本军方与财阀还共同商定了掠夺山西工矿企业以及物产资源的具体方案：（1）凡属军事管理的工矿企业之固定资产、库存、原材料等全部没收，无偿交付军阀使用；（2）委托经营者负责流通资金、技术和经营管理；（3）负责经营的日本财阀和商社享受与日本军属同等待遇；（4）日军支持经营者在所属企业成立厂警队、矿警队，以维护企业“治安”；（5）产品要优先保证军事需要；（6）所得利润由军队和经营者分享②。这样，军队与财团在利益一致的条件下，达成了共同“开发”山西的产业联盟，财团即以武力为后盾开始血腥的掠夺过程。到 1938 年 8 月，日军以“军管理”方式统制山西重要厂矿达 44 个之多，约占整个华北 82 个“军管理”企业的 53.66%③。也就是说，日军在华北的“军管理”主要针对山西工矿企业。具体情形详见表 3.1.1：

表3.1.1　日军“军管理”山西厂矿名录（计44厂）

沦陷前厂名	厂址	沦陷后厂名	军阀委托经营者
晋生染织厂	太原	军管理第一厂	钟渊纺绩株式会社
新记电灯公司	太原	军管理第二厂	兴中公司
保晋公司阳泉铁矿	阳泉	军管理第三厂	大仓矿业株式会社

① 《日本中国驻屯军的华北产业开发指导纲领（1936年2月）》（节录），居之芬主编：《日本对华北经济的掠夺和统制——华北沦陷区资料选编》，北京出版社1995年版，第12—13页。

② 山西省史志研究院编：《山西通史·抗日战争卷》，山西人民出版社2001年版，第64页；张全盛、魏卞梅编著：《日本侵晋纪实》，山西人民出版社1992年版，第151—152页。

③ 陆仰渊、方庆秋主编：《民国社会经济史》，中国经济出版社1991年版，第684页；张全盛、魏卞梅编著：《日本侵晋纪实》，山西人民出版社1992年版，第152—154页。

续表

沦陷前厂名	厂址	沦陷后厂名	军阀委托经营者
保晋建昌公司煤厂	阳泉	军管理第四厂	兴中公司
西北煤矿第一厂	太原	军管理第五厂	兴中公司
西北炼钢厂	太原	军管理第六厂	大仓矿业株式会社
新记电灯公司附属面粉厂	太原	军管理第七厂	日东制粉株式会社
西北窑厂	太原	军管理第八厂	大仓矿业株式会社
魏榆面粉厂	榆次	军管理第九厂	日东制粉株式会社
西北育才炼钢机器厂	太原	军管理第十厂	“满洲”工厂
晋华祁县染织厂	祁县	军管理第十一厂	上海纺织株式会社
晋华纺织公司	榆次	军管理第十二厂	东洋纺织株式会社
晋华卷烟厂	太原	军管理第十三厂	东亚烟草株式会社
西北印刷厂	太原	军管理第十四厂	日本火药制造株式会社
西北发电厂	太原	军管理第十五厂	兴中公司
西北毛织厂	太原	军管理第十六厂	钟渊纺绩株式会社
西北皮革厂	太原	军管理第十七厂	钟渊纺绩株式会社
西北电化厂	太原	军管理第十八厂	钟渊纺绩株式会社
西北化学厂（老厂）	太原	军管理第十九厂	日本火药制造株式会社
西北化学厂（新厂）	太原	军管理第二十厂	日本火药制造株式会社
西北火柴厂	太原	军管理第二十一厂	中华磷寸株式会社
聚德祥铁工厂	太原	军管理第二十二厂	丰田自动车工业会社
晋恒造纸厂	太原	军管理第二十三厂	王子制纸株式会社
西北造纸厂	太原兰村	军管理第二十四厂	王子制纸株式会社
西北发电厂兰村分厂	太原兰村	军管理第二十五厂	兴中公司
东山采煤所	太原	军管理第二十六厂	兴中公司
保晋公司寿阳分厂	寿阳	军管理第二十七厂	兴中公司
阳泉煤矿	阳泉	军管理第二十八厂	山西煤矿株式会社
介休煤矿	介休	军管理第二十九厂	兴中公司
晋生面粉厂电灯公司	平遥	军管理第三十厂	日东制粉株式会社
晋益面粉公司	临汾	军管理第三十一厂	日东制粉株式会社
昆仑火柴厂	汾阳	军管理第三十二厂	中华磷寸株式会社
大益成纺织公司	新绛	军管理第三十三厂	上海纺织株式会社
永裕纺织公司	新绛	军管理第三十四厂	上海纺织株式会社
西北洋灰厂	太原	军管理第三十五厂	浅野水泥株式会社
太谷同记电灯公司	太谷	军管理第三十六厂	南朝鲜电力株式会社

续表

沦陷前厂名	厂址	沦陷后厂名	军阀委托经营者
燮和火柴公司	新绛	军管理第三十七厂	中华磷寸株式会社
洪洞煤矿	洪洞	军管理第三十八厂	兴中公司
东山煤矿	太原	军管理第三十九厂	（不详）
运城盐池	运城	军管理第四十厂	山西盐务管理局河东分局
金矿局	代县	军管理第四十一厂	大仓矿业株式会社
富家滩桃钮煤矿公司	灵石	军管理第四十二厂	兴中公司
宁武、神池、五寨森林	宁武	军管理第四十三厂	大仓矿业株式会社
西北煤矿第二厂	轩岗	军管理第四十四厂	大仓矿业株式会社

资料来源：张全盛、魏卞梅编著：《日本侵晋纪实》，山西人民出版社 1992 年版，第 152—154 页。

从表 3.1.1 可以看出，日军完成对华北占领之后的首要任务就是改变过去那种依靠政治军事威胁控制和垄断华北主要经济部门的手段，而代之以军队占领和军管为先导，在保证战争需要的情况下迅速恢复原有中国企业之生产，“开发”日本和伪满缺乏而战争急需的资源，尽快将华北经济纳入以日本为核心的经济殖民体制之中[①]。日军完成对山西原有企业“军管理”之后，便迫不及待地要求各经营者在限定期限内开工，1937 年 12 月太原城里城外高耸的大烟筒已开始喷吐滚滚黑烟[②]。到 1938 年底，阳泉煤矿、新记电灯公司、西北发电厂、兰村电厂、晋生面粉厂及电灯公司、太谷同记电灯公司等厂矿基本恢复到战前生产水平[③]。至此，日军在山西基本建立起以“山西人民公营事业”下属各厂矿为基干的一套较为完整的工矿业掠夺体系。这些“军管理”企业大多属于资源部门，其担负着“扩大日本的生产力所必要的资源的获得及必要程度的加工”的“使命”，经营目的在于“弥补日满经济的缺陷”[④]。同时，这些企业又多属强化“战时体制”的绝对必要的资源型工矿业，因而受到日军高度重视。

不过，日军对于“开发”包括山西在内的华北资源却面临着两难困境，即“开发

① 居之芬、张利民主编：《日本在华北经济统制掠夺史》，天津古籍出版社1997年版，第72页。

② 张全盛、魏卞梅编著：《日本侵晋纪实》，山西人民出版社1992年版，第152页。

③ 居之芬主编：《日本对华北经济的掠夺和统制——华北沦陷区资料选编》，北京出版社1995年版，序言。

④ [日]依田憙家著，卞立强等译：《日本帝国主义的本质及其对中国的侵略》，中国国际广播出版社1993年版，第106页。

对象涉及农、工、商、交等各个方面，如图谋一举解决，从我国（指日本——笔者注）对外投资余力薄弱来看是不可能的事。但另一方面，目前的政治形势使我们在加强国防、扩大生产力以及确保其必要国防资源方面一日也不能疏忽。”因此，最好的解决方法就是“贯注主要力量获得日满经济区所缺乏的重要矿产资源”，同时消除企业的滥立和资本的滥用，在“国策会社”的统一领导下完成对华北经济的统制工作①。为此，在所谓“紧密结合日满华北经济，促进华北的经济开发，以图华北的繁荣并期我国防经济力的强化”宗旨下，日本于1938年3月成立统一华北“掠夺”事业的“国策会社”——“华北开发公司”，希图以之实现对华北各地经济的统一“开发”与“管理”，并更好地“体现举国一致的精神和全国产业动员的宗旨”②。该机构设置之后，相继制定了《华北产业开发第一次五年计划》和《华北第二次五年计划》，以期在统一领导下完成对华北经济的完全控制，并使华北经济纳入日“满”经济圈，“从而扩充日满两国广义的国防生产力”③。从该机构的设置与主旨可以看出，日本将华北视为重要的殖民地和提供经济“共荣”的主要基地，而有关华北两次五年“开发”计划的修订则正是其主旨及战事发展的具体体现。两计划有关矿产资源预计生产目标及其实际生产情形详见表3.1.2：

表3.1.2　日军“华北产业开发”两次五年计划之矿产资源生产目标及其实际生产情形

种类	第一个五年计划（1938—1942）		第二个五年计划（1942—1946）	
	现有能力（年产）	扩充计划（年产）	实绩（年产）	生产目标（年产）
制铁（钢）	6万吨	450万吨	82.5万吨	190万吨
煤	800万吨	3 000万吨	2 392.8万吨	5 055万吨
发电	16万千瓦	41万千瓦	263 430千瓦	551 422千瓦
盐	112万吨	250万吨	123万吨	253万吨
碱	4.5万吨	16.8万吨	4.2万吨	20.5万吨
矾土	—	—	29.2万吨	110万吨
电石	—	—	0.05万吨	2.3万吨
洋灰	—	—	4.5万吨	87.6万吨

资料来源：《华北产业开发第一次五年计划》（摘要）、《华北第二次五年计划》，

① [日]依田憙家著，卞立强等译：《日本帝国主义的本质及其对中国的侵略》，中国国际广播出版社1993年版，第108页。

② 《华北开发公司概况》，中国社会科学院近代史研究所近代史资料编辑部编：《近代史资料》总91号，中国社会科学出版社1997年版，第217—218页；日本防卫厅防卫研修所战史室编，天津市政协编译组译：《华北治安战》上，天津人民出版社1982年版，第57页。

③ 日本防卫厅防卫研修所战史室编，天津市政协编译组译：《华北治安战》上，天津人民出版社1982年版，第57页。

居之芬主编：《日本对华北经济的掠夺和统制——华北沦陷区资料选编》，北京出版社 1995 年版，第 24 页，第 38 页。

表 3.1.2 反映了“华北开发公司”“开发”华北经济的基本诉求，“开发”对象均是与战争密切相关的战略物资，而关系华北百姓生产生活的其他行业、产品则依据“轻重缓急”的“经营理念”变得无足轻重。因此，所谓“第一次五年计划”关于煤炭生产，乃是着眼于“改良过去之开发方法，实施计划之开采。至其所需资金及设备，得将日本国内煤产计划所规定的一部分资金及设备移至华北”，以加强对该地区各煤矿之投资力度和机械设备之改进[①]。例如，大同煤矿于 1940 年为加快采煤速度，引进链式割煤机 4 台、泉式 1.51–p 型煤电机 315 台[②]。并在此基础上制定了大同煤矿生产“十年计划”，计划第一年（从 1938 年 4 月至 1939 年 3 月）产煤 100 万吨，第二年产煤 215 万吨，第三年产煤 370 万吨，第四年产煤 700 万吨，第五年产煤 1 000 万吨，第十年则达到 3 000 万吨[③]。太原西山煤矿则计划从 1940 年起逐年增加 10 万吨，到 1943 年时由原来的 40 万吨增至 70 万吨。阳泉煤矿从 1938 年至 1941 年煤产量逐年增加，计划到“第一次五年计划”结束时年产量上升至 120 万吨[④]。同期，华北煤产量须在 5 年之内达到年产 3 000 万吨，比 1937 年增加 127.5%，并投资 14 400 万日元增加发电能力，以保证工业用电[⑤]。而 1941 年制订的“第二次五年计划”则因日军即将“南进”以及战场扩大，对所谓“国防资源”需求更加紧迫，遂推行“重点主义的开发”政策，要求煤、铁等资源年产量必须大幅度增长。同时，为强化矿产资源的“开发”，对华北电业也进行了必要的调整，要求电业建设“应以确立供给煤炭增产所需的电力为目标来调整其计划”[⑥]。据此，日军在华北各地积极“开拓”电业资源。就山西而言，为了大规模地开采和掠夺大同煤炭资源，日伪所属“蒙疆”电业公司先后侵占大同面粉公司电灯厂、大同义记电灯股份有限公司、兴农酒精厂电灯部，并相继兴建了装机总容量为 11 500 千瓦的岩岭 3 个发电所，以及容量达 17 000 千瓦的平旺发电厂。

① 秦孝仪主编：《中华民国重要史料初编》第六编（四），中国国民党中央委员会党史委员会1981年版，第991页。
② 山西省地方志编纂委员会编：《山西通志·煤炭工业志》，中华书局1993年版，第193页。
③ [日]岩崎继生：《大同风土记》，侯振彤译编：《山西历史辑览》，山西省地方志编纂委员会办公室1987年版，第255—256页。
④ 张全盛、魏卞梅编著：《日本侵晋纪实》，山西人民出版社1992年版，第167页，第184页。
⑤ 郑伯彬：《抗战期间日人在华北的产业开发计划》，资源委员会经济研究所1947年版，第23—25页
⑥ 郑伯彬：《抗战期间日人在华北的产业开发计划》，资源委员会经济研究所1947年版，第54页

华北电业公司自然不甘人后，也先后在寿阳黄丹沟煤矿、阳泉蔡洼、灵石富家滩煤矿、长治西关等地修建发电厂，其中规模最大的阳泉蔡洼电厂经两次改建和扩建后年最高输出电量达 3 150 万千瓦[①]。由此可见，日军对华北资源所采取的是一种“掠夺式开发”，其根本不顾及厂矿机器设备的生产能力，特别是对军工生产所需的重要原料如钢铁等的掠夺尤甚，生产能力在不到 5 年时间内竟增长了近 14 倍，即使这样，仍距计划目标相差两倍多。

“华北开发公司”为了充分发挥“国策会社”之效用并最大限度地掠夺华北资源，还不断在各省增设子公司，用以直接“开发”该省之重要产业。其中涉及山西工矿产业的公司设立情形详见表 3.1.3：

表3.1.3　有关山西工矿业之“华北开发公司”所属子公司情形

公司名称	设立时间	出资额（万日元）
华北电业股份有限公司	1940年2月1日	17 700
“蒙疆”电业公司	1938年5月26日	4 240
大同煤矿公司	1940年1月10日	4 800
山西煤矿股份有限公司	1938年2月9日	—
“蒙疆”矿业销售股份有限公司	1940年12月20日	400
华北制铁公司	1942年12月17日	5 000
华北窒素肥料股份有限公司	1942年9月1日	2 050
山西产业公司（山西产业株式会社）	1942年4月1日	3 000

资料来源：《华北开发公司概况》，中国社会科学院近代史研究所近代史资料编辑部编：《近代史资料》总 91 号，中国社会科学出版社 1997 年版，第 224—227 页。

表 3.1.3 显示，日本在山西形成了以煤炭为中心且辐射其他领域的多门类的“开发”体系，企图通过上述诸公司将山西资源“尽收囊中”，进而满足其军国主义需要。这种体系的建立，必然会导致山西经济出现畸形发展态势，进而阻碍该地区经济社会的整体成长。

在上述公司中，组建于 1942 年 4 月的“山西产业公司”（即“山西产业株式会社”）虽成立时间较晚，但其地位却十分重要，它在日军统制山西经济过程中发挥了专门公司的作用。当时，日军认为“军管理”工厂或企业在各专业会社独自运营过程中因管理失调、效率低下而无法满足日益增长的战略需求，为圆润各方关系并“使山西经济出现划时代的发展”，乃决定由“华北开发公司”、大仓矿业、东洋纺织、日本制纸、日本制粉、日本钟渊纺绩、日本火药、东亚烟草、“满州”工厂、中华磷寸、上海纺织、

① 山西省史志研究院编：《山西通志·电力工业志》，中华书局1997年版，第17—18页。

华北电业、浅野セメント（即浅野水泥）13家公司共同出资组建“山西产业公司”，以统一经营山西省内重、轻、化学工业[①]。公司下设35厂，各厂基本上“综合经营山西军管工厂内除煤矿（西山、轩岗镇煤矿例外）、电业部门（自家发电除外）之外的军管工厂”，产品大致50类110余种[②]。该公司的成立亦标志着日军对山西经济掠夺进入“山西产业公司”时期[③]。日军尽管在表面上取消了对前述35家工矿企业的“军管理”，但实质上仍具有明显的军事性质。首先，在出资方面，“主要是利用‘逆产’（占领区中国方面的财产）的实物出资”[④]。其次，在经营指导方针上，“不计各项事业或各种产品之盈亏”，仅在于满足军需。再次，在与军队关系上，该“会社受驻军委托，在人员、技术、资金等方面由驻军征用”，各项行动“必须同第一军（驻山西——笔者注）的施策采取一致步调，作为第一军的一方面而进行活动”[⑤]。由此知之，该公司实际上是日本在山西驻军的产业兵团。进一步说，“山西产业公司”成立不久，日军虽然解除了所谓军事上必要之外的其他所有企业的“军管理”，但在掠夺过程中仍行“军管理”之实[⑥]。并且，由于战争的延续及扩大，尤其随着太平洋战争的爆发，人力、财力、物力渐趋困乏，“华北作为战争兵站基地的使命也越发增加其重要性”，该公司工作重点主要在于集中精力维持各工厂生产力，以“逐步建成作为决战时期前产业兵团的稳固态势”，并促使各工厂降低产品成本，特别是“对于直接军需品以及日本所要求的重要资源”[⑦]。日本希冀借此建立“飞跃的战时经济体制”，以满足自

---

① 《山西产业株式会社要览》（1943年9月），中央档案馆、中国第二历史档案馆、吉林省社会科学院合编：《河本大作与日军山西“残留”》，中华书局1995年版，第126—127页；章伯锋、庄建平主编：《抗日战争·日伪政权与沦陷区》，四川大学出版社1997年版，第604—605页。

② 《华北开发公司概况》，中国社会科学院近代史研究所近代史资料编辑部编：《近代史资料》总91号，中国社会科学出版社1997年版，第227页。

③ 阳泉地方志编纂委员会办公室编：《抗日战争时期阳泉大事记》，油印本，时间不详，第11页。

④ [日]依田憙家著，卞立强等译：《日本帝国主义的本质及其对中国的侵略》，中国国际广播出版社1993年版，第124页。

⑤ 《第一军参谋长对山西产业株式会社的指示》（1942年7月8日）、《山西产业株式会社要览》（1943年9月）、《花谷正关于山西产业株式会社运营的指示》（1942年3月24日），中央档案馆、中国第二历史档案馆、吉林省社会科学院合编：《河本大作与日军山西“残留”》，中华书局1995年版，第123—124页，第127页。

⑥ 《伴随国民政府参战的对华新政策》，日本防卫厅防卫研修所战史室编，天津市政协编译委员会摘译：《日本军国主义侵华资料长编》中，四川人民出版社1987年版，第645页。

⑦ 日本防卫厅防卫研修所战史室编，天津市政协编译组译：《华北治安战》下，天津人民出版社1982年版，第238页；《山西产业株式会社要览》（1943年9月），中央档案馆、中国第二历史档案馆、吉林省社会科学院合编：《河本大作与日军山西“残留”》，中华书局1995年版，第128页。

己不断扩张的需求。

在建立“飞跃的战时经济体制”过程中，日军对山西工矿业迅速升级为“超度”开发，尤其是对山西丰富的煤铁等资源，表3.1.4所提供的部分数据则非常典型地彰显了这一情形。

表3.1.4　1940—1945年太原西山煤矿与大同煤矿生产情形

煤矿名称	年度	计划掠夺数（万吨）	实际出煤量（万吨）	完成百分比（%）
西山煤矿	1940年	10	19.649 7	196
	1941年	50	22.198 4	44.39
	1942年	60	24.774 7	41.29
	1943年	70	27.938 8	39.91
大同煤矿	1941年	300	221	73.6
	1942年	380	251	66
	1943年	500	227	45.5
	1944年	630	226	36
	1945年	760	169	22.2

资料来源：张全盛、魏卞梅编著：《日本侵晋纪实》，山西人民出版社1992年版，第199页，第202页。

表3.1.4虽然只是日军统制山西时期两个煤矿的生产计划与产出情况，但从中不难看出日军所定计划大大超过煤矿的实际生产能力，这种野蛮的掠夺式的“开发”必然造成资源本身大量浪费并严重破坏周边地质结构和自然生态环境。同时，日军统制下的两煤矿的绝对出煤量基本呈曲折上升趋势，这既反映了日军对煤炭日益增加的需求，又反映出日本军事潜力日趋枯竭的发展态势。

在“山西产业公司”之外，“山西煤矿股份有限公司”经营了原“兴中公司”所属阳泉、寿阳、富家滩、石圪节等煤矿。1942年，大同各煤矿由“南满洲铁道株式会社”与“蒙古自治政府北支那开发株式会社”合资经营的“大同炭矿株式会社”管辖。同时，“华北电力股份有限公司”“蒙疆电业公司”除在各矿点广建电厂外，还在太原、大同、阳泉以及同蒲路沿线各主要城市修建电厂。到1945年，山西发电设备总容量达到6.97万千瓦，太原、大同已出现33千伏和77千伏输变电设备[①]。

日军对山西工矿业的侵夺计划具有明显的倾向性，即以“国防资源的有效获得”为基本目的，或者说以煤铁等资源为核心且在此基础上方考虑其他产业的拓展。这种畸形发展“国防资源”的做法，导致了除煤铁等部分产业之外其他产业的严重萎缩。

① 山西省史志研究院编：《山西通志·电力工业志》，中华书局1997年版，第2页。

以 1942 年为例，该年度可以说是日本对山西乃至整个华北各地产业“开发”最有力年份，但“山西产业公司”下属各厂实际产量却大多低于设计能力。例如，太原窑厂设计能力为年产耐火砖 20 000 吨、红砖 10 000 000 块，而当年实际产量分别为 5 388 吨、8 673 000 块；太原卷烟厂同类相比为 42 000 箱和 26 614 箱；太原印刷厂同类相比为 400 000 元和 386 310 元；太原纺织厂设计生产棉纱 3 750 捆、棉布 151 000 匹，实际仅产棉布 78 892 匹，等等[①]。由此可见，产业结构的畸形态势已经制约了整个产业链的良性发展，而且这种状况随着战争的进程越来越突出。

二、交通运输业掠夺计划

日军占领华北之后，立即根据陆军中央部所订《华北政务指导大纲》设立军方政务执行机关——特务部，部内下设四课，其中第一课负责交通、通信、邮政、建设等事项，其任务是促使“直接供作战用的中国方面交通、通信机关，统由军方直接使用”[②]。此则奠定了日军进攻阶段对中国交通设施所采取的基本方针，即军事上必需的交通设施须在日军统制下运行。因而，当日军侵入山西并完成对该省交通网络的控制之后，即迅速地将其用于兵力及军需物资输送等军事行动。例如，1937 年末至 1938 年初，正太和同蒲两条铁路干线几乎完全被日军用于在山西和西北地区的军事行动，军运占 90% 以上[③]。与之相应，山西客货运输能力则大幅下降，正太、平绥、同蒲 3 条干线铁路 1938 年货运量仅为 1935 年的 59.2%，正太、同蒲两路 1938 年客运量仅及 1935 年的 36.9%[④]。此后，随着华北战事趋于平缓，日军军列次数尽管略有减少，但山西客货运输量却因铁路设施严重受损而难以提高。为了弥补铁路运量的不足并扩大占领区，日军在中日全面战争爆发之初即开始恢复和改善山西境内公路设施及汽车运输。

对于邮政体系，因山西邮政管理局负责人为意大利籍的 F·巴立地（F.Poletti），日军为避免与第三国发生纠纷并未强行接收或实施军管，而是将之纳入伪华北临时政府管辖范围之内，令其正常运营[⑤]。不过，日军委派日人作为调查员负责监视各占领

① 中央档案馆、中国第二历史档案馆、吉林省社会科学院合编：《河本大作与日军山西“残留”》，中华书局1995年版，第133—138页。

② 日本防卫厅防卫研修所战史室编，天津市政协编译组译：《华北治安战》上，天津人民出版社1982年版，第51页。

③ 张利民：《日本对华北铁路的统制》，《抗日战争研究》1998年第4期。

④ 山西省史志研究院编：《山西通志·铁路志》，中华书局1997年版，第376页，第428页。

⑤ 日本防卫厅防卫研修所战史室编，天津市政协编译组译：《华北治安战》上，天津人民出版社1982年版，第57页。

区邮政局所有业务。1938 年，日军华北方面军特务部交通组长白井根据当局指示，要求在华北设立独立于中华邮政之外的邮政总局，并使之成为由日军完全控制的通信机构。按照白井的设计，新组建的邮政总局局长在名义上由伪华北临时政府委派，主揽各局邮政大权的副局长则由日本递信省委派，“各局日籍副局长不仅监督局务，而且还可擅自处理事项，从而实际上控制了从总局至各邮区的各级邮政”①。同年 8 月 15 日，伪华北临时政府在北平设置邮政总局，日军对华北邮政统制由此开始。随之，日军相继在山西榆次、阳泉、太原、平遥等 31 个市县设立邮政局，在定襄、宁武、离石等 16 县及宗艾等城镇开办代办所 71 个，这些局、所统归伪北平邮政管理局暂管，而晋北 13 县②各等邮政局、所则划归伪蒙疆邮区管理③。这样，察哈尔、绥远两省及山西邮区长城以北各局统一划归伪蒙疆邮电总局管辖，并以独立经营方式自行组织一邮区，且与伪满洲国邮政实行一体化经营。在恢复各邮政机构之时，日军又以武力整肃邮路，1938 年日占区通邮路线达 7 965 公里，其中正太路和同蒲路等火车邮路全长已达 243 公里④。至于电讯，日军在战争初期主要是“恢复原有的县用电话。因为县用电话是连接县城和县内各警备区的电话，在收集情报、指挥警察队及保卫团工作上最为理想。”⑤

总的来说，侵晋初期，日军对山西交通基本上采取一种边破坏边利用的政策，其主旨是力求通过对山西乃至华北交通的控制进而掌控整个华北战局。正如日本政府所言：“帝国更必须在实质上抓住必要的交通事业，特别是在华北方面，应以国防要求为第一位”⑥。因之，日军这一时期占领山西交通主要用于军事活动，而对于国防资源的掠夺则由于种种原因尚无暇多顾。

随着战争进入相持阶段，日军大规模的军事行动暂告结束，原本由“满铁”兼营的华北交通则于 1939 年 4 月由新成立的“中日合办”的统制华北交通诸部门的殖民机构——“华北交通股份有限公司”（简称“华交”）取代。该公司是“华北开发公司”所属规模最大且军事性最强的一个子公司，资本总额达 4 亿元，而“华北开发公

① 居之芬、张利民主编：《日本在华北经济统制掠夺史》，天津古籍出版社1997年版，第194—195页。

② 晋北13县指大同、浑源、朔县、阳高、天镇、灵丘、左云、右玉、怀仁、山阴、广灵、应县、平鲁。

③ 《山西邮电志》编纂委员会编：《山西邮电志》，山西人民出版社1995年版，第27—28页。

④ 山西省史志研究院编：《山西通志·邮电志》，中华书局1996年版，第149页。

⑤ 日本防卫厅防卫研修所战史室编，天津市政协编译组译：《华北治安战》上，天津人民出版社1982年版，第71页。

⑥ 复旦大学历史系日本史组编译：《日本帝国主义对外侵略史料选编（1931—1945）》，上海人民出版社1975年版，第271页。

司”所出2.3亿资金中就有中国原铁道器材设备折合资金1.497亿元，“其业务经营华北境内之铁道、公路、内河水运外，还受托经营蒙疆地区之铁道”，目的在于将华北交通的实权掌握于日方势力之下，“谋求自由而适当地运用，以期用兵作战上无憾；同时作为华北产业开发的根干，以资扶植我（日方——笔者注）经济势力及增进华北民众的福利。”① 在具体营运中，规定“华交”下辖企业不得以营利为目的，且必须做到不惜一切代价②。日军还以“华交”为核心制订了详细的交通统制计划，即“适应煤炭开发计划，参酌输送距离、港湾能力，设立煤炭输送路线年度计划”；“铁道建设计划应符合煤炭增产最小限度的需要，以增强线路及提高线路运量为主。”③ 由此可见，“华交”乃是日军掠夺物资和从事军事活动的重要工具。

伪华北交通股份有限公司建立之后，首先着手修复该地区原有交通设施，希冀借助交通网络的修复进而扩大资源“开发”规模。1940年前后，日本开始筹划并实施新的交通建设方案，拟投资近4亿日元，即以其华北产业投资总额60%以上的巨额资金进行交通修复扩充计划，准备到1941年底修复铁路6 312公里、新建铁路687公里，修复和扩建公路18 600公里④。在此计划指导下，山西交通网络的修复和建设亦逐步达到“高潮”。

在铁路方面，日军经过一年半多时间的修复，正太和同蒲铁路始能维持时断时续通车。同时，为了实现“大陆铁道一贯经营”，并贯通山西铁路与津浦、平汉两线联系，日军对正太路及同蒲路北段进行窄轨变标准轨的改造工程。1939年10月，正太路干线完成改造，次年10月北同蒲铁路改造工程亦继之完成，并开始通车运营。1942年8月底，又着手改建同蒲路南段，并为提高运输能力，“将军用列车由2列增至10列，其他列车由2列增至3列，线路客量为16列车”。至此，山西铁路运输已完成400辆机车改轨工程，“如明确指示作战，计划再改成200辆”⑤。期间，“华交”还修建了一些用于掠夺煤炭等资源的铁路支线，希图将矿产品尽快运往日“满”等地。这

① 军事科学院军事历史研究部著：《中国抗日战争史》中卷，解放军出版社1994年版，第546页；华北开发公司：《关系公社之业务经营及其计划（节录）》，章伯锋、庄建平主编：《抗日战争·日伪政权与沦陷区》，四川大学出版社1997年版，第585—606页；[日]依田憙家著，卞立强等译：《日本帝国主义的本质及其对中国的侵略》，中国国际广播出版社1993年版，第115—116页。

② 山西省交通厅公路交通史志编审委员会编：《山西公路交通史》第一册，人民交通出版社1988年版，第200页。

③ 郑伯彬：《抗战期间日人在华北的产业开发计划》，资源委员会经济研究所1947年版，第54页。

④ 居之芬、张利民主编：《日本在华北经济统制掠夺史》，天津古籍出版社1997年版，第172页。

⑤ 日本防卫厅防卫研修所战史室编，天津市政协编译委员会摘译：《日本军国主义侵华资料长编》中，四川人民出版社1987年版，第533页。

些铁路支线计有东潞支线174.9公里，朔原支线112公里，石滩支线2.7公里，史家岗支线7.6公里，黄丹沟支线15.33公里，鹅毛口支线10.3公里，阳泉铁煤支线7公里，太原北站支线9公里，榆次纺织厂支线1公里，华北窑素支线2公里，虎峪炭矿支线3公里，总计344.83公里[①]。驻"蒙疆"日军也希望对大同煤炭运输有所"期望"，除计划修建大同至渤海湾约600公里铁路外，还准备铺设新的复线运煤专线，以实现运输量从1 000万吨到3 000万吨的掠夺计划[②]。

在公路方面，因修筑费用低廉且工时短并可迅速弥补铁路运输能力的不足，华北日军制订了详细的恢复与扩建计划。在日军的强力指导下，华北伪政权所属建设总署公路局1938—1940年先后多次修订公路整备计划，如1938年第一次计划准备10年内按正规技术标准修建全长17 710公里的"国道"25条、"省道"50条，1939年则将工时缩短为5年并预计投资13 400万"联银币"整修华北公路11 600公里，1940年又将5年计划改为华北道路网计划且将整个公路建设分为建筑路、改良路、修补路、维持路4种，统由伪华北建设总署主办，分别进行"治理"。到1941年，日伪实际新建公路615公里，改善公路1 124公里，修补和维护破损公路7 537公里[③]。而伪华北建设总署公路局下辖之伪太原工程局亦于1939年提出整修和新建山西公路计划，即整修全长196公里的宁武—神池、忻县—静乐、霍县—汾西、浮山—临汾等4条公路，修补全长658公里的代县阳明堡—繁峙大营、忻县—五台、太原—雁门关、太原—军渡、侯马—河津等5段公路[④]。此后，又根据战事需要不断提出道路修建计划，其中最为详尽的是1942年道路修补计划，预计投资30万元对11条公路进行整修。具体情形详见表3.1.5：

表3.1.5　1942年日伪山西道路修补计划表

线路名	总延长（公里）	施工区间	施工延长（公里）	金额（元）	摘　要
忻县—五台	130	定襄—五台	20	16 000	施工处20公里，包括15米以下的桥梁暗渠

① 《太原铁路分局志》编委会编：《北京铁路局太原铁路分局志（1896—1995）》，中国铁道出版社1999年版，第25—26页；华北交通公社：《公报号外》一，第14页，山西省档案馆藏；居之芬、张利民主编：《日本在华北经济统制掠夺史》，天津古籍出版社1997年版，第172页。

② [日]岩崎继生：《大同风土记》，侯振彤译编：《山西历史辑览》，山西省地方志编纂委员会办公室1987年版，第256页。

③ 居之芬、张利民主编：《日本在华北经济统制掠夺史》，天津古籍出版社1997年版，第177页。

④ 山西省交通厅公路交通史志编审委员会编：《山西公路交通史》第一册，人民交通出版社1988年版，第188页。

续表

线路名	总延长（公里）	施工区间	施工延长（公里）	金额（元）	摘 要
太原—岚县	182	太原—李家庄	17	23 100	施工处17公里，包括15米以下的桥梁暗渠
		三交镇—李家庄	10	25 000	
忻县—岚县	156	忻县—三交镇	25	10 000	包括15米以下的桥梁暗渠
离石—岚县	156	离石—方山	41	32 800	施工处41公里，包括15米以下的桥梁暗渠
平定—沁县	234	平定—昔阳	25	20 000	包括15米以下的桥梁暗渠
		榆社—辽县	42	33 000	包括15米以下的桥梁暗渠
		沁县—榆社	65	58 500	包括15米以下的桥梁暗渠
汾城—乡宁	78	汾城—乡宁	30	21 000	
临汾—大宁	130	临汾—大宁	52	39 000	
侯马—河津	40	侯马—河津	40	22 000	
合计	1 106		367	300 400	

资料来源：山西省交通厅公路交通史志编审委员会编：《山西公路交通史》第一册，人民交通出版社1988年版，第188—189页。

到1942年，山西公路总长7 109.9公里（不包括伪蒙疆政权控制的大同及雁北地区），其中“国道”10条、“省道”59条，另有为数众多的伸入农村的临时便道[①]。这些公路的改建、扩建对于日军维护占领区的“治安”以及“清剿”、封锁和分割抗日力量发挥了极为重要的作用。同时，日伪还在占领区恢复汽车营运业务，1942—1943年间“华交”下属的伪太原自动车管理所在山西沦陷区营运路线达26条，总营业里程大致在2 100—2 600公里之间[②]。“华交”在山西建立起以太原为中心，北至雁门关、繁峙、五寨，南及蒲县、芮城、阳城，东达平定、昔阳、和顺，西到离石、中阳、柳林的交通运营网络。

在航运方面，日军改建或修建了太原城北机场及武宿机场、大同机场、临汾机场、

① 《山西省公路概况表》，（伪）山西省公署秘书处统计室编：《山西省统计年鉴》下卷，（伪）山西省公署秘书处统计室1942年。

② 山西省史志研究院编：《山西通志·交通志·公路水运篇》，中华书局1999年版，第318页。

运城机场和晋北阳明堡机场，并于 1941 年开通北平—张家口—太原—厚和（今呼和浩特）—包头、北平—石门（石家庄）—太原—临汾—运城、张家口—大同—太原 3 条航线[①]。同时，计划在山西南部修建可供两个飞行师团以上兵力使用的军用机场[②]。通过上述一系列建设，日军逐步在山西建立起以太原为中心、纵贯山西主要城市以及横联相邻省份的航空控制网络。

在邮政方面，日军起初“为了补充日伪在占领区所需通讯，以安定民心来维持对占领区的统治”，着力恢复邮政系统并改为由日本控制[③]。在山西占领区恢复管理局 1 处、二级邮政局 18 处、三级邮局 12 处、代办所 35 处，承办信件、包裹、储金、电信、保险、汇兑等基本业务，初步建立起服务于日本侵略政策的山西邮政系统[④]。随后，又根据战局发展需要，进一步对邮政系统进行大规模修复和扩建。到 1940 年，日伪山西邮政管理局管辖下的山西邮路总长已达 17 451 公里，基本上与战前全省邮路总长相当[⑤]。而且，在 1940 年还先后开通北平—石门—太原—临汾—运城、北平—张家口—大同—太原、青岛—北平—石门—太原 3 条航空邮路，1941 年又开通太原—雁门关、太原—离石、阳泉—和顺、代县—繁峙、侯马—翼城、运城—荣河、侯马—河津、潞安—泽州、运城—夏县等汽车邮路，以及石太线、同蒲线（宁武—蒲洲）、原平线（原平—崞县）、东潞线（太原—潞安）、平遥线（平遥—汾阳）等铁路邮线[⑥]。同时，扩充各等邮局，到 1942 年约达 380—470 处（由于日伪控制地区不断发生变化，导致伪山西邮政管理局所辖各等邮局经常变更）[⑦]。这一时期由于日伪占领区域扩大，山西邮政表面上呈现出一片“繁荣”景象，但各级邮局以及邮路的恢复和扩展并没有带来邮政业务量的相应提高。以邮件为例，即使 1940 年作为高峰之年亦不过收寄邮件 10 851 400 件，较 1936 年仍少 38.4%[⑧]。

在电信方面，日伪于 1938 年 1 月在太原成立太原通信局，随即修复山西各地电

① 山西省史志研究院编：《山西通志·交通志·民用航空篇》，中华书局1999年版，第2页。

② 日本防卫厅防卫研修所战史室编，天津市政协编译委员会摘译：《日本军国主义侵华资料长编》中，四川人民出版社1987年版，第533页。

③ 居之芬、张利民主编：《日本在华北经济统制掠夺史》，天津古籍出版社1997年版，第195页。

④《太原邮局邮务员伊藤给有关日军部队关于山西邮政概况的附件的报告》，B51-1-191。

⑤《日伪山西邮路情况表》，山西省史志研究院编：《山西通志·邮电志》，中华书局1996年版，第101页。

⑥《邮政公报》第四号，1940年6月21日；《邮政公报》第七号，1940年9月17日；《华北交通公司载运邮件汽车路线表》，《邮政公报》第十七号，1941年5月5日；《火车邮路接发邮件局所调查表》，《邮政公报》第三十号，1941年11月24日。

⑦《邮政局所及所属邮政机关数目表》，B51-2-35。

⑧ 山西省史志研究院编：《山西通志·邮电志》，中华书局1996年版，第149页。

信设备。同年7月，创办“中日合办”的“华北电信电话股份有限公司”（简称“华北电电”），统辖华北占领区电报电话业务，“力谋铁路沿线各城市通信之联络”并“使电气通信事业极度集中于战争目的”①。基于此，日军在山西的电信线路及其网点大都设置于铁路沿线，先后架设了石家庄—太原（铜线142.9公里，铁线269.9公里）、太原—阳方口（铜线388条公里，铁线483公里）、榆次—运城（铜线1 684公里、铁线3 967公里）之间的电报和长话线路。华北局势相对“稳定”之后，“华北电电”又兼顾了煤炭生产与运输方面的通讯业务，以因应煤炭“开发计划”。其相继在太原、阳泉、潞安等10处架设电缆，开通电报电话业务，并在太原西山煤矿、黄沙岭煤矿、黄丹沟煤矿、静乐铁矿、定襄铁矿设立报话收发处。同时，伪蒙疆自治政府则在大同口泉矿区永定庄矿设置300门史端桥式自动交换机1部，在平旺矿设置300门共电交换机1部，在八大矿所在地各设10门磁石交换机1部②。

从上述数据可以看出，日军在这一时期大规模修复并新建各类交通设施，妄图通过控制交通网络谋求“治安”稳定以及获取“国防资源”。同时，为了“合法”地控制华北交通，一切活动均以“中日合办”的“华北开发公司”下属各子公司名义进行。并且，交通网络在局势稍微“稳定”之后，除公路肩负有更多军事任务外，其余则以承担“国防资源”掠取及输送任务为主。

1944年前后，日军在华疲态日彰，交通运输线路不时被毁，战备物资难以满足供应，“华交”属下机车多出现燃油不足现象并不得不对其进行改装，“车辆多改为石炭车，现在运行之数约为百分之三十二，预备车为百分之十八，未运行者达百分之五十”③。为了加大资源运输量，日军乃采取缩减客运办法，1940年每天平均有107辆客车替代货车使用，1943年则增至每天平均274辆④。1944年，山西各抗日根据地开始局部反攻，北岳区攻占日伪据点189处，晋绥区“挤”掉日伪据点106处、收复村庄3 108个并扩大解放区面积近10万平方公里，太行区攻克日伪据点105处，收复国土17.09万平方公里，太岳区攻克日伪据点90处，日军被迫退守中心城市及交通沿线据点⑤。在此情势之下，“华交”在山西的经营线路和经营范围日益萎缩，车辆只

① 《中联银行月刊》1944年第7卷第3期，第56页。

② 《山西邮电志》编纂委员会编：《山西邮电志》，山西人民出版社1995年版，第291页，第50页，第344页。

③ 华北开发公司：《关系会社之业务经营及其计划》（节录），章伯锋、庄建平主编：《抗日战争·日伪政权与沦陷区》，四川大学出版社1997年版，第585—606页。

④ 居之芬、张利民主编：《日本在华北经济统制掠夺史》，天津古籍出版社1997年版，第303页。

⑤ 张国祥：《山西抗日战争史》下卷，山西人民出版社1992年版，第452页。

能以木炭或酒精替代汽油，并在车顶安装所谓“凌驾于汽油车之上”的“阿塞林瓦斯发生炉”，车辆则仅往来于太原、汾阳、榆次、忻县、五台、运城、夏县、侯马、绛县等少数地方。与此同时，日伪所控制的山西邮政也不断萎缩，到1944年底各等邮局仅剩二等局6个、三等局26个、支局3个以及三等局改简易局6个、代办所180个，邮路总长度缩减至5 219公里①。不过，日伪为了改变业已趋于末路的颓势，于1944年8月设置紧急邮件业务，以在太原等7个城市之间进行快速信息传递②。上述情形使日方企图重新将华北交通尤其铁路完全握于己手，以做最后挣扎。为此，1945年3月30日，汪伪政府行政院院长陈公博与日军华北方面军总司令冈村宁次签署《关于华北及华中铁路运营之军管理协定》，该协定规定冈村宁次自当年4月1日起暂行管理“华北交通股份有限公司”“华中铁道股份有限公司”所经营之华北及华中铁道，汪伪政府则对两公司“行使监督权”，而其若与“军管理”的实施发生抵触事项须停止“监督权之行使”③。然而，该协定签订数月日本即宣布无条件投降。

综观日军对山西交通之掠夺计划，无论政策制订抑或具体实施基本上是将山西交通纳入华北交通整体框架下进行的。究其本质，则均以满足军事占领为目的，只不过对于不同类型之交通略有区别而已。如，铁路在战争初期及后期军事职能较为明显，在战争相持阶段则主要用于军用物资和“国防资源”的输送；公路及电信的基本职责是维护占领区“治安”并用于封锁各抗日根据地之军事活动，而且这一职能贯穿战争始终；邮政两项功能之间的界限相对较为模糊。但无论日本对交通控制计划多么完善，其实施多么有力，最终仍无法挽回日军失败的命运。

第二节 工业受损统计及其量化分析

山西工业体系在战争初期就经受了炮火洗礼，许多人在战争爆发不久就深切体认到山西因其战略地位的重要性以及所蕴藏的巨大经济潜力势必成为日军进攻的重点，建议阎锡山有计划地将山西工矿企业资金、设备撤向后方或在必要时炸毁厂房，但阎氏当时没有采纳这一动议④。随着战局的迅速恶化，工矿企业内迁已为时过晚，以“西北实业公司”为基干的工矿业体系遭到毁灭性打击。该公司下属各机械厂机器损失情

① 山西省史志研究院编：《山西通志·邮电志》，中华书局1996年版，第23页，第101页。

② 居之芬、张利民主编：《日本在华北经济统制掠夺史》，天津古籍出版1997年版，第298页。

③ 《陈公博与冈村宁次签订关于华北及华中铁道运营之军管理协定》，章伯锋、庄建平主编：《抗日战争·日伪政权与沦陷区》，四川大学出版社1997年版，第721—722页。

④ 谷峰：《太原抗日风云录》，山西人民出版社2002年版，第71页。

况详见表 3.2.1：

表3.2.1　“西北实业公司”各厂原有机器及损失情况表

厂名	原有数	接收数	日军劫运数
机车厂	893	31	862
机械厂	283	283	—
农工器具厂	902	—	902
铁工厂	517	—	517
铸造厂	209	—	209
水压机厂	85	—	85
溶化厂	532	—	532
育才炼钢机器厂	560	—	560
汽车修理厂	320	—	320
机械修理厂	260	260	—
合计	4 561	574	3 987

注：接收数包括迁移到后方的 510 部。

资料来源：西北实业公司：《机械各厂原有机器及损失机器统计表》，B31-2-343。

上述被劫设备均为日军山西派遣军拆卸并于 1938 年 8 月底运走，“计大阪一千七百零七部，小仓一千三百部，东北二百六十三部，东京三百九十七部”[①]。日军之所以如此热衷“西北实业公司”设备，乃在于其多为发展重工业机器，且不少设备来自欧美发达国家，如西北机车厂兴建时陆续由国外各大名厂购置各种工作机器 893 部，这些机器在当时国内外均属先进水平，日本自然迫不及待地想掠为己有，以补充其设备之不足[②]。同时，在日本看来，山西不过是日“满”寻求发展的资源基地，而“利用山西的煤炭发展山西重工业的做法是错误的”[③]。“西北实业公司”之先进机器设备除被劫运外，其下属化学、印刷、修造、氧气、机车、育才机器、洋灰、电化等 8 厂完全毁于日军炮火，原厂地则变成日军仓库或小型铁路修理厂[④]。

各县市支柱性工业企业同样在劫难逃。据战后《山西省克复地区内损失实情清

① 《日军搬出西北实业公司机械报告》，B31-2-347；西北实业公司：《电长官阎将致行政院请通知日政府派员认领机器之电文录呈的电报》，B31-2-342。

② 刘以仁：《西北实业公司机车厂安设机器物权证明书》，B31-2-343。

③ 中央档案馆、中国第二历史档案馆、吉林省社会科学院合编：《河本大作与日军山西“残留”》，中华书局1995年版，第120页。

④ 《山西全省公营事业概述》，B30-1-7-1。

查审报表》，除太原、大同、阳泉、榆次等中心城市外的38个县，总计损失价值约15 542 244.212万元资产。具体受损情形见表3.2.2：

表3.2.2　山西38县工业财产损失清查表

单位	毁坏企业约值（元/法币）	掠夺企业约值（元/法币）
交城	700 000 000	50 000 000
灵石	19 656 000 000	988 000 000
沁县	—	—
河津	12 071 896 960	—
洪洞	38 800 000	35 000 000
繁峙	450 000 000	—
五台	45 840 000 000	1 499 489 000
祁县	205 000 000	90 000 000
代县	276 060 000	111 140 000
清源	—	—
介休	40 515 000	59 643 200
汾阳	684 800 391	360 807 000
平遥	6 050 000	330 000
霍县	8 260 620 770	—
武乡	15 168 316 200	—
平定	—	—
临汾	58 131 300	13 049 000
汾城	—	—
寿阳	5 690 636 000	—
宁武	210 000 000	60 000 000
定襄	—	—
垣曲	4 864 000 000	1 985 910 000
晋城	20 652	75 000 000
沁水	1 050 000 000	300 000 000
高平	1 095 500 000	806 400 000
阳城	3 050 000 000	1 560 000 000
襄陵	5 000 000	—
翼城	5 000 000	5 000 000
陵川	—	300 000 000

续表

单位	毁坏企业约值（元/法币）	掠夺企业约值（元/法币）
长子	—	10 000 000
长治	1 384 500 000	1 636 200 000
平陆	9 736 806 447	135 000 000
应县	—	—
沁源	9 204 950 000	—
太谷	5 000 000 000	500 000 000
浮山	—	—
徐沟	—	—
大宁	88 870 200	—
合计	144 841 473 920	10 580 968 200

资料来源：《山西省克复地区内损失实情清查审报表》（1946 年 7 月 15 日），B13-1-75

另据中共太行区第二专区战后关于部分地区工业损失统计，榆次 8 249 187 元（农币[①]，下同）、平定 2 738 500 元、左权 4 214 866 元、榆社 330 000 元、太（谷）榆（社）祁（县）1 860 000 元[②]。又据中共晋察冀边区战时主要工业损失调查统计，全区民间纺织业损失 200 000 000 美元（估价，下同），民间榨油业损失 200 000 美元，民间面粉业损失 400 000 美元，民间麻纸业损失 50 家共 100 000 美元，民间制革业损失 250 家共 250 000 美元，民间制药业损失 20 000 美元，民间肥皂业损失 100 000 美元，民间砖瓦业损失 200 000 美元，民间木厂损失 400 家共 200 000 美元[③]。中共晋绥边区八年间作坊损失 257 378 720 000 元（法币，下同），家庭纺织业损失 10 543 740 000 元，工矿业损失 116 583 000 000 元[④]。

日本占领期间，不仅破坏了山西原有的工业体系，而对各工厂设备的超度使用亦大大削弱了各企业的生产能力。"西北实业公司"所余 320 部机器经"八年超度使用，

① 指1940年成立的西北农业银行发行的纸币。

② 《二分区榆社县、榆次县敌占土地的战争损失的补充材料》（1946年），A128-2-11。

③ 《晋察冀边区战时工业损失调查》（1946年），中央档案馆、中国第二历史档案馆、河北省社会科学院编：《日本侵略华北罪行档案・损失调查》，河北人民出版社2005年版，第109—119页。

④ 《晋绥边区抗战八年损失：各项损失总计》（1947年），中央档案馆、中国第二历史档案馆、河北省社会科学院编：《日本侵略华北罪行档案・损失调查》，河北人民出版社2005年版，第272页。

超龄者有之，损坏者有之，亦已泰半陈旧不堪使用，而厂房建筑，亦坍塌破漏之极”[①]。“山西产业公司”“赶供军需，任意使用”，致使所留机器“损失、毁坏十之八九，以致胜利前夕，各厂产量锐减”[②]。具体情况详见表 3.2.3：

表3.2.3　“西北实业公司”各厂各个时期生产能力

厂名	战前生产能力	战时战后生产能力
西北发电厂	最高负荷6 850瓦	接收时最高负荷4 300瓦
西北洋灰厂	日产洋灰140吨	接收时日产洋灰40吨
晋华卷烟厂	—	1940年生产能力仅为战前的14.4%—35.7%
运城盐池	4万多吨	1941年2万多吨
火柴厂	年产8万箱	1940年产2.3万多箱
晋丰面粉厂	设备生产能力年产84万袋	1939年（最高年产）为42万袋
新记面粉厂	—	1940年（最高年产）为设计能力的63.8%

资料来源：《西北实业建设公司介绍》，B31−1−4；张其昌：《太原火柴业的演变》，《太原文史资料》第 10 辑，1987 年编印；杨静刚：《解放前的太原新记面粉厂》，《太原文史资料》第 10 辑，1987 年编印；杨静刚：《解放前的太原晋丰面粉厂》，《太原文史资料》第 10 辑，1987 年编印。

根据表 3.2.3 所示，各工厂生产能力由于战争破坏以及日军“超度”使用，其较战前明显下降，而这本身即是一种隐性掠夺。

在诸产业中，日本尤重视钢铁等战略物资的生产，战争初期日军以“军管理”方式接管了“西北实业公司”下属各钢铁厂，并将这些企业作为满足军事需要的重要工具。随着战事发展，日军由于对钢铁需求剧增，乃决定在华北紧急建设一批中小型重工企业，以就地加工华北资源并向日“满”输送成品或半成品。为此，在太原、阳泉增设小型炼铁高炉 3 台，计划年生产能力 12 385 吨[③]。据统计，仅太原钢铁厂在 1940—1945 年就生产生铁 154 972 吨、平炉钢 34 630 吨、中型钢材 32 249 吨、冶金焦 120 532 吨[④]。在晋城、阳城、高平等产铁地区则指派生产“铁砖”，并将其集中运回日本[⑤]。此外，1944—1945 年两年间还利用土法炼铁向日本本土输送土法铁约

① 《西北实业建设公司介绍》，B31−1−4。

② 《西北实业公司复工期间之业务计划》，B30−1−87−9。

③ 居之芬、张利民主编：《日本在华北经济统制掠夺史》，天津古籍出版社1997年版，第274页。

④ 樊吉厚、张铁锁主编：《日本侵晋实录》，山西人民出版社2005年版，第130页。

⑤ 山西省史志研究院编：《山西通史·抗日战争卷》，山西人民出版社2001年版，第65页。

20 000 吨、铁屑 300 吨，并将新绛纺织厂部分机械约 300 吨作为废铁运往日本①。在加大对产铁地区掠夺力度的同时，日军还在沦陷区“强迫伪村闾长征集农家的破铜烂铁及妇女的首饰”②。如，晋城 1940—1945 年间被掠夺生铁 1 亿斤以上，寿阳被掠夺铜 585 吨、铁 204 吨③。

这种残酷的掠夺政策是以牺牲人民正常生产生活为代价的。以关系百姓切身生活的轻工业为例，西北毛织厂日占时期仅生产军用毛毯和哔叽，而日伪太原卷烟厂 8 种品牌卷烟有 5 种供给军用，且全部产品在 1939 年和 1940 年分别有 40.6%、74% 用于日军消费。到 1943 年，沦陷区轻工业总产值下降到 579 万元，相比战前下降了 71.62%④。日本贺屋兴宣藏相明确宣称：“在相当长的时间内，将无暇顾及当地居民生活，暂时将不得不执行所谓榨取之方针。”⑤

由于日军的掠夺与破坏，山西诸类工业产品产量到战争结束接收之时已根本无法与战前同日而语，具体情形见表 3.2.4：

表3.2.4　诸类产品战前与接收之时产量比较表

类别	品名	单位	战前月产量	接收时月产量
钢铁类	生铁	吨	6 000	3 000
	钢铁	吨	3 900	3 000
素类	洋灰	吨	7 500	500
	耐火材料	吨	3 000	300
纸张类	报纸	吨	150	60
	模造纸	吨		
	保边纸	吨		
面粉类	各类面粉	袋	200 000	150
铁工及军械机器类	各种机械	吨	100	—
	各种枪	支	3 000	1 000
	各种炮	门	20	3
	各种枪弹	颗	120 000	无

---

① 中央档案馆、中国第二历史档案馆、吉林省社会科学院合编：《河本大作与日军山西“残留”》，中华书局1995年版，第118页。

② 《山西敌搜集废铁》，《抗战日报》1943年4月3日。

③ 张国祥：《山西抗日战争史》下卷，山西人民出版社1992年版，第23页；《寿阳县八年抗战敌灾总结》，A161-1-29。

④ 山西省史志研究院编：《山西通志·轻工业志》，中华书局1998年版，第2页，第195页。

⑤ [日]信夫清三郎编，天津社会科学院日本问题研究所译：《日本外交史》下册，商务印书馆1992年版，第681页。

续表

类别	品名	单位	战前月产量	接收时月产量
化工类	各种炸药	吨	50	30
	无烟火药	吨	7	3
	硫酸	吨	60	40
	硝酸	吨	20	15
	酒精	吨	120	30
化工类	依脱	吨	7	2
	源粉	吨	20	10
	苛性曹达	吨	30	10
烟草类	纸烟	箱	10 500	4 500
棉毛纺织类	160棉纱	件	7 620	400
	各种布	尺	200 000	11 000
	各种毛呢	码	36 000	6 000
	毛毯	条	6 000	无
	针织物	磅	600	无
火柴类	火柴	大箱	1 200	240
印刷类	各种印刷	印	3 750 000	860 000
皮革类	底皮	张	350	180
	带皮	张	600	650
	面皮	张	450	17
	普通皮	条	3 000	—
	轮带	尺	6 250	无

资料来源：《西北实业公司接收各厂损失财产审报总表第二表》，B30-1-87-9。

根据表 3.2.4 显示，战后各种产品产量几乎无一例外地呈下降趋势，有的品种甚至完全失去了生产能力。若将此项间接损失计算在内，山西工业受损程度令人咋舌。下面我们就以“西北实业公司”及全省部分工业财产损失为例制表说明，具体详见表 3.2.5 和表 3.2.6：

表3.2.5　“西北实业公司”各项财产损失统计表

厂名	直接损失资产值（元）		间接损失资产值（元）
	购置时价值	损失价值	
西北实业公司	680 154.35	1 360 308.7	14 000 000 000
西北毛织厂	310 032.48	6 200 649.6	2 255 783 040
西北化学厂	3 180	63 600	19 046 000 000

续表

厂名	直接损失资产值（元）		间接损失资产值（元）
	购置时价值	损失价值	
西北机车厂	6 543 175.24	130 863 504.8	886 406 600 000
西北皮革制作厂	784 852.213	15 697 044.26	2 245 800 000
西北印刷厂	404 013.54	8 080 270.8	1 258 000 000
西北炼钢厂	9 829 549.91	196 590 998.2	61 824 160 000
西北制纸厂	678 000	13 560 000	24 444 000
西北火柴厂	351 413.98	7 028 279.6	9 676 800 000
西北洋灰厂	1 770 295.845	35 405 916.9	58 406 000 000
西北窑厂	380 665.58	7 613 311.6	8 676 000 000
西北电化厂	946 573.302	18 931 466.04	9 423 000 000
西北修造厂	5 348 135.312	106 962 706.24	57 352 000 000
西北育才炼钢机器厂	2 887 605.34	57 752 106.8	28 459 800 000
西北育才炼钢机器厂附属氧气厂	416 130.673	8 322 613.46	4 767 001 600
西北实业公司运城芒硝研究所	13 333.274	266 665.48	270 000 000
榆次芒硝厂	14 552.576	291 051.52	280 000 000
太白路管理所	70 053.8	1 401 076	1 350 900 000
太原售煤所	26 353.15	527 063	900 000 000
太原织造厂	144 939.575	2 898 791.5	13 070 000 000
太原油脂厂	38 232.61	764 652.2	272 878 668
太原制麻厂	22 883.083	457 661.66	470 000 000
晋华卷烟厂	3 949 895.8	78 997 916	131 407 000 000
试验所	64 221.378	1 284 427.56	—
大同洋灰分厂	14 663.2	2 813 264	2 800 000 000
大同炼钢分厂	199 697.345	3 993 946.9	4 000 000 000
大同兴农酒精厂	144 146.032	2 882 920.64	3 000 000 000
小计	36 036 749.588	711 012 213.46	1 321 642 167 308

注：损失数字均按战前20倍计算。

资料来源：《函报更正公司关于抗战损失数字表》（1946年），B30-1-837-2。

表3.2.6　山西部分工业财产直接间接损失统计表

名称	属性	直接损失（元）	间接损失（元）
大同（酒精、火柴、面粉、毛织公司及蛋厂）	民营	80 798 3260	229 199 000（只含大同酒精厂）

续表

名称	属性	直接损失（元）	间接损失（元）
襄垣县政府	民营	18 981 600	—
静乐县政府	民营	9 750 000	—
五台县政府	民营	8 264 359 000	—
汾阳昆仑火柴公司	民营	556 300 000	—
新绛大益成纺织公司	民营	8 268 000 000	—
太原晋恒制纸厂	—	1 938 927 770	25 576 750 480
临汾晋益面粉有限公司	民营	448 392 000	2 208 000 000
太原晋生染织厂	民营	4 174 288 264	—
晋华纺织公司（祁县染织厂）	民营	3 344 782 473	4 596 402 824
榆次晋华纺织公司	民营	23 456 525 133	45 190 000 000
西北实业公司	民营	238 377 213 607	1 429 024 396 384
临汾晋昌电灯公司	民营	59 014 000	1 075 200 000
大同酒精厂附属发电厂	民营	18 193 600	—
大同发电厂	民营	12 442 200	—
山西省军装厂	省营	2 578 870	—
西北制造厂	省营	356 255 180 000	304 792 480 000
繁峙县政府	县营	890 000	—
五台县政府	县营	13 950 000	—
平陆县政府	县营	3 292 400	—

注：间接损失包括可能生产额减少、可能纯利润额减少，拆迁费、防空费、救济费、抚恤费等合计。

资料来源：《西北实业公司接收各厂损失财产审报总表第一表》，B30-1-87-9。

据统计，全面抗战的八年间山西工业财产直接损失达法币 697 403 094 737 元[①]。这些统计数据表明，日本侵华战争业已彻底毁坏了山西近代工业基础，进而阻断了山西工业化进程。

第三节 矿产资源受损统计及其影响

日本占领山西期间将掠夺重点放在矿产资源尤其是煤矿“开发”方面，不断通

① 《本省抗战期间财产损失及人口伤亡各数调查估计》，B13-1-78。

过“军管理”“收买”“中日合办”等方式控制山西乃至华北各矿。到 1943 年，就日本控制的华北地区各煤矿而言，完全由其控制者占资本总额的 54.89%，占该地区产煤量的 62.73%；由“中日合办”者占资本总额的 45.11%，占该地区产煤量的 29.84%①。同时，日本为加大开采力度，除强力开发原有矿井外，还相继在大同新建同家梁、白洞、宝藏及怀仁鹅毛口“昭和矿”，在阳泉投资建成“东亚矿”“小南矿”“邻善矿”“共荣矿”等，在太原西山开凿高家河、松树坑、大勇、杜儿坪等矿井并在东山开凿黑沙坪立井等，使采掘区域比以前扩大了 3 倍左右②。又为加快开采速度，在各矿区增置机器设备，其中在阳泉煤矿使用总功率达 1 045 马力蒸汽绞车 13 台并使日生产能力提升到 4 421 吨、年生产能力提升到 150 万吨左右，在大同及太原等地的新建各煤矿中安装单滚筒电绞车，在矿区建设用于满足矿井提升和运输等用电需求的发电厂，使单井年生产规模达 20 多万吨。在此情势下，全省 1942 年煤炭年产量高达 621 万吨。这些均是通过大量人力物力的过度损耗而实现的。据测算，阳泉煤矿八年间有 2 300 万吨煤因滥采浪费，回采率仅为 17%，其他煤矿乱挖乱采现象同样相当严重。采掘过程中，多采取只采厚煤层而不采薄煤层、只取煤块而不要煤末的方式，致使煤田受到极大损坏。“日人占领西山期间，专顾出煤，井下工程多有未尽合理者……有之采薄至五米以下者，严重破坏了地下资源。”“井下遭到非法采掘，不惟巷道难保安全，且多塌陷无法进展，以致大好宝藏弃于地，不能进行采取，诚最堪痛惜者也。”③

日军为加强采掘力度，大量“招募”矿工，实行“以人换煤”的血腥政策。如，西北煤矿第一厂战前工人最多时不过 970 人，而 1940 年增至 2 842 人，到 1944 年左右又猛增至 4 000 多人。大同煤矿战前工人最多时 8 000 人，日占时则多达 18 000 余人。这些矿工成为日本实现掠夺计划的重要工具，日人通过延长劳动时间、提高劳动强度等方式来完成煤炭资源的“开发”任务，甚至在每月设定一日为“努力出煤日”，这天工人的工作时间往往会被延长 8—12 小时。又为降低开采成本，大量削减安全设施投入，井下通风设备普遍不良。以大同永定庄矿为例，一、二号井入风口风量仅每分钟 1 200 立方米，人均不足 1.6 立方米，从而造成矿下事故频发。据统计，仅西山煤矿二号井等 3 个坑口在 1939—1945 年间就发生 12 次重大事故，死亡

① 佟哲晖：《战时华北矿业》，《社会科学杂志》第10卷第1期。

② 徐月文主编：《山西经济开发史》，山西经济出版社1992年版，第483页。

③ 《山西煤炭工业志》编委会编：《山西煤炭工业志》，煤炭工业出版社1991年版，第133页，第147页，第161页。

121人[①]。1942年，大同、阳泉、富家滩煤矿接连发生3次冒顶和透水事故，死亡300余人。日本统制大同煤矿八年间，仅1941年就死亡矿工869名，占在籍人员6 934名的约12.5%，受伤者2 983名，负伤率超过43%，两项合计死伤率高约55.5%[②]。据统计，八年间大同煤矿约有6万矿工死亡，即每开采1 000吨煤就有4个中国矿工死亡[③]。

随着太平洋战争的爆发，日本牺牲民利以求获取资源的策略更加明显。1942年，山西各煤矿产煤621万吨，全华北煤炭产量达2 511余万吨，成为日占时期煤炭产量最高年份。这些数字基本上不是依靠技术提高或设备更新而是凭借所谓“人海战术”实现的，以致矿工伤残病死率相当高。1943年之后，日伪华北各煤矿纷纷出现“人荒”现象，煤炭生产“难尽人意”。为解决这一问题，华北各地日军及各地伪政权可谓“绞尽脑汁”，其中驻扎山西的日军第1军于1943年12月8日成立“山西急进建设团”，强征各县市青壮劳力从事运煤以及开采煤矿、铁矿等劳动，“以此克服劳动力不足……期望能大量增加生产”[④]。

日军通过各种手段不断强化煤炭开采力度，并将之有计划地运往日“满”等地。日本政府曾明确指示：“煤炭的运日数量……必须达到65%。尽管华北煤荒日益严重，对日煤炭输出总数也不能减少。”[⑤]据统计，1938年太原西山、阳泉煤矿分别产煤132 023吨、98 761吨，其中运往日本的则为128 152吨、73 370吨，分别占总产量约97.1%和74.3%；1939年两矿年产煤分别为214 179吨、341 880吨，输日原煤为207 005吨和297 400吨，分别占总产量约96.7%和87%[⑥]。就整个华北占领区各煤矿而言，日本希望在1941年和1946年分别向日输入800万吨和3 000万吨[⑦]。实际上，1941年华北各矿向日输煤863万吨，超额完成了预定任务[⑧]。与此同时，日方严格控制煤炭销售，成立诸如“蒙疆矿业销售股份有限公司”“华北煤炭贩卖公司”等机构，

① 张全盛、魏卞梅编著：《日本侵晋纪实》，山西人民出版社1992年版，第171页，第173页，第195—196页；大同煤矿“万人坑”二战历史研究会编：《大同煤矿“万人坑”实录》，中共党史出版社2010年版，第56页。

② 山西省人民检察院编著：《侦讯日本战犯纪实（太原）》，山西人民出版社1995年版，第7页

③ 刘慰曾、曾江华：《山西采煤史话》，山西人民出版社2001年版，第39页。

④ 日本防卫厅防卫研修所战史室编，天津市政协编译组译：《华北治安战》下，天津人民出版社1982年版，第358页。

⑤ 郑伯彬：《日本侵占区之经济》，资源委员会经济研究所1945年版，第101页。

⑥ 《山西煤炭工业志》编委会编：《山西煤炭工业志》，煤炭工业出版社1991年版，第251页。

⑦ [日]依田憙家著，卞立强等译：《日本帝国主义的本质及其对中国的侵略》，中国国际广播出版社1993年版，第113页。

⑧ 居之芬、张利民主编：《日本在华北经济统制掠夺史》，天津古籍出版社1997年版，第176页。

实施煤炭价格“统制”，规定“内地卖价要近于各种费用及运费合计的原价”，以便“以稳定的价格大量供给日本内地及中国，特别是前者及中国国内的统制企业”①。为达此目的，日军对煤价实行“区别对待”政策，如1937年西山煤矿规定铁路、军管工厂用煤每吨块煤6.5元、碎煤5元、末煤2元，军用煤每吨块煤5.5元、碎煤4元、末煤1.5元，民用煤每吨块煤7元、碎煤6.5元、末煤2.5元②。由此可见，日军通过压低价格的做法降低自己的“经营”和占领成本，而“开发”煤矿的成本差额则由抬高民用煤价格实现。实际远不止此，日军为达到进一步增产和“降低”生产成本的目标，对各地小煤窑亦施行了相应统制措施。如，日伪不仅全面掌控了襄垣县65座小煤窑中的半数和辽县65座小煤矿中的55座，而且下令“凡是小煤窑的煤炭，一律不准自行售出，须全部由‘华北煤炭贩卖公司’收买或向军管理工厂缴售”③。其售出价格远远低于市场价。为了防范小煤矿偷卖，“华北煤炭贩卖公司”在各地设立“贩卖部”，并在各矿区路口设“煤栈”，以通过对煤价及煤炭生产的强力控制来实现日伪的“总体战”战略。日本对煤炭资源的急迫程度可以从1938年“北支那”煤炭需给预想计划反映出来，具体情形可由表3.3.1知之。

表3.3.1 1938年度日本“北支那”煤炭需给预想表（节录）（单位：吨）

			委任管理煤矿		收购煤炭	总计（吨）
			正太路沿线煤炭	同蒲路沿线煤炭	“蒙疆”煤炭	
			井陉 正丰 阳泉 寿阳	西山 富家滩 其他	大同 下花园 宝兴 其他	
供给	出煤		1 550 000	300 000	2 100 000	3 950 000
	矿山所在地消费		155 000	30 000	210 000	395 000
	供给差额		1 395 000	270 000	1 890 000	3 555 000
需要	一般卖	军用	50 000	15 000	450 000	515 000
		军工	150 000	75 000	95 000	320 000
		当地	855 000	30 000	795 000	1 680 000
	铁道		90 000	150 000	250 000	490 000
	船燃料		50 000（正丰）			50 000
	“北支”需计		1 195 000	270 000	1 590 000	3 055 000
	日本国内		150 000		300 000	450 000
	“满”朝地区		50 000			50 000
	输出总额		200 000		300 000	500 000
	总计		1 395 000	270 000	1 890 000	3 555 000

① [日]依田憙家著，卞立强等译：《日本帝国主义的本质及其对中国的侵略》，中国国际广播出版社1993年版，第130页。

② 《山西煤炭工业志》编委会编：《山西煤炭工业志》，煤炭工业出版社1991年版，第277页。

③ 《太行区各县八年来物资损失统计表》，A128-2-7。

资料来源：株式会社兴中公司编：《北支炭配给の现状》，昭和十四年（1939年）十二月，附表。

尽管日军采用诸多手段以推动山西煤炭生产，但1938—1945年其统制下的山西煤矿年产量曲线基本类似于橄榄形。以大同煤矿为例，1938—1945年年产量分别为91.35万吨、95.25万吨、133.69万吨、221.34万吨、251.47万吨、227.28万吨、226.52万吨、169.83万吨①。这种态势并不能说明日本自1942年后减缓了开采力度，减产更多是由于劳力不足以及机械在“超度”使用情况下破损和老化现象相当严重等因素。这种势头一直持续至战争结束，并直接影响了战后山西矿业的恢复及复兴，像《西北实业公司所属煤铁各厂矿战前战后煤铁月产量统计表》所显示的那样，除西北煤矿第一厂、西北煤矿第四厂、东山铁矿厂战后产量高于战前外，西北煤矿第二厂、西北煤矿第三厂、宁武铁矿厂、定襄铁矿厂等厂矿战后产量均远远低于战前②。同时，日军为满足晋煤大量外运的目标可谓“煞费苦心”，而每一种举措无疑都是对山西煤炭资源的破坏与劫掠。据统计，1938—1945年，日军在大同煤矿掠夺原煤1 416.73万吨，在西山煤矿开采原煤164.71万吨，在阳泉煤矿开采原煤351.55万吨，在富家滩煤矿掠夺原煤10.306万吨③。若加上其他日军占领的煤矿，八年间先后从山西掠走煤炭至少2 000万吨，且大部分运回日本供军用、民用之需④。在煤炭掠夺过程中，日军始终采取一种野蛮而急功近利的开采方式，一方面大力推行“以人换煤”的血腥政策——以中国劳工生命换取煤炭“超度”开采，一方面则通过恢复旧矿井或简易改扩建并添置设备来强化开采力度⑤。这种不顾中国劳工死活以及毫无节制的粗滥开采，不仅造成了山西煤炭业的畸形发展，而且影响了整个山西产业结构的合理构建，进而破坏了山西近代化发展的前景。

除煤炭资源外，日军还将晋省其他矿产纳入其掠夺框架内，具体情况见表3.3.2：

---

① 张全盛、魏卞梅编著：《日本侵晋纪实》，山西人民出版社1992年版，第163页。

② 《西北实业公司所属煤铁各厂矿战前战后煤铁月产量统计表》（1947年），B31-2-210-1。

③ 山西省史志研究院编：《山西通史·抗日战争卷》，山西人民出版社2001年版，第64页；章伯锋、庄建平主编：《抗日战争·侵华日军暴行日志》，四川大学出版社1997年版，第68页。

④ 张国祥：《山西抗日战争史》下卷，山西人民出版社1992年版，第23页。

⑤ 刘慰曾、曾江华：《山西采煤史话》，山西人民出版社2001年版，第38页。

表3.3.2 山西省矿业财产直接间接损失统计表

名称	属性	直接损失（元/法币）	间接损失 （元/法币）
山西全省硝磺局	省营	195 063	4 000 000
晋绥兵工矿产探测局	省营	1 646 460	220 010 600
阳泉矿务局	民营	71 370 331 200	—
晋北矿务局服务有限公司	民营	102 077 351 080	52 300 000 000
西北实业公司	民营	12 568 172 088	16 758 320 000
保晋矿业公司	民营	80 778 566 500	—
阳泉矿务公司	民营	18 481 300	—

资料来源：《山西省民营事业财产直接损失审报表》（1946 年 7 月 15 日），B13−1−75。

除以上矿产企业外，东山铁矿厂、宁武采矿所、定襄铁矿所、东冶采矿所的直接损失分别为 362 680 118 元、742 427 200 元、399 899 040 元、6 039 800 元，间接损失分别为 191 999 500 元、302 400 000 元、172 800 000 元、60 000 000 元[①]。其他部分县市八年间矿产资源受损情形为大同县 259 802 160 元，赵城 6 402 800 元，静乐 13 200 000 元，乡宁 299 450 400 元，平陆 29 020 000 元，霍县 11 740 000 元，灵石 21 040 000 000 元，洪洞 1 000 000 元，五台 30 352 828 000 元，祁县 215 578 000 元，代县 44 160 000 000 元，汾阳 92 951 700 元，平遥 5 000 000 元，垣曲 2 400 000 元，晋城 485 000 000 元，高平 350 000 000 元，阳城 50 000 元，沁水 1 500 000 元，翼城 7 000 000 元，陵川 600 000 000 元，长子 7 000 000 元，平定 70 212 000 元，和顺 90 102 000 元，武乡 80 102 000 元，昔阳 81 201 000 元，左权 81 221 000 元，襄垣 4 215 000 000 元，潞城 1 416 000 000 元，壶关 6 000 000 元，长治 7 006 000 000 元[②]。事实上，实际损失远不止此，尚有诸多县份或矿产企业因缺乏具体的统计数据而无法罗列于此或计算入内，但我们通过上述数据不难推断出战时山西矿业受损的基本情势。毫无疑问，山西矿产资源是日本侵晋过程中最为“倚重”的产业，其受损程度自然可以想象。据不完全统计，八年间山西矿业仅直接损失就高达 267 598 359 051 元，至于间接损失要比此数高得多[③]。这亦成为山西战后经济难以在短期内复苏的重要原因之一。

① 《函报更正公司关于抗战损失数字表》（1946年），B30−1−837−2。

② 《山西省民营事业财产直接损失审报表》《山西省克复地区内损失实情清查审报表》（1946年7月15日），B13−1−75；《太行区各县八年来物资损失统计表》，A128−2−7。

③ 《山西财产损失表》，B13−1−75。

第四节 交通运输业被掠情形

日军侵占山西的过程在某种意义上就是对山西交通网络实施破坏与劫掠的过程。战争中，交通是中日双方争夺的重点之一，其破坏程度自然相当严重。从1937年8月至1938年2月，日军空袭同蒲路22个车站109次（不完全统计），炸毁各类车辆130余辆[①]。随着战争发展，损失越趋严重。到1938年3月5日风陵渡失守，山西铁路全部沦陷。同蒲铁路损失窄轨车辆1 383辆、机器76件，各类损失高达2 731 395 787元。正太路损失窄轨车辆1 248辆[②]。与此同时，山西公路运营亦因战争破坏而基本停顿。同样，山西原有邮政系统也因各重要城镇与交通线相继沦陷而被日军侵占或毁坏。至1937年底，山西邮区停办邮局47处、代办所223个，停办邮路10 559.4公里，设备损失4 732件，估价1 352 022元（尚不包括那些设在农村的代办所）[③]。仅1937年7月至1938年12月一年半左右时间，山西邮政营业损失就高达82 664 719元[④]。1940年底，中华邮政在山西的邮政局已撤销94个，占全省（1936年）各等邮局总数的92.16%[⑤]。邮局的停办以及邮路的萎缩直接影响了邮政业务的开展，以邮件、邮包为例，1937年底山西邮区邮件总量锐减至年初的1/10左右，包裹类更减少至6%（具体情形参见表3.4.1）。由此可见，日军侵晋不仅破坏了山西邮政网络以及各等邮局业务的正常开展，亦阻断了山西社会信息交流的渠道。

表3.4.1　各邮区收寄邮件、包裹统计表（节录）

分类	信函（件）	明信片（件）	新闻纸（件）	印刷物（件）	书籍（件）	贸易契（件）	商务传单（份）	货样（件）	小包邮件（件）	共计
1938年第一季	266 656	7 735	1 408	25 741	80	120	—	18	250	302 008
1937年第四季	131 188	3 622	548	7 279	76	2	—	—	40	142 755

① 山西省史志研究院编：《山西通志·铁路志》，中华书局1997年版，第264页。

② 同蒲管理局：《敌伪破坏机务关系统计表》，B30-1-829-2；《同蒲铁路战时财务损失统计报告表》，B30-1-825-2。

③《山西省邮区邮政损失统计表》（1937年度），B37-4-12。另据1938年1月统计，这一阶段共损失设备4 432件，其中折合成法币山西邮政管理局损失659 451元、二等邮局损失335 651元、三等邮局损失348 162元。参见《山西邮区民国二十六年度邮政业务损失统计表》（1937年7月至1938年1月），B37-4-12。

④《邮政财务损失表》（1937年7月至1938年12月），B37-4-15。

⑤ 山西省史志研究院编：《山西通志·邮电志》，中华书局1996年版，第22页。

续表

分类	信函（件）	明信片（件）	新闻纸（件）	印刷物（件）	书籍（件）	贸易契（件）	商务传单（份）	货样（件）	小包邮件（件）	共计
1937年第三季	396 337	9 311	17 066	28 956	310	177	—	205	433	452 795
1937年第二季	1 341 287	67 957	45 270	95 220	89 918	5 901	6 168	271	1 147	1 653 139

包裹类

	国内				国际				总共			
分类	普通（件）	保险（件）	代收货价（件）	共计（件）	普通（件）	保险（件）	代收货价（件）	共计（件）	件数	价值（元）	重量（公斤）	邮费（元）
1938年第一季	191	—	—	191	—	—	—	—	191	1 839	526	16 771
1937年第四季	129	—	—	129	—	—	—	—	129	2 011	555	10 305
1937年第三季	1 714	—	5	1 719	—	—	—	—	1 719	29 872	9 872	196 509
1937年第二季	21 340	—	38	21 378	—	—	—	—	21 378	176 186	551 741	1 901 405

资料来源：《山西各邮区统计表》，B37-4-5。

随着日军对交通统制的实施，山西交通网络基本执行以下三种功能，而这些功能的执行过程亦是山西交通网络损失程度不断加深的过程。

第一，输出资源尤其是煤炭资源的功能。日军对山西丰富的煤炭资源觊觎已久，随着铁路公路的修复开始大规模地推行晋煤外运战略，而铁路则成为晋煤外运的主要运输工具。从 1938 年开始，正太、同蒲铁路改建以及一些煤矿专用支线修建工程相继完成，日军货运量逐年增加。到 1942 年，正太线货运量已达 361.7 万吨，平绥线达 654.9 万吨，同蒲线达 467.2 万吨，其中大部分为煤炭等矿产资源。以太原西山和阳泉两矿为例，1939 年西山煤矿经铁路运往日本的煤炭达 20.7 万吨，占产量的 96.7%，而阳泉煤矿则达 87%[①]。就整个华北铁路货物运输而言，大宗仍为煤炭，1939—1944 年华北铁路运煤量分别占到整个煤炭生产量的 78.01%、78.35%、75.33%、73.84%、71.18% 和 59.67%。日军根本不顾铁路承载等技术上的危险，“实行增加挂车辆数，

① 山西省史志研究院编：《山西通志·铁路志》，中华书局1997年版，第427页，第445页。

加强添装货载制度，努力彻夜装卸运搬”等方法，以实现铁路“输送力之跃进”[①]。从1941年起，“华交”实行货车增载办法，规定“标准30吨货车增载至33—35吨；40吨货车增载至45—48吨”。1944年之后，日军又进一步加大货车增载范围，规定“标重50吨、25吨、20吨的货车，增载10%；40吨、30吨的货车，增载20%；15吨、10吨货车增载1吨”[②]。

在日军铁路统制体系下，太原北站和大同站成为日军物资的两个重要中转站，日军通过太原北站连通了正太线和同蒲线，将大量晋煤运往华北和华中占领区；在太原北站开辟“日支直通线”和“鲜支直通线”，将晋煤直接运往日本本土和朝鲜[③]。对于“蒙疆”煤矿资源，日军则以大同为中转基地，向“满蒙”及日本本土输送煤炭。同时，为加大对日本国内的输送量，日军计划在1940年9月建成大同至塘沽铁路线[④]。从中可以看出，运送煤炭成为日军统制铁路的主要目的之一。此外，日军为降低运输成本还在铁路运费上大做文章，首先将“华交”下辖的铁路货物运输划分为军需物资、本社物资及运营物资，对前两类物资实行免费或低运价政策；其次对“中方”“满洲国”及日本货物运费执行区别对待政策，“中方”输出输入货物每吨运费25元，“满洲国”1.2元，而日本则只有0.8元[⑤]。通过压低运费和降低生产成本的方法，日本以极其低廉的价格从山西及整个华北掠夺走大量矿产资源。据统计，1938—1941年铁路输送货物中矿产品比重分别达到65.3%、67.9%、70.6%、74.7%[⑥]。这种所谓低成本运营政策使“华交”经常处于亏损状态，仅1939年就亏损伪联银币1 000余万元，这些亏损又被转嫁到沦陷区人民身上[⑦]。反过来，日军掠夺的矿产资源则又成为其支撑战争的重要动力。相对而言，公路对于资源掠夺则起了补充铁路运力不足的作用。日军在山西开办自动车所，“主要运输业务之一即进行大同、阳泉、西山、潞安、汾西等煤矿至南北同蒲铁路和石太铁路上站煤炭的集运”[⑧]。

---

① 居之芬、张利民主编：《日本在华北经济统制掠夺史》，天津古籍出版社1997年版，第173页，第176页。

② 《山西铁路志》编纂委员会办公室编：《山西铁路志（1896—1985）》第三编中册送审稿，《山西铁路志》编纂委员会办公室1995年版，第45页。

③ 华北交通会社：《公报号外》二，第28页，山西省档案馆藏。

④ 《赶修大同塘沽铁路》，《新华日报》（华北版）1940年5月25日。

⑤ 华北交通会社：《公报号外》二，第16页，山西省档案馆藏。

⑥ 居之芬、张利民主编：《日本在华北经济统制掠夺史》，天津古籍出版社1997年版，第175页。

⑦ 山西省交通厅公路交通史志编审委员会编：《山西公路交通史》第一册，人民交通出版社1988年版，第202页。

⑧ 山西省史志研究院编：《山西通志·交通志·公路水运篇》，中华书局1999年版，第370页。

第二，实现由“点”“线”向“面”推进的军事服务功能。战争初期，日军由于所占地区与兵力相比过于广大，不得不将防守重心放在战略要地及主要交通线上，而随着交通网络的修复及延伸，日军即试图将“点”“线”扩展至“面”的层次。战争进入相持阶段之后，日军在山西境内的大兵团作战基本结束，铁路作为“维护”区域“治安”的主要工具已不像初期那样重要，所以每次“扫荡”（包括五次“治安强化”运动）大多通过修复或修建公路网并辅之以邮政及电信网络进行。日军在修复或修建公路时就对公路线路作了符合军事行动的部署，一方面通过以城市为中心并涵盖周边农村的环状汽车路、平行汽车路、放射线汽车路的修建，达成对敌后抗日根据地封锁及“蚕食”的计划；另一方面则在铁路两侧及周边修建大量所谓“治安路”“警备路”和“保卫路”，并将之作为封锁和进攻各抗日根据地的军事通道[①]。在山西，1940 年前后，日伪绛县公署修建了由县城通向横水镇、县城至东泠口及横水镇到横岭关约 70 公里的公路；1941 年，在崞县修建了三石寺至大道口、雷家峪口至庙岭梁、雷家峪口至官地村、申庄村至白石村、轩岗至羊圈沟、轩岗至碗架板等全长 150 公里的 7 条公路，在新绛修建了县城至九原山公路；1942 年，修建了岚县至峪口、武乡经榆社至辽县公路，在芮城修建了长约 28 公里的解州至芮城陌南段公路，在阳泉扩建了平定石门口至西郊村公路，等等[②]。日军凭借高密度的公路网，妄图在战略上割裂各抗日根据地之间的联系，以便于进行分区“扫荡”；在战术上则利用机械化装备实现快速反应以弥补兵力不足，并不断压缩中方敌后抗日根据地以实现“合围”聚歼的目的[③]。此外，日军为配合军事“围剿”，还强迫铁路两侧居民组成“铁路爱护村”进行收集情报活动，并利用“华交”下属特别调查班“通过铁路及道路交通状况的调查、通信情报、间谍等，收集治安情报”[④]。而在占领区内主要城市则实行针对中国方面的邮政检查制度，建立所谓“邮政谍报网”，从而使“华交”及日伪邮政系统变成从事军事活动的辅助部门。

随着日军利用交通网不断向抗日根据地推进，敌我之间交通战日趋白热化。日军出于如下考虑修建了众多隔离设施，即“值此与中共争夺民众之际，把在我保护下的

① 日本防卫厅防卫研修所战史室编，天津市政协编译组译：《华北治安战》上，天津人民出版社1982年版，第162页。

② 山西省交通厅公路交通史志编审委员会编：《山西公路交通史》第一册，人民交通出版社1988年版，第190—191页。

③《展开交通战，加紧反扫荡》，《抗敌报》1940年5月16日。

④ 日本防卫厅防卫研修所战史室编，天津市政协编译组译：《华北治安战》上，天津人民出版社1982年版，第187—188页。

民众用这样的隔离线围绕起来，划出界限加以防护，不但可保居民安定，对于促使民众向我方靠拢，也有很大效果。”因此，在“准治安区”和游击区交界处修筑隔离壕沟或小堡垒（岗楼、据点之类）。隔离壕沟“在平原地区不能利用自然障碍时，要筑宽约六米、深约四米的阻绝壕，在难以挖掘的山岳地带，设置由自然障碍或石墙构成的隔断墙，并配置火力、进行巡逻，以防止人、马、车辆等从指定入口以外的地方通过”①。日军堂而皇之地宣称隔离带的修建是为了“民众之安定”，但其主旨则是试图将百姓与抗日力量彻底隔离，并对各抗日根据地实行全方位封锁。为此，日军强迫各地民众兴修了大量据点、碉堡及封锁沟，仅白晋公路子洪至虒亭段100公里路线上就修筑大小据点87个，平均每公里将近1个据点②。另据中共上党区24县市战后统计，日军八年间修建碉堡1 525座、炮楼1 873座、据点722处以及封锁沟数百公里③。更有甚者，日军“将五台县清水河以东，根据地阜平、平山以西，牛道岭以北，长城岭以南，长约五十余华里，宽约四十华里，总面积近两千平方华里的地区划为‘无人区’。涉及村庄一百四十八个，百姓三千余户，一万八千多人。”④

为了加强各据点之间的有效联络，要求“各警备部队所属系统间的通信，应以有线通信为主，并尽力加以扩充”⑤。也就是说，日军占领区内的各通信局、所多数业务服务于军事行动。例如，大同地区1938年市内电话用户219户，其中军用及警用为150户，占总数约68.5%。在利用公路及通讯网进行军事“围剿”的同时，日军则将铁路作为整体军事调度的重要战略工具。尽管到1940年华北铁路仍有20%用于军运，不过此时铁路的军事作用更多的在于战略方面⑥。如，日军占领同蒲铁路后即将其作为北控平绥、东制平汉、南则进攻天险潼关、西向袭击吕梁的武力震慑工具⑦。

日军企图以铁路、公路、邮政体系、电信网络及据点、碉堡、封锁沟等为工具并通过“囚笼政策”，将控制区域由“点”“线”占领推展到“面”的占领。虽然这一

① 日本防卫厅防卫研修所战史室编，天津市政协编译组译：《华北治安战》下，天津人民出版社1982年版，第249页，第419页。

② 山西省交通厅公路交通史志编审委员会编：《山西公路交通史》第一册，人民交通出版社1988年版，第185页。

③ 《上党区八年来民力损失统计表和晋东南八年来民力损失初步调查统计表》（1946年10月1日），A128－4－7。

④ 山西省人民检察院编著：《侦讯日本战犯纪实（太原）》，山西人民出版社1995年版，第5页。

⑤ 日本防卫厅防卫研修所战史室编，天津市政协编译组译：《华北治安战》上，天津人民出版社1982年版，第231页。

⑥ 居之芬、张利民主编：《日本华北经济统制掠夺史》，天津古籍出版社1997年版，第174页。

⑦ 《山西省铁路及运输情况》，B30－2－495－7。

计划因遭受中国抗日军民打击而最终破产，但其一系列的军事“进剿”不仅使山西交通运输事业被肢解成支离破碎的封闭网格，更使其蒙受了巨大损失。以太行地区为例，铁道、公路、电信、邮政直接损失分别为2 500 000元（美元，下同）、130 000元、844 191元、200 000元，间接损失分别为100 000 000元、34 000 000元、17 000 000元、9 955 000元，总计达164 629 191元①。又如晋绥边区，据不完全统计，八年间损失木船576只、大车8 292辆、电话机248个、电线3 265里、足踏车2 546辆、汽车52辆、公路2 546里，分别折合法币5 709 200 000元、33 128 580 000元、544 000 000元、10 938 000 000元、5 092 000 000元、5 200 000 000元、31 570 400 000元，总计达92 182 180 000元，而且尚有铁路、邮政不在此列②。

第三，利用交通网奴役当地人民。日军除将山西交通网用于物资运送和军事行动外，还将其作为奴役交通沿线及沦陷区居民的重要工具。为了保障交通顺畅，日伪在占领区设立“爱路指定县”，在伪太原铁路局成立“爱路科”，并强令“铁路公路电线经过及飞机场和其他设施所在地之村镇均组织爱护村，即以原村长副兼爱路村长副，督率村中壮丁昼夜巡护，如有匪徒（指抗日军民）破坏之处，应尽力补修”③。“爱护村”职责除维护交通设施外，尚负有搜集情报重任，且“爱护村所需军费，由该村负担”④。1939年，日伪山西省公署自称在阳曲、太原、徐沟、祁县、太谷等13县（市）489个村庄建有“爱护村”。随着占领区的扩大，“爱护村”数量不断增加，至1943年华北沦陷区铁路公路两侧10公里区域内村镇悉数组织了“爱护村”，数量达1 100个⑤。

这些“爱护村”及封锁沟、碉堡、电讯设施的修建侵占了百姓大量土地，如中共上党一区八年间仅此就损失良田137 187亩⑥。同时，民力耗损亦极为严重，如日军占领长治期间修筑碉堡339座用工152 960个、据点94个用工56 400个、炮楼210

---

① 《太行区八年来交通系统资财损失统计表》（1945年），A128-2-8-2。

② 《晋绥边区抗战八年损失：交通运输损失初步统计》（1947年），中央档案馆、中国第二历史档案馆、河北省社会科学院编：《日本侵略华北罪行档案·损失调查》，河北人民出版社2005年版，第271页。

③ 山西省交通厅公路交通史志编审委员会编：《山西公路交通史》第一册，人民交通出版社1988年版，第193—194页。

④ 日本防卫厅防卫研修所战史室编，天津市政协编译组译：《华北治安战》上，天津人民出版社1982年版，第69页。

⑤ 山西省交通厅公路交通史志编审委员会编：《山西公路交通史》第一册，人民交通出版社1988年版，第194页。

⑥ 《上党区抗日战争的资财损失调查表》（1946年），A128-4-7。

个用工 42 000 个、公路 61 段用工 235 200 个、沟墙 28 段用工 105 000 个[①]。日伪还为了使各种差役活动经常化和合法化而于 1940 年颁布了《山西省人民服役章程》，该章程规定占领区 18 岁以上 49 岁以下男子每人每年义务筑路 10 天，植树造林 3 天。1942 年又制定《修理公路实施办法》，规定沿路各"爱护村"每村每户每日出劳力 1 名，每村每闾每日出车 1 辆，且此项工作为"义务服役，如查有人民支吾违延不服役时，每人每日处以二元以下之罚金，每车处以三元以下之罚金。如村长副不负责任，处以十元以上之罚金"[②]。这种以搜刮民力为手段的所谓"赋役"方式，使民众本已贫困的生活雪上加霜。据时任日伪太原铁路局工务部长的上田秀正供认：为了扩建山西交通网，在其计划与指导下，曾奴役和平居民 7 922 200 人次，其中致死 36 名；强占民田 17 213 亩、民房 20 间，掠夺和平居民木材 18 036 立方公尺、枕木 200 000 根、树木 200 株、席子 5 840 张、钢材 30 194 吨、洋灰 44 000 吨。又据时任伪满电气土木公司太原出张所主任的日里哲二郎交代：其在任期间，共强征和平居民 1 946 人（合工 95 876 个）修建军用电讯工程，并在修建架设电线时破坏民田 458 400 平方公尺，掠夺和平居民木料（电柱）4 800 余根[③]。

综其三个方面的功能，战时山西交通是日军"总力战"中的重要一环，无怪乎日军华北方面军最高指挥官多田骏对此有所"褒奖"，声称"华交"辖制之山西交通"能应乎军之要求，亘长久时日尽瘁于各种输运，尤于能在短时间内完成急速之集中输运，或于设备不完备之太原以南地区克服各种困难，发挥最大输运力，俾利于军之作战"[④]。正是由于日军的破坏及超负荷运作，山西整个交通到 1945 年接收时已千疮百孔，如战前纵贯南北的同蒲铁路到接收时原平—大营、平遥—汾阳两条支线完全折损，忻窑支线仅可通车至定襄蒋村，干线仅可由大同南至史村、安邑至蒲州，"所有能通车段复经敌人八年之使用，枕木、钢轨均腐朽不堪，机车车辆亦均破损，能用者仅有三分之一"[⑤]。据统计，各铁路线损失为原大线 31 465 470 000 元，忻窑支线 7 928 184 200 元，忻窑高索线 43 545 420 000 元，太兰线 8 732 968 000 元，

① 山西省人民检察院编著：《侦讯日本战犯纪实（太原）》，山西人民出版社1995年版，第12页；《上党区八年来民力损失统计表和晋东南八年来民力损失初步调查统计表》（1946年），A128-4-7。

② 山西省交通厅公路交通史志编审委员会编：《山西公路交通史》第一册，人民交通出版社1988年版，第190页，第195页。

③ 山西省人民检察院编著：《侦讯日本战犯纪实（太原）》，山西人民出版社1995年版，第417—419页。

④ 山西省交通厅公路交通史志编审委员会编：《山西公路交通史》第一册，人民交通出版社1988年版，第202页。

⑤ 《太原铁路局接收情形及修复计划》，B30-1-87-3。

榆谷支线 10 043 309 600 元，平支线 9 090 100 400 元，东晋线 6 332 493 000 元，永风线 7 231 044 400 元[①]。公路受损更为惨重，全省公路到抗战结束前夕无一全线畅通[②]。八年间，直接财产损失计铁路 225 823 501 680 元，公路 140 420 000 元，电讯 40 398 500 100 元[③]。

除前述有形之损失外，更严重的无形创伤是山西原本统一的交通体系在日军占领期间被分割成互不统属的三个交通系统，即日伪、中共与国民党阎锡山三个体系。以公路为例，山西主要公路干线中太大（太原—大同）、太风（太原—风陵渡）、侯河（侯马—河津）等公路基本为日军占领，太军（太原—军渡）、浑五（浑源—五寨）、白晋（白圭镇—晋城）、平辽（平定—辽县）、阳大（阳明堡—大营）、汾隰（汾阳—隰县）等公路则或被一分为二或被一截三段，分别由三种不同势力控制[④]。再以邮政为例，针对日伪对邮政的封锁，山西抗日战区各局邮件均由旱班转运，如晋东南、晋西、晋西北等局往来各省邮件分别由济源、渑池、宜川、韩城、延川、碛口等局转运[⑤]。同时，中共领导的抗日根据地则建立了独立的邮政网络，并于 1942 年开通与外省交流的两条秘密通道，"一条由晋西北之交城、文水到晋西南转山东、苏北到华中，一条由原平到冀察晋转冀中、平西及冀东"。太平洋战争爆发之后，中国政府为加强与盟国之间的信息交流，于 1942 年 5 月 10 日通知各国"将经由普通邮路寄中国后方各地之邮件，改由苏联及新疆转运，寄沦陷区各地者均由苏联及关外转运，航空邮件则经加尔各答由渝加线转运"[⑥]。这些均从另一个侧面反映了日军侵占山西交通所引发的其他方面的一系列社会影响或后果。

第五节　财政金融损失状况

金融是指货币资金的融通，包括与货币流通和银行信用有关的一切活动，而政府货币收支则构成"财政"范畴，因此货币就成为联系金融与财政的一个重要纽带。国家对货币发行与流通等的掌控乃是维持社会经济稳定和社会安宁的重要手段，但日军

---

① 《敌伪破坏机务关系统计表》（1946年），B30-1-829-2。

② 山西省史志研究院编：《山西通志·交通志·公路水运篇》，中华书局1999年版，第13页。

③ 《山西财产损失表》，B13-1-75。

④ 山西省交通厅公路交通史志编审委员会编：《山西公路交通史》第一册，人民交通出版社1988年版，第185页。

⑤ 山西省史志研究院编：《山西通志·邮电志》，中华书局1996年版，第98—99页。

⑥ 韩信夫、姜克夫主编：《中华民国大事记》第四册，中国文史出版社1997年版，第801页，第866页。

侵晋过程中所实施的货币政策却极大地破坏了山西财政金融体制，给山西地方政府及山西人民带来了深重的灾难。

山西金融业自明清以来十分繁荣，以票号为主的山西金融业曾一度执全国金融之牛耳。在全国未形成统一的金融市场的条件下，山西钱庄、银号、钱铺、当铺、商会甚至布庄、粮店就为适应商品经济发展开始发行各自具有货币职能的“私票”。民国建立特别是阎锡山主政山西之后，随着国内政局趋于稳定，阎氏着手以现代银行来代替此前纷杂的民间金融业。阎氏于1919年成立“山西省银行”，随之又相继成立“晋绥地方银号”“绥西垦业银号”“晋北盐业银号”等，禁止私商发行“私票”，并统一发行“晋钞”，逐步掌握了全省纸币发行权。1935年，国民政府实施“币制改革”，限制各省银行发行纸币。至1937年11月，山西省银行及官立银号之纸币发行基本停止，金融业开始向国家统一方向过渡。在财政制度方面，国民政府也于1928年采取划分国地税、确立预算制度、统一度量衡、裁撤厘金与举办统税等方式以统一全国财税。但这些努力或发展势头很快因日本入侵而遭到了破毁。

山西在全面抗战前基本上形成“四行（号）一库”的金融体制，且随业务种类的丰富及业务量的增加，均出现盈利的大好局面。以1936年为例，山西省银行年纯益1 231 158元（法币，下同），绥西垦业银号年纯益45 440.85元，晋北盐业银号年纯益98 109.67元，晋绥地方铁路银号年纯益1 117 458元①。而于1935年末成立的“实物准备库”，其物资及不动产到1937年11月短短一年多时间内已达1 000万元以上②。日军侵入山西之后，随着战事的不断恶化，四银行（号）及其省内外各分行、办事处停止了所有业务，境内金融控制大部分陷入敌手。

日军为从根本上摧毁中方财政金融体系进而削弱中国抗战力量并达到完全控制中国的目标，在占领地区推行严厉的货币金融侵略政策，掀起一场历久的通货战争。日军对沦陷区实施的金融侵略始自内蒙古，扩大于华北③。侵入山西之后，其金融侵略或掠夺的第一步是建立伪金融系统。在伪蒙疆地区，先于1937年12月成立“蒙疆银行”，在大同、朔县设分行，发行伪蒙疆币。后于1940年强迫雁北地区各钱庄、票号共同出资设立“晋北实业银行”，总部置大同，下设分行9处，以此控制雁北地区金融活动。在山西其他地区，则于1938年“中国联合准备银行”（简称“中联

---

① 《山西省银行二十五年营业状况》，B30-1-4-21；《银号损益计算表》，B30-1-4-22；《晋北盐业银号营业报告》，B30-1-5-3；《晋绥地方铁路银号营业报告书》，B30-1-5-1。

② 山西省地方志编纂委员会编：《山西通志·金融志》，中华书局1991年版，第93页。

③ 《中国联合准备银行与日本在华北的经济掠夺》，章伯锋、庄建平主编：《抗日战争·日伪政权与沦陷区》，四川大学出版社1997年版，第637页。

银行”，下同）成立之后相继在太原、临汾、运城、潞安等4处设分行。1941年7月，又成立“山西实业银行”，总部设太原，并陆续增设汾阳、崞县、曲沃、阳泉、榆次等10个办事处。此外，敌“朝鲜银行”“天津银行”等也在山西置有分行或支行①。诸如此类的日伪银行共同主宰了山西金融业。在建立傀儡银行的同时，日军还对山西原有的私营金融业进行打击。以太原的钱庄、银号为例，私营钱庄、银号在1934年时共有34家，而到1943年则仅存6家②。日军建立伪银行和打击私营金融业的目的在于独霸山西金融进而通过发行伪币掠夺中方资财，并通过独占货币发行权和大量发行伪币，“设法造成法币的崩溃，取得中国的外国资金，由此在财政上使中国现中央政府自行消灭。”③在此目的驱使下，日军采取种种卑劣的手段排挤中国货币。具体言之，主要有以下几种：其一，强令推广。伪蒙疆银行及伪中联银行甫经成立就颁布了《扰乱金融暂行治罪法》等“法令”，强行以伪币兑换中国货币，并以判处10万元以下500元以上罚金、10年以下1个月以上有期徒刑、无期徒刑等刑罚严厉禁止民众使用法币。同时，还将伪币以财政支出、银行资本收购物资、经营实业等方式进行推广；其二，强制回收中国货币。1938年日伪政府下令对中国通行的法币采取贬值兑换，规定法币只能以票面价9折甚至6折限期兑换伪币，并在1939年5月10日禁止法币在日占区流通④。其三，制造假币，驱逐中国货币。由于伪币毫无外汇价值而中国法币则可无限制买卖外汇，故日军为抢购物资、套取法币进行国际买卖乃大量制造假法币以扰乱中国金融。据统计，战时在日本国内制造、加工而输往中国的假法币就达30亿之多。在中共敌后抗日根据地建立自己独立的金融系统后，日军又将造假矛头指向根据地。例如，1943年四、五月间，侵华日军山西派遣军司令部所属特务机关东兴公司在太原、榆次、太谷等地印刷厂先后印制了1元、2元、5元、10元四种面额的假冀钞6 000万元，通过奸商向晋冀鲁豫边区大量倾销，以抢购粮食和扰乱根据地金融⑤。其四，大量发行伪币，以“劣币”驱逐“良币”。日军将滥发纸币和通货膨胀作为占领区的主要金融政策，伪银行一建立就在发行纸币上大做文章。以雁北地区为例，日军在1937年占领雁北之初就发行了

---

① 张全盛、魏卞梅编著：《日本侵晋纪实》，山西人民出版社1992年版，第266—267页。

② 《太原市的银行、钱庄、典当业》，《太原文史资料》第7辑，1986年编印。

③ 《从内部指导中国财政的大纲》，复旦大学历史系日本史组编译：《日本帝国主义对外侵略史料选编（1931—1945）》，上海人民出版社1975年版，第270页。

④ 居之芬、张利民主编：《日本在华北经济统制掠夺史》，天津古籍出版社1997年版，第99—101页。

⑤ 孟国祥：《民国时期的中日假钞之战》，《民国春秋》1999年第6期；武玉灵：《太行革命根据地1943年夏季反假冀钞的斗争》，《山西革命根据地》1990年第3期。

1 400多万元伪币，至1945年8月日本投降时北方伪币发行总额增到1 459亿元以上，发行指数比1937年增长10 297倍[①]。在大量发行伪币的同时又进一步贬低法币币值，如山西在1942年8月末1元伪联银券兑换法币3—6元、100元伪蒙疆券兑换边币（中共发行的纸币）120—130元或法币500元[②]。

日军在武力支持下通过伪币的无节制发行和流通，对中国货币金融体系造成了一系列破坏性影响。首先，由于日本侵华战争的逐步升级，中国方面所辖地区不断缩小，财政收支越发不平衡，再加上中日货币战愈演愈烈，中方不得不采取大量发行纸币的方法来弥补财政不足，而这又进一步加剧了通货膨胀。从1940年到1945年6月，大后方物价上涨了462倍，日占区上涨了7 037倍，中共领导下的敌后根据地也上涨了24倍[③]。通货膨胀不仅引起了人民生活水平的急剧下降，而且还波及中国的整个官僚体制——政府不得不靠追加货币来支付官员及军队成员工资，而这种追加仍无法弥补物价上涨所带来的相对购买力下降的差额，许多人因之通过贪污腐化来谋求个人利益。其次，破坏了中国货币金融体系，进一步加剧了山西乃至全国的金融混乱。山西尽管在战前未能确立完全统一的财政金融体系，但1935年的法币改革却促进了统一趋势的发展。然而随着日军入侵以及伪银行建立，山西再次出现金融混乱局面。当时在山西流通的纸币至少有4个系统，一是日伪发行的"联银券""蒙疆币"以及假法币和假边币，二是国民政府发行的法币和阎锡山在晋西发行的"晋钞"，三是中共各抗日根据地政府发行的边币，四是本已禁止的"私票"，4种不同类型的纸币仅1942年8月在山西境内发行流通的就有约14亿—15亿元，这既给当地人民生活带来诸多不便，又极大地扰乱了当地金融市场[④]。再次，货币贬值，物价攀升，人民生活陷于水深火热之中。伪联银币发行之初，在市场上与银元等价使用，即使在黑市，最高1.3—1.4元伪联银币尚可兑换银元1元，但在通货膨胀政策驱使下，大量伪币涌入市面，日占区伪币迅速贬值，到1942年底每10元伪联银币才可兑换现银元1元。到1944年伪联银发行面值500元的伪币后，则只能以500元顶1元了[⑤]。纸币贬值造成物价极度

① 中共山西省委调查研究室编：《山西省经济资料》第四分册，中共山西省委调查研究室1963年内部刊行，第1151页。

② 日本防卫厅防卫研修所战史室编，天津市政协编译组译：《华北治安战》下，天津人民出版社1982年版，第253—254页。

③ 中共山西省委调查研究室编：《山西省经济资料》第四分册，中共山西省委调查研究室1963年内部刊行，第1142—1143页。

④ 据《华北治安战》下册第253页和《山西通志·金融志》第84页相关数据计算而得。

⑤ 《敌占区人民不信任伪钞》，《晋察冀日报》1943年1月24日；张全盛、魏卞梅编著：《日本侵晋纪实》，山西人民出版社1992年版，第268页。

飞涨，以粮价为例，1937 年和 1945 年太原零售价指数由 100 上涨到 35 263（以 1937 年粮食零售价指数为 100，下同），大同上涨到 25 869，阳泉上涨到 26 411[①]。无怪乎时人曾悲叹道："物资缺乏、物价昂腾，使一般民众的生活重回到原始时代的状态"，"整个社会走入物贵人贱的畸形状态"。百姓不得不通过以物易物的方式来获取最基本的生存资料[②]。最后，利用贬值伪币征收和套购物资，人民负担和社会恐慌日重。日军除以武力抢夺物资外，还以"付款"方式征收物资。1944 年，日伪控制区每公斤小麦官价 165—200 元（伪联银币，下同），而当时临汾小麦市价则达每公斤 480 元，代县、汾阳、太谷更分别高达 927 元、1 234 元、1 380 元。这样，日军以价购名义白白掠走农民 62%—87% 的小麦[③]。据战后山西 38 个县的统计，日军通过这种方式共征收物资约值 602 003 805 780 元（法币，以战前 20 倍计，下同），套购物资约值 86 335 353 510 元[④]。

总之，战争期间，山西金融事业损失巨大。以官办"四行（号）一库"为例，山西省银行损失 148 160 799 086.67 元（法币，按战前 20 倍计，下同），绥西垦业银号损失 10 170 422 000 元，晋绥地方铁路银号损失 82 704 477 726.7 元，晋北盐业银号损失 9 691 443 580 元，实物准备库损失 12 516 791 559 元（以上包括战争直接损失、间接损失及接收费用）[⑤]。另据战后山西省政府统计，八年间全省金融事业直接损失为 11 994 000 元（法币）[⑥]。然而，这些巨额损失只是冰山之一角，至于很多间接损失以及那些星罗棋布的私营金融机构与各种民间损失则由于资料所限根本无从统计。

1938 年 7 月，日军成立伪山西省公署并在沦陷区建立 11 个征税区，1943 年增划为 15 个征税区。随后又于 1944 年 2 月将征税权下放到县，在沦陷区设立 54 个征税局，其中一等局 22 处、二等局 21 处、三等局 9 处[⑦]。在建立殖民征税体系的基础上，日伪政府一方面通过提高税率来强化原有征税项目，如在营业税上以营业总收入为课税标准者从原来的 2‰—10‰提高到 4‰—10‰、以营业资本额为课税标准者则从原有

---

① 武昌祺、侯欣珪主编：《山西粮食史话》，山西人民出版社1988年版，第156页。

② 《生活威胁下的吃饭问题》，《新进》第4卷第2期，1943年6月10日。

③ 武昌祺、侯欣珪主编：《山西粮食史话》，山西人民出版社1988年版，第79页。

④ 《山西省克复地区内损失实情清查报表》（1946年7月15日），B13-1-75。

⑤ 《山西省民营董事会所属各机关抗战损失统计表》，B30-1-825-5；《山西省实物准备库复员接收及业务计划概要》，B30-1-87-2。

⑥ 《本省抗战期间财产损失及人口伤亡各数调查估计》，B13-1-78。

⑦ 董维民：《日伪侵晋档案辑要》，《山西文史资料全编》第9卷，《山西文史资料》编辑部1999年编印。

的 4‰—20‰统一提高到 20‰；另一方面通过增加征税项目来鱼肉沦陷区人民，如在大城市征收所谓“市税”（包括“广告捐”“影戏捐”“筵席捐”“游兴捐”“妓女捐”“灰渣费”“路灯捐”“乐户捐”等）并将统税项目由原来的 5 项增加到 9 项[①]。在农村，征税项目更是匪夷所思，从田赋到“屠宰税”“磨子捐”“碾子捐”甚至连死人也得交“入葬捐”，各种捐税达 150 多种，且大多每月一征[②]。据地方史志资料记载，在所征税收中，营业税一项 1938 年为 180 万元，1943 年则增加到 360 万元，增幅达 100%；田赋 1939 年为 150 万元，1942 年则增至 350 万元，涨幅达 133%。又如大烟“罚款”一项每年更高达 1 亿多元、卷烟税每年 100 万元以上[③]。尽管有关八年间山西全省财政损失的具体数字缺失，但我们仍可以根据伪山西省公署财政厅 1940—1944 年（缺 1943 年）年度财政支出预算推测其受损程度。各年度财政支出预算如下：1940 年 850 万元，1941 年 972 万元，1942 年 1 786 万元，1944 年 2 500 万元[④]。实际上，从当时情况来看，其年度最终支出远远不止预算之数。

---

① 中共山西省委调查研究室编：《山西省经济资料》第四分册，中共山西省委调查研究室1963年内部刊行，第973页。

② 《大同敌寇狂索民财，苛捐杂税逾百五十种》，《晋察冀日报》1942年9月26日。

③ 张全盛、魏卞梅编著：《日本侵晋纪实》，山西人民出版社1992年版，第225页，第272页，第274页。

④ 张全盛、魏卞梅编著：《日本侵晋纪实》，山西人民出版社1992年版，第273页。

第四章 人口资源损失

日军侵华期间，“由于中国军队在山西的积极作战，日军主力逐渐被吸引到山西，山西战场成了日军在华北的主作战方向”①。在山西全省境内，日军长期驻有华北方面军第1军3到4个师团，占日军华北整个驻军的1/3强，为华北日军驻守最密集地区，该地区因之成为日军作战最为频繁的地区。日军依靠武力疯狂掠夺山西物产资源之时，亦大肆掠夺、摧残和破坏山西人口资源。日军对山西人口资源的掠夺与破坏，乃是其集军事、政治、经济等为一体的“总体战”的重要组成部分。在此战略方针指导下，日军不仅竭尽全力地毁坏人口赖以生存的物质环境，威胁人口的存续与发展，而且大量地屠戮人口或以各种各样的方式进行凌辱和消耗，山西人口无论在质量上抑或数量上均遭受了空前损失，对社会发展产生了严重的负面影响。

第一节 人口损失统计

人口是社会发展与社会生活的主体，亦是社会生产力不可或缺的前提要素，更是“全部社会生产行为的基础和主体”②。但是，日军为了从根本上破坏和阻断山西经济建设与社会发展的进程，实现掠夺山西社会经济资源的计划，在侵入山西之后“始终不渝”地贯彻“三光政策”，一方面竭尽全力地毁灭山西人口赖以生存的物质环境而使广大人民失去生存与发展的必要条件，另一方面则对山西人口进行惨无人道的掠夺、杀戮、凌辱和无谓的消耗，山西人口因此遭受的直接与间接损失异常严重。

一、物质环境的破坏与人口损失

有学者认为战争期间因疾病、医疗缺乏、营养不良等因素导致的人口伤亡要远远

① 徐勇：《征服之梦——日本侵华战略》，广西师范大学出版社1993年版，第148页。

② 《马克思恩格斯全集》第二卷，人民出版社1972年版，第102页。

高于战争直接伤亡数，而笔者即以晋东南地区的调查统计为例进行具体说明。[①]

就物质环境破坏造成的人口消耗及其相应的各种人口损失比例结构而言，日军在山西以野蛮的掠夺政策和各种各样的手段对该地区物质资源与生态环境进行竭泽而渔的掠夺和毁坏，所到之处烧、杀、抢、掠无恶不作，大规模大面积地毁坏当地生存环境，从而使山西人口蒙受重大损失（包括直接的和间接的损失）。

第一，土地被征被占或荒芜，影响了粮食生产，严重破坏了农业生态。日军在其势力所及范围之内，修筑了大量碉堡、据点、封锁沟、封锁墙、“无人区”等军事设施，这些设施星罗棋布，纵横交错，占用、分割和破坏了无数良田及沃土，致使大片土地或荒芜或肥力下降，农业生态惨遭浩劫，人民失去衣食之源。据不完全统计，晋东南长治市、长治、襄垣、长子、屯留、黎城、潞城、壶关、平顺、高平、沁水、武乡、榆社、和顺等地战前拥有土地 64 746 924.66 亩，若每亩平均产量以 0.79 石计，共可产粮约 51150070.48 石，而战时日军修建沟、墙、碉堡占用土地 113 889.6 亩，这些土地可产粮 89972.784 石，其余土地则因战争影响每亩平均减产 0.31 石，每年减收粮食约 20036240.87 石[②]。个别县因战争荒芜土地数目惊人，如榆社荒芜 3 400 亩、昔阳荒芜 18 900 亩、和顺荒芜 151 700 亩、榆次荒芜 52 600 亩、武乡荒芜 3 200 亩[③]。常言“粮以地为本”，土地被占或荒芜必然造成粮食减产或无收，这对于“以食为天”的贫苦人民无疑致命之击，因其“每天从黑早到夜晚在田里工作，缺少土地而热爱土地，其生命的一切意义，无不与土地有关”[④]。

第二，粮食大量被抢掠或破坏，人民生活难以维持。战争之初，日军气焰嚣张，见粮即大肆焚毁，民间数十年积蓄往往化为灰土。例如，榆北城内数十间囤满小米的房楼在 1939 年日军“扫荡”时被全数烧毁[⑤]。太平洋战争爆发之后，随着战线延长和

---

① 全面抗战开始后，山西全省划分为7个行政区，晋东南地区包括第三、第五行政区共计25县。其中，第三行政区包括沁县、沁源、安泽、襄垣、黎城、武乡、榆社、辽县（后改为左权）、昔阳、和顺、祁县、太谷、榆次等13县；第五行政区包括潞城、壶关、平顺、长治、长子、屯留、阳城、晋城、高平、沁水、浮山、陵川等12县。与行政区区划相适应，“牺盟会”也建立了沁县、长治两个中心区，1938年9月合并为上党中心区。1939年7月，日军侵占白（圭）晋（城）公路之后，晋东南被分割成太行区（路东）和太岳区（路西），其所属各县亦分属两区。笔者在此大体采用全国性抗战开始之时的行政区划。

② 《上党区八年抗日战争资财损失调查表》（1946年），A128-4-7。

③ 《（太行）第二专区八年来敌人占用土地与荒芜统计表》（1946年），A128-2-11。

④ [美]白修德（Theodore H. White）、贾安娜（Annalee Jacoby）著，端纳译：《中国的惊雷》，新华出版社1988年版，第22页。

⑤ 《八年来晋东南人民被敌蹂躏的一瞥》，A128-4-8。

战局扩大，日军军需供给日趋紧张，粮食尤感不足，于是极力推行“以战养战”政策。从1942年起，日军又在山西实施“现地自活体制”，并在占领区内实行田赋征粮，对中国共产党领导的抗日根据地、国民党阎锡山控制地区及双方交错区进行“烧”“抢”政策，即能抢走的则抢，抢不走的则付之一炬。据不完全统计，日占期间日军在长治市、长治、襄垣、长子、屯留、黎城、潞城、壶关、平顺、高平、沁水、武乡、榆社、和顺等地抢走或烧毁粮食280 801 808.7斤，强征摊派381 048 478.6斤，总价值达9 499 418 250元（时价）①。粮食是人民基本的生存资料，当其不能满足生命或生存需要之时，就会产生饥饿和死亡，继而影响人们正常的生产生活。

第三，牲畜和农具等农业资本被掠与破坏，农民失去了最基本的生产资料和必需的辅助生产力。据不完全统计，长治市、长治、襄垣、长子、屯留、黎城、潞城、壶关、平顺、高平、沁水、武乡、榆社、和顺等地战前拥有牲畜253 231头，日占期间损失147 750头②。太岳二沁（指沁源与沁县）大道及沁源城关附近20里以内村庄耕畜被抢掠殆尽，农具随民房化为乌有。沁源城关1 000户人家7 000余亩耕地仅剩毛驴500头和残牛2头，残存农具犁7张，而急需运送的5 000多车粪土无法入地，全城没有一辆车，仅靠双肩挑送。沁源全县在1943年和1944年就被抢走牲口1 980余头，县城有地7 000多亩而仅存驴5头、牛1头、车2辆、犁7张（2张新的、5张坏的）。武乡马牧等10村仅1944年就被拉走或杀戮牛112头、驴163头、骡3头，损失犁、耧、锄、镢头等4种主要农具3 359件，而漆树坡和代家垴等十几个村子的牲畜则一头未剩③。八年间，武乡总计被烧毁农具19 123 380件，特别是段村附近和段村到蟠龙以及从蟠龙到洪水沿线村庄所有农具均被烧毁④。日军拉走牲畜并破坏农具，农业生产遭受空前打击，劫后生产难以恢复，人民生活极度困难。

第四，房屋被拆被毁或被焚烧，百姓居无定所，四处流离。1939年，日军发动“九路围攻”时，辽（县）武（乡）沿路民房被烧毁者十之八九。1940年，日军三次“扫荡”榆社，全境黑烟弥漫，燃烧之火三日未熄；和顺寺头村478间房屋被烧毁，全村仅剩空房7间；安泽县城一条大街片瓦无存。1941年，日军“扫荡”时，安泽和川以北、黑虎岭以东、屯留张店以西、二沁火适以南方圆百里地区房屋全部被烧，即便非常偏僻的山村亦难免其祸。据统计，日占期间武乡县被烧毁房屋数量较多，特别是蟠龙上

① 《上党区八年抗日战争资财损失调查表》（1946年），A128-4-7；《武乡县八年来战争中群众损失统计表》（1946年8月4日），A128-4-26。

② 《上党区八年抗日战争资财损失调查表》（1946年），A128-4-7。

③ 《八年来晋东南人民被敌蹂躏的一瞥》，A128-4-8。

④ 《武乡八年来战争损失调查》（1946年3月3日），A128-4-26。

下型塘、长乐、马庄等10多个村子一间未存[①]。美国记者白修德（Theodore H.White）等人如实地记录了当时的情景："日本人刚过去，他们在乡下留下了到处焦黑的破坏的痕迹，有时骑马走过许多烧光了的乡村，走了一整天，只见一堆堆的废墟。""荒山野地之间，有时忽然站着一所孤立的茅屋，屋顶已经倒下了，木头烧焦了，在无人地带站立着，成为荒凉的象征。"[②]除焚烧之外，日军大肆拆毁房屋，以供燃烧或修筑炮楼之用，武乡马牧等10余村房屋全被拆毁，型庄一村一日被拆300多间；昔南马坊村不仅房子悉数被拆，就是石头窑洞亦被毁100多孔。即便在日军所谓的"治安区"，如长子城、岚水、鲍店、高平等地亦都拆成了残垣断壁或一片瓦砾[③]。晋东南全区民房约有十之七八被焚毁[④]。据不完全统计，长治市、长治、襄垣、长子、屯留、黎城、潞城、壶关、平顺、高平、沁水、武乡、榆社、和顺等地，日占期间共有531 747间房屋被烧毁或拆除，战后急需补修者达499 879间[⑤]。

第五，其他物产如被服、资财、农林副产品、工矿业、商业等损失，同样对人们的生存与生活产生了重大影响。例如，黎城全县经过几月"扫荡"，损失被服452 376件。1944年，日军"扫荡"昔阳安丰村，54户人家损失被服1 732件[⑥]。日占期间武乡人民损失衣物1 506 890件，连同家具及其他资产损失达11 020 527 220元[⑦]。日军对百姓几辈子积蓄下来的个人财富亦不留情。例如，1942年7月，日军向和顺三泉村村民刘永清索款8万元，因刘未能按时交出，乃于28日进行武装抢劫，将刘氏数载积蓄的足够6头驴驮载又4大担的金银元宝悉数扫光[⑧]。日军还强行收买现银，"凡范围涉及山西境内全部沦陷区域，在每区都设'预想额'，规定每现洋一元兑换鬼票一元八角。"[⑨]对农副产品则实行强征，1943年潞城日军向每闾征缴羊皮20张、牛马驴皮各2张、羊毛300斤、麻皮300斤[⑩]。对树木乱砍滥伐，1938年6月日军侵入长治

---

① 《武乡八年来战争损失调查》（1946年3月3日），A128-4-26。

② [美]白修德（Theodore H. White）、贾安娜（Annalee Jacoby）著，端纳译：《中国的惊雷》，新华出版社1988年版，第71页。

③ 《八年来晋东南人民被敌蹂躏的一瞥》，A128-4-8。

④ 李彬、张有成：《略论山西在抗战中的战略地位》，山西省史志研究院编：《抗日战争研究文集》，山西人民出版社1999年版，第147页。

⑤ 《上党区八年抗日战争资财损失调查表》（1946年），A128-4-7。

⑥ 《八年来晋东南人民被敌蹂躏的一瞥》，A128-4-8。

⑦ 《武乡八年来战争损失调查》（1946年3月3日），A128-4-26。

⑧ 《八年来晋东南人民被敌蹂躏的一瞥》，A128-4-8。

⑨ 《长治敌贴发布告，搜刮民间现银》，《新华日报》（华北版）1942年3月24日。

⑩ 《八年来晋东南人民被敌蹂躏的一瞥》，A128-4-8。

后“伐尽四周树木，锯成了3—4尺长的木段，埋在驻军所在地的周围，用刺洋槐围起来，作防御工事……”[①]八年间，长治损失树木158 196株[②]。

日军的劫掠恶化了人们赖以生存的物质环境，人民生活日趋艰难，生存状况日益恶化。沁源全县许多村庄化为瓦砾，不少良田尽数荒芜，过半群众无房居住，即便能够居住亦往往是一家几辈人同睡一个坑或栖息于露天窑洞，有的人家几口人轮穿一条裤子，许多人无粮食用而只得靠出卖劳动力糊口。二沁大道上树叶树皮无存，全部被附近百姓吃光。生活日常用品奇缺，全城没有一个完整的锅碗、刀案，都是互相挪借，凑合使用。该县有些村庄全村使用一个箩面箩子、一担水桶，10余户轮使做饭锅，几个人共用一个饭碗。例如，绵上村100余户人家有40余户全家大小盖一条被子；城关3 000多人中有250多人穿着仅有的一套衣服[③]。另据战后统计，武乡河底村全村23户95人，户户受损，每户平均损失39 928.5元，每人平均损失9 666.9元[④]。松村全村213户损失2 861 825元，每户平均损失约13 435.8元，损失最多的一户达60 090元[⑤]。墨镫村战前有地2 792.4亩，1943年则减少为2 475.07亩。日军1938年发动“九路围攻”时，该村损失相当严重，死30多人，损失牲口50多头、粮食2 000石左右。日军“扫荡”过后，群众缺衣少食，既无农具又无耕畜，生产情绪低落，当年抛荒土地五六顷以上[⑥]。段村百姓则以砂锅片代替饭锅做饭，有的甚或连送老棺材也遭日军破坏，不忍死去的亲人露骨野外，无奈装在破大缸里埋葬[⑦]。从1946年武乡县政府的一份救济工作报告中也可以看到该地区被灾情形，当时一区各村需要救济和安置的人：马牧村353人，无办法难民200人；玉家沟村538人，无办法难民200人；南沟村187人，无办法难民100人；祁凹村1 000人，无办法难民200人；王家沟村300人，无办法难民100人；型庄村700人，无办法难民50人；东黄岩村200人，无办法难民70人，其中有一部分人甚至无衣蔽体。二区前后庄、东坡、西安庄等村计有无办法难民480人，三、四区边沿区无办法难民400人。一、二、三区短缺牲口200多头，且各区农具损失殆尽[⑧]。从县政府已经实施的某些救济工作来看，百姓生

① 张全盛、魏卞梅编著：《日本侵晋纪实》，山西人民出版社1992年版，第223—224页。

② 《长治八年来被敌欺侮与损失统计表》，A128-4-13。

③ 《八年来晋东南人民被敌蹂躏的一瞥》，A128-4-8。

④ 《武乡河底自然村（三区）对敌损失的种类、数目折价统计》（1946年1月），A128-4-26。

⑤ 《武乡十区松村自然村对敌损失》，A128-4-26。

⑥ 《武乡县墨镫村土地问题调查》（1943年6月），A181-1-48。

⑦ 《八年来晋东南人民被敌蹂躏的一瞥》，A128-4-28。

⑧ 《救济工作报告（1946年2月1日给武专员）》，A181-1-8。

活在日军劫掠之后异常艰难困苦。据县政府报告，该县三区明沙岩、寺沟村、小寨沟、马泉堂、北茅庄、岩庄、西庄等村 110 户人家有男 224 人、女 193 人，由于被日伪抢掠一空，需要救济的人家达 68 户，其中男 126 人、女 110 人，而且救济粮款多用于修房买种，几乎没有多少可供食用者[①]。

由于日军多年的摧毁、抢掠，人民饥寒交迫、担惊受怕，营养缺乏，生活失常，疫痛疾病接踵而至，特别是 1942 和 1943 年大灾后的情况更为险恶。武乡在日军“扫荡”之后，人民患伤寒、痢疾、疥疮的很多，洪水附近几个村每日平均病死二十五六人，武西二线村（马牧一带）可谓“户户有病人，天天有死人”，蔚家渠村 47 口人中只有两人没有病倒[②]。晋城县患疥疮、疟疾者达 284 173 人次，相当于 1945 年全县总人口的 448%。高平县患疥疮、疟疾者达 189 449 人次，相当于 1945 年全县总人口的 221%。整个太岳区各县患疥疮者计 2 146 622 人次，相当于全区总人口的 90%；患疟疾者计 1 643 437 人次，相当于全区总人口的 70%[③]。

战时山西人民因丧失基本的生存条件，或被迫背井离乡、颠沛流离而加入难民流徙的潮流，或因生活拮据而病死饿死，或因此患了难以治愈的疾病……人口磨损、消耗与流失是空前的。其具体情形可从晋东南各县的部分统计数字观之，具体见表 4.1.1：

表4.1.1　晋东南八年间人口损失统计表（不完全统计）

类别 县别	病饿死者	患各种疾病者	因灾荒外出流亡者	少衣少食无住难民*	合　计
黎城	2 430	1 090	—	7 200	10 720
潞城	4 290	2 200	1 200	8 080	15 770
壶关	6 134	4 539	3 194	10 314	24 181
平顺	3 175	290	105	8 800	12 370
长治	1 175	3 800	6 518	10 080	21 573
襄垣	3 515	2 450	518	10 800	17 283
昔阳	4 302	9 140	—	10 600	24 042
和顺	4 313	4 350	2 967	6 200	17 830
左权	750	2 920	—	6 080	9 750
陵川	2 820	2 789	—	7 949	13 558
武乡	15 230	5 600	740	8 200	29 770
榆次	4 253	3 484	3 125	5 200	16 062
祁县	2 702	3 008	—	6 929	12 639

① 《武乡县第三区岩庄编村救济难民统计表》（1946年5月10日），A128-4-29。

② 《八年来日本法西斯摧毁太行区人民的概述》，A128-2-5。

③ 李玉文编著：《山西近现代人口统计与研究》，中国经济出版社1992年版，第455页。

续表

类别 县别	病饿死者	患各种疾病者	因灾荒外出流亡者	少衣少食无住难民*	合 计
榆社	174	1 680	—	4 800	6 654
太谷	3 482	3 400	—	7 260	14 142
长治市	2 803	680	306	1 681	5 470
安泽	—	14 012	—	9 300	23 312
长子	8 600	88 932	1 764	16 100	115 396
屯留	2 080	25 596	312	11 700	39 688
浮山	—	43 454	—	7 500	50 954
沁县	—	57 850	—	10 300	68 150
沁水	9 100	26 377	2 341	9 100	46 918
高平	18 561	38 001	19 525	39 449	115 536
阳城	4 060	26 343	24 600	24 600	79 603
晋城	—	45 820	—	46 250	92 070
合计	103 949	417 805	67 215	294 472	883 441

注：* 原始资料中有以“流亡失所者”统计或以“少衣少食无住之难民”统计，笔者在此整理为一项。

资料来源：《上党区八年抗日战争的人口损失调查表》（1946 年）、《晋东南十七县八年来人口损失调查表》（1946 年），A128-4-7；《太岳区八年来被敌杀伤人口及各种灾害统计表》（1946 年 6 月 24 日），A71-1-75。

晋东南如此，其他各地情况亦无多大差异。例如，中共晋西北根据地全面抗战期间间接遭日伪杀害者（指因敌破坏而遭受冻饿等引起的非正常死亡者）50 288 人，漂流在外或下落不明者 14 792 人，因战争破坏而患慢性病者 44 423 人，缺衣少食无住者 590 387 人[①]。据中共太行、太岳革命老区的不完全统计，全面抗战期间共有 8.49 万人冻馁而死，流亡在外难民约 128.7 万人。又据太原、大同、交城、太谷、榆次等 65 县市统计，逃亡外省者约 30 万人[②]。山西人口因日军侵略破坏而间接导致的磨损、消耗与流失由此可见。

二、人口的掠夺、杀戮、摧残及其受损程度

（一）日军对人口资源的直接掠夺

① 《晋绥行署关于八年抗战损失的统计表》，A90-1-28。

② 山西省史志研究院编：《山西通志·民政志》，中华书局1996年版，第264—265页。

1937年7月之前，日军对山西人口资源的觊觎就已显端倪。例如，日本大东公司1936年度业务概况报告记载（发给身份证明书的劳工按职业及出身地区划分），从山西掠往东北的劳工就有2 408人；其中制造业1 284人，农业224人，土木业72人，建筑业131人，杂役304人，商业290人，运交业57人，矿业46人[①]。到日军侵入山西之后，对该地区的人口掠夺更加有恃无恐，他们依靠武力经常大量地有目的地掠夺山西人口资源，导致山西人口资源磨损、消耗和流失十分惨重。

1. 掠夺目的

第一，解决占领区内资源掠夺与资源开发劳力不足问题。日本为弥补国力方面的“先天不足”并支撑长期的侵华战争，在对外侵略战争总体设想中，将占有和掠夺中国丰富的矿产资源、广阔的市场、雄厚的劳动力资源作为最主要的目标，希图借此建立强大的军事工业体制和加强战争经济基础，达成独霸东亚进而称雄世界的野心。而日军在“占领区物资之开发与财力之运用，端赖乎如何运用人力，以一切财富均非不劳可致，原料之生产、产业之恢复与经营，皆须动用我国（指日本——笔者注）之人力”[②]。所以，日本侵占中国东北之后，为了完成“产业开发计划”“军事经济发展计划”“北边振兴计划”，除在当地征募劳动力外，每年要从包括山西在内的华北输入大批劳动力。随着侵略战争的全面发动，日本除对东北进行控制和掠夺外，对华北地区丰富的矿产资源和工业原料，特别是煤炭、铁矿、盐业、棉花等国防资源垂涎不已。卢沟桥事变后，日军迅速扩大战事，占据华北主要地域，掠夺欲望愈益膨胀，急于进行所谓“开发”和“建设”，以将华北纳入“日满华”殖民经济圈，并综合利用华北丰富矿藏与廉价人力，来增强日本维持与扩大战争所需的国力和军力。因为，日本国内人力贫乏与其无止境的扩张欲望所形成的矛盾日益突出，而维持日本国内战争机器的正常高效运转就必须加快中国东北、华北等地区物产资源的掠夺步伐，并以充足的劳动力为依托。这一主体矛盾决定了日本对人口资源的进一步掠夺，其掠夺重点则置于地域广阔、人口较多的华北地区（当时日军估计华北地区，即河北、山西、山东、北平、天津以及绥远、察哈尔区域总人口为1亿以上）。日本华北方面军参谋部编制的《华北资源要览》一书毫不隐讳地宣称：“华北对日满经济来说，是原料资源和劳

① 居之芬、庄建平主编：《日本掠夺华北强制劳工档案史料集》上，社会科学文献出版社2003年版，第83页。

② 《敌在占领区经济掠夺之机构及其策略》（1939年），秦孝仪主编：《中华民国重要史料初编》第六编（四），中国国民党中央委员会党史委员会1981年版，第989—994页；章伯锋、庄建平主编：《抗日战争·日伪政权与沦陷区》，四川大学出版社1997年版，第544—547页。

动力的供应地。”①

1939年，欧战爆发，日本为了应对英美等同盟国所实施的物资禁运，乃于1940年11月5日制定重要国策——《日“满”华经济建设提纲》，决定建设以日“满”华“三方”为中心的“自给自足”的战争经济体制。该纲领明确规定今后主要在华北大力推进输出劳工的“劳务政策”②。1942年，日军由于在太平洋战场中途岛和瓜岛战役中惨败，国内经济环境进一步恶化，海上运输更趋困难，从而对中国沦陷区资源的依赖程度进一步加深。随之，即采取了以满足对日“满”供应为前提和以“以战养战”为目的的掠夺性统制政策，对各地工矿资源进行疯狂的竭泽而渔的劫掠，而对工矿资源的掠取则主要是依靠奴役无数中国廉价劳动力进行的。特别是进入1943年之后，驻山西日军和勤杂人员陆续调往太平洋一带作战，该地区边陲各县或被迫放弃，或仅留少数日军和伪保安部队、伪警察驻守县城，人力物力顿感不足。在此情势之下，日军驻山西特务机关于1943年10月操纵伪山西省政府成立“山西急进建设团”（亦称“产业建设军”），该组织成立的目的之一就是“奴役中国人民开发地下资源”③，企图根据山西各县市地方需要，通过拉丁抓夫组建大队、中队、小队，“协助当地日伪，从事运煤，开采煤矿、铁矿，修桥补路，运输面粉及其他物资”等工作，以“克服劳动力不足、确保粮食和获得资材等方面的困难，期望能大量增加生产”④。河本大作承认，“山西急进建设团”“强制征募以太原为中心的各县青年，从事开采矿石，维修公路等劳动”⑤。在筹划成立“山西急进建设团”之时，伪山西省公署顾问室顾问甲斐政治曾言，“可将省内19岁至21岁的壮丁征集起来，进行军事管理，把他们分配到最重要的工厂和矿山，参加资源开发工作”，这样“对支援圣战和开发山西资源都有好处”⑥。总之，日军普遍认为“在资源开发方面最重要的是，需要确保及圆满解决劳

---

① 日本防卫厅防卫研修所战史室编，天津市政协编译组译：《华北治安战》下，天津人民出版社1982年版，第116页。

② [日]依田憙家：《日本帝国主义と中国》，龙溪书舍1988年版，第54页。

③ 中央档案馆、中国第二历史档案馆、吉林省社会科学院合编：《河本大作与日军山西“残留”》，中华书局1995年版，第152页。

④ 《武耀先证词》，中央档案馆、中国第二历史档案馆、吉林省社会科学院合编：《河本大作与日军山西“残留”》，中华书局1995年版，第149页；日本防卫厅防卫研修所战史室编，天津市政协编译组译：《华北治安战》下，天津人民出版社1982年版，第358页。

⑤ 中央档案馆、中国第二历史档案馆、吉林省社会科学院合编：《河本大作与日军山西“残留”》，中华书局1995年版，第147页。

⑥ 张全盛、魏卞梅编著：《日本侵晋纪实》，山西人民出版社1992年版，第188页。

动力问题”①。

随着侵略战争的不断升级，越来越多的日本男性青壮年被征入伍，日本国内从事重体力劳动的壮劳力日益匮乏，以致其矿山业及煤炭业先后于 1941 年和 1942 年提出使用中国苦力的诉求。为适应个别企业的要求，日本政府便于1942年11月27日通过《关于华人劳务者移入内地案》决议。该决议声称：“鉴于内地劳务供求日益紧张，特别是重体力劳动方面的劳动力显著不足之现状……将华人移入内地，以使其参加大东亚共荣圈建设。”② 明确提出在日本国内使用中国劳工的政策及其主要目的。

第二，解决修筑军事工程及用于各种杂役所需人力问题。日军占领山西之后，为了维持并巩固其统治，不仅大肆修筑各种工事、碉堡、封锁墙（沟）、公路、铁路、“护村墙”、“护村壕”，还建岗楼、立电杆、开机场、挖隔断壕，经常驱使大批民众充当守护铁路的“肉电杆”，而这些活动均是以山西各地大量劳工无偿服务为基础的。特别是 1940—1942 年的历次“治安肃正”与“治安强化运动”，日军为了消除占领区最大“隐患”——中共领导的八路军及其抗日根据地，大规模地构筑封锁和围困根据地的军事工程，如战备铁路、公路、据点以及碉堡等，在公路和铁道干线上实行一里一兵营、三里一碉堡、十里一据点的办法，企图以铁路和公路为“链”、据点和碉堡为“锁”的“囚笼”，将八路军在山西的各抗日根据地分割、包围、封锁，然后进行“围剿”“扫荡”并各个击破③。日军认为这是“治安工作的先决条件”④。有关“堡垒构筑一事”亦有统筹规划，“各县有以军事需要构筑，有饬令各村普遍修筑，有择要隘村庄督令修筑等，情形不一。其关于军事需要之堡垒多为新筑，各村普通堡垒大半利用旧有围墙重加修整。至要隘村庄，有重修旧围，有重新构筑。”“如长治、汾阳、临汾、沁县、翼城、永济、介休、太谷、霍县、赵城等县，则多为军事与要隘村庄之构筑，故数目多则六七处，少则一二处；祁县、崞县则属于普通修筑旧村围，以供军事之利用，故数目多至29处至47处；其余各县或督饬各村修理，或由县计划构筑，亦均有整备。”⑤ 这些工程所需人力甚巨，日军则需普遍地强迫民众实施“劳动服务”。正如石川太郎笔供中所承认的那样：山西“急进建设团”成立的目的“主要是为第一

① 居之芬、庄建平主编：《日本掠夺华北强制劳工档案史料集》上，社会科学文献出版社2003年版，第303页。

② 刘宝辰：《日本强掳华工的政策、手段和结果》，《历史教学》2000年第1期。

③ 狄民：《敌寇“强化治安”的三个时期》，《抗战日报》1942年1月3日。

④ 漆克昌：《日寇在华北的治安工作》，中央档案馆、中国第二历史档案馆、吉林省社会科学院合编：《华北治安强化运动》，中华书局1997年版，第98页。

⑤ （伪）山西省公署警务厅编：《山西省警政年鉴》，（伪）山西省公署警务厅1942年。

军所属部队修筑作战用的军事工程。同时也是修建水利工程，增强日本兵的战斗力，从而为日本帝国主义的侵略战争提供有利条件。”[①] 此外，日军在驻地和历次“扫荡”作战中，经常役使附近民众从事各种杂役服务，如伙夫、带路、脚夫等。

第三，补充兵力和扩充地方伪组织。日本在占领区所推行的各种战略逐渐综合形成系统的“以华制华”政策体系，从军事战略角度考察，亦即“以华制华”大战略。日本以少兵临大国，不但须调动自身全部战争力量，尚须借助中国“力量”以补自身不足而谋最大战果。这种“力量”除中国财力物力外，更需中国人力，以实现中国人打中国人计划。随着日本占领区扩大，兵力不足矛盾日益突出。例如，1942 年 8 月 27 日《晋察冀日报》发表的《敌寇铁蹄下的“蒙疆”》专题报道就提到了这一情况：在浑源、灵丘、广灵、应县、涞源等 5 县，据 5 月份统计共有据点 70 个，平均每个据点 44 人，其中日军 15 人，暴露了日军兵力不足、战线太长的现状[②]。在此情形下，日军开始在各地大批抓捕或强征青年壮丁组织伪军，期求在作战中特别是对占领区的“治安肃正”中大量使用伪军，以解决兵员严重不足问题。伪军担负的具体任务有：①配合日军对各抗日根据地进行“扫荡”；②守备据点；③进行“清乡”；④补充缺额等[③]。日军在各地的战争愈困难，兵力不足问题愈突出，而对伪军扶植愈强劲，使用范围愈广泛。太平洋战争爆发之后，日军在华主力不断抽调南下，对伪军需求量更大，伪军所担负的作战和守备任务更多。“‘讨伐’时叫伪军先头出扰，而只派一两个兵长监军。敌人美其名曰锻炼自主的作战，其实是敌人兵少，又怕被打死，故叫伪军出头，既可避免损失实力，又可达到其‘以华治华’的阴谋！”[④] 总之，“抽调我壮丁，以补充其兵额之缺陷，使我同胞自相残杀，而保存或减少敌军实力之消耗，以支持对我之长期侵略战争及节省将竭之兵力，以对付其他强国”[⑤] 成为日军掠夺人力的深层用心之一。

日军为了强化在山西各地的统治进而达成肃清“匪患”和确保地方“治安”的目标，在占领区内实行严密的保甲制，设立保、甲、闾、邻等基层组织，以对人力层层布控。特别是“治安强化运动”期间，“积极充实乡村自卫力”，加紧编制保甲“自卫”团，“施

---

① 中央档案馆、中国第二历史档案馆、吉林省社会科学院合编：《河本大作与日军山西“残留”》，中华书局1995年版，第152页。

② 刘泽民、原崇信等主编：《山西通史大事编年》，山西古籍出版社1997年版，第1652页。

③ 叶剑英：《中共抗战一般情况介绍》，《解放日报》1944年8月10日。

④ 《敌寇五次“治强”在宁武》，《抗战日报》1943年1月7日。

⑤ 《敌在占领区经济掠夺之机构及其策略》（1939年），章伯锋、庄建平主编：《抗日战争·日伪政权与沦陷区》，四川大学出版社1997年版，第547页。

以应急之战斗训练，整备武器防具，使之协力援助匪犯之搜查及警戒通信等工作”[①]。此外，日军还强化、扩充、整顿伪县警备队，以供其所用。这些伪组织经常向伪军输送人力。日军掠夺人力的本意在于“以训编地方保安之武装队伍，保障其后方之治安，使敌军兵力得能集中于第一线，以加强进攻之锐势，而不至散漫于各处，为我个别击破。”[②]

第四，掠夺人口是日军“政治战”的重要环节。日军对人口资源的掠夺是其镇压反抗、维持统治的有效手段，是“总体战”中“政治战”的基本内容。日军对人口掠夺的政治意图不仅限于躯体占有，而且期求精神“归顺”，最终目的则是归其所有、为其服务。日军在“人尽其才”（“以华制华”）的欺骗口号下，特别“注意到中国青年阶层的身心锻炼”，到处强迫青年人与知识分子参加所谓的“新秩序建设工作”或“和平建设”事业，企图将“勤劳奉仕”与“兴亚奉公”等奴化行为变为人民日常精神生活的一部分[③]。强调“青年训练”，认为“谁握有青年便有谁胜利的道理”，以致经常抽丁进行各种训练，通过这种方式来麻醉青年、掌握青年，供其奴役。用他们的话来说，即“唤起青年少年，把握他们，使之彻底认识皇军之真意”，“涵养其防共亲日思想”，“彻底改变抗日思想”等[④]。在各地青年“训练”所的教育上，着重所谓“精神教育”，先行麻醉，继而施行“军事教育”，使之在“训练”完毕后就能够“担任情报、谍报和组织伪自卫团等工作，逐渐培植其情报人员、密探和伪武装组织的下级干部”，甚至使之成为组织伪军、改造伪军的重要基础[⑤]。日军根据“中日亲善首先要从家庭灌输入手”的理念以及“中国人易于听妇女的话”的认知，试图利用妇女来实现消灭中国民族意识和抗日思想的计划。他们特别注重对儿童进行奴化教育，以从儿童脑海里清洗“抗日思想的毒素”，“通过教育机关来灌输亲日思想”。日军认为，“在复兴东亚工作上，不重视教育，即只是空谈，企图达到东亚新秩序的皇军，一方面以武力从事治安肃正，另一方面务必以教育的振兴，来收复兴和推进东

---

① 中央档案馆、中国第二历史档案馆、吉林省社会科学院合编：《华北治安强化运动》，中华书局1997年版，第165页。

② 《敌在占领区经济掠夺之机构及其策略》（1939年），章伯锋、庄建平主编：《抗日战争·日伪政权与沦陷区》，四川大学出版社1997年版，第547页。

③ 日本防卫厅防卫研修所战史室编，天津市政协编译组译：《华北治安战》下，天津人民出版社1982年版，第358页；《敌寇在雁北“施政跃进”的阴谋活动》，《解放日报》1942年12月19日。

④ 漆克昌：《日寇在华北的治安工作》，中央档案馆、中国第二历史档案馆、吉林省社会科学院合编：《华北治安强化运动》，中华书局1997年版，第95页。

⑤ 漆克昌：《日寇在华北的治安工作》，中央档案馆、中国第二历史档案馆、吉林省社会科学院合编：《华北治安强化运动》，中华书局1997年版，第96页。

亚文化之效”[①]。为达此目的，日军尤注重对小学教员的掠夺和“训练”。另外，对知识分子的掠夺主要是“利用我知识分子，以安定百姓，以巩固其政权”，特别利用一部分旧知识分子和地方士绅[②]。在他们看来，“日本人说一百句话不如中国人说一句话”。其根本目的就是麻痹中国人的民族意识，使之成为被驯服的工具。

总的来说，日军对山西人口资源的掠夺除上述主要目的外，同时意识到“税收之损益，尤赖人口之增加与否以为定”[③]。这亦是其不断从根据地、游击区掠夺人力到沦陷区的原因之一。

2. 掠夺方式

毫无疑义，日军对山西人口资源的掠夺是有组织有计划且在实践中通过各种方式付诸实施的。为了大量掠夺廉价劳动力，其在中国各地逐渐形成了系统的劳务掠夺机制，并到处设立劳工管理机构和招募机构，实行野蛮的劳工政策。日本华北方面军与华北伪政权、关东军和伪满洲国以及本土大企业，相继组成“华北劳工协会”“华北满蒙劳务联络会议”“劳力统制委员会”等机构，协商制定和处理对华北劳工的征集、抓捕、运送、分配等相关事宜。特别是“华北劳工协会”（1941 年 7 月成立，1945 年 7 月解散）在强掳中国劳工方面扮演了相当重要的角色，其在山西设有支部，并在太原、榆次、临汾、运城等地设有办事处[④]。其从抗日根据地和游击区抓捕抗日军民作为“特殊劳工”贩运至东北、“蒙疆”、华北、华中各地。此外，还参与日军华北各地战俘劳工集中营管理，如山西太原集中营（对外称“太原工程队”）等。

事实上，在“华北劳工协会”之类的专门劳工机构之外，“新民会”以及各地特务机关亦积极参与了日军的人口掠夺计划。伪新民会在山西设有总会，因日本战局不利而由设立之初的任务——实施组织动员和宣传宣抚的谋略工作——转变到参与包括人口在内的各项掠夺。从 1943 年左右起，日军为增强战力开始更大规模的人口和物资掠夺，伪新民会则根据“新民会确立劳务动员体制纲要”实行劳务动员，以进一步推动有关劳工、劳务业务“正规化”，即胁迫百姓为日军服务并诱骗民众充当“劳工”，

---

① 漆克昌：《日寇在华北的治安工作》，中央档案馆、中国第二历史档案馆、吉林省社会科学院合编：《华北治安强化运动》，中华书局1997年版，第96页。

② 章伯锋、庄建平主编：《抗日战争·日伪政权与沦陷区》，四川大学出版社1997年版，第547页。

③ 《敌在占领区经济掠夺之机构及其策略》（1939年），章伯锋、庄建平主编：《抗日战争·日伪政权与沦陷区》，四川大学出版社1997年版，第547页。

④ 何天义主编：《日军枪刺下的中国劳工·华北劳工协会罪恶史》，新华出版社1995年版，第354—355页。

建立所谓的劳工、劳务业务“正规化”体制[①]。

除上述机构外，日伪还于1938年设立太原“劳动委员会”，1941年设立阳泉“劳动统制委员会”，前者于1942年4月重新改组为“山西省劳动统制委员会”，并作为中国方面机关移交伪山西省公署太原劳工局管辖，后者亦于同年8月作为中国方面机关移交伪阳泉县劳工局管辖[②]。从时间表上看，山西是日军建立劳工掠夺机构较早的省份。之后，日军又根据山西当地的实际情况于1943年10月成立准政权组织（名为非政府机关，实则具有行政权力）“山西急进建设团”，由冯司直任“省本部部长”，并在各县份成立“大队部”及“队部”。在该组织成立大会上，冯司直曾宣称：为“完遂大东亚战争，必须全体省民实施勤劳奉公之制度”[③]。依照所定方案，“17至40岁的男人都有服务的义务”，分常备队员和预备队员两种，常备队员“服务期间为三年”，预备队员“必要时动员他们从事重要物资的增产和获得工作”[④]。该团“概要”规定：“依本省内特殊情形，以义务的工作为最适当”[⑤]。由此知之，“山西急进建设团”是一种带有强度军事化的强制性奴役机关。换句话说，是一种“义务兵役制”和“义务劳工制”。根据这一标准，日军将山西占领区内所有青壮男劳力均划入奴役和剥削范围之内。

总的来说，日军对山西人口的掠夺手段随经济资源掠夺和战争升级而不断变换，开始是骗招，当欺骗无法“奏效”时则以强征、摊派、抓捕甚至征用战俘（其中亦有无辜百姓）等多种方法进行。下面一一叙述之：

（1）诱骗

如前所述，日军对山西人口的掠夺，最初是以种种诱人的条件进行欺骗性宣传，以吸引那些破产农民、城市无业者、打短工者、城市贫民以及流离失所而生活无靠的百姓。在潞城，日军曾“派出大批奸细，到敌占区招收青年壮丁，说是‘到太原去做土工，每天可以赚两斤白面、八毛伪钞’，不少壮丁上了当。桥堡村去了四十多个，合富村去了二十多个，河后村去了十多个，其他中村、堡头等村都去了几十人”。后

① 日本防卫厅防卫研修所战史室编，天津市政协编译组译：《华北治安战》下，天津人民出版社1982年版，第242页。

② 《实业总署劳工局编制》，居之芬、庄建平主编：《日本掠夺华北强制劳工档案史料集》上，社会科学文献出版社2003年版，第448页。

③ 《妄谋彻底掠夺沦陷区壮丁，敌组“山西急进建设团”》，《新华日报》（太行版）1943年11月23日。

④ 日本防卫厅防卫研修所战史室编，天津市政协编译组译：《华北治安战》下，天津人民出版社1982年版，第358—359页。

⑤ 《妄谋彻底掠夺沦陷区壮丁，敌组“山西急进建设团”》，《新华日报》（太行版）1943年11月23日。

来人们才知道那些被招去的青年被“出卖给敌人，每人八十元，现在青年小伙子被敌人选出载上火车运走了,老的小的敌人不要(有的已被饿死冻死)。”[①]在武乡一带的“欺骗宣传，花样翻新，谓‘皇军将带领大家，到太平洋去见见世面’。企图骗诱壮丁，组织伪军，运往太平洋当炮灰。”[②]太原沦陷之后，各工厂工人纷纷失业，日伪遂以“挽救失业工人”的幌子为西山等煤矿招收矿工，仅1940年12月一次就招去200多人（大多为原西北实业公司各厂工人），1941—1944年间在长治、河北、河南等地骗招1 166人（大都为普通老百姓）[③]。日军侵占阳泉煤矿之初，即在伪阳泉保晋公司管理委员会基础上网罗大批汉奸组成“民友会”“维持会”“新民会”等伪组织，利用这些汉奸四处进行欺骗宣传，引诱工人到煤矿复工。劳务系管辖的“煤友会”则常借矿区周围农村唱戏、赶庙会之机公开挂出“煤友会”招牌，出售一些奇缺日用品，如食糖、食盐、布匹、火柴等，同时无偿散发一些常用药品，以此扩大影响，诱惑人们到煤矿做工。当时平定县城有个以变戏法为生的痞子雷大牛就被劳务系收买，常到矿区周围农村变戏法，而劳务系预先安排好的汉奸走狗则在雷大牛吸引来的观众中大肆宣传到煤矿做工的“好处”，欺骗百姓当矿工为日军卖命[④]。

（2）摊派与强征

日军在人力需求日趋紧迫且欺骗阴谋又被识破的情况下，乃开始向各地强制性摊派募集劳工。此项任务直接由各伪省长、伪县长负责分配到所属各市、县相关机关，这些机关则再将任务分派到街道或村镇，从而形成军、政、会（伪新民会）、社（伪合作社）等多位一体的人口掠夺机制。而各地日伪为完成配额任务，则以各种方式进行强征或摊派。

日军占领山西各地矿山或工厂之后，经常强征或摊派劳工，以满足开工和生产需要。例如，大同日军为完成本国政府下达的煤炭掠夺任务，于1941—1942年两年间以“勤劳报国队”名称指令大同伪县政府向各村强行征集劳动力。日军的一系列强征活动是由伪县政府民政科厚生股具体操作，通常每年征集两次，每次七八百人，第一批到期后即由第二批轮替，每次征集够所需数额后即由伪县政府集中交送煤矿，日方来人领走。劳工到达指定煤矿后，尚须进行“检验”，不合格者退回另补[⑤]。日军占领西山煤矿后，同样通过伪政权向各地农村强行募集民夫，而伪政权则经常在平定、

① 《敌派大批奸细到处拐骗壮丁》，《新华日报》（太行版）1943年11月23日。
② 《沦陷区敌寇狂捕壮丁》，《新华日报》（华北版）1942年1月7日。
③ 张全盛、魏卞梅编著：《日本侵晋纪实》，山西人民出版社1992年版，第170页。
④ 张全盛、魏卞梅编著：《日本侵晋纪实》，山西人民出版社1992年版，第187页。
⑤ 《“勤劳报国队”和“万人坑”》，《太原文史资料》第21辑，1995年编印。

定襄以及太原附近农村实行摊派，每次均在300人以上。1942年，西山煤矿劳务系日本人成田带领“工人取缔队”到太原附近摊派，按村庄大小各分摊二三十人，仅此一举就“要”来民工400多人①。1943年，“山西急进建设团”成立后又将年满18—25岁的青壮年强制编入该组织，统一分配到各工厂、矿山参加繁重劳动。全省被强制征用者达1万余人，其中太原市就有上千人②。

至于在各地摊派抽人修建各种军事工程或从事各种杂役乃是常事。以河津县为例，日军强令该县伪政府调集苦力6 000名，伪县长郭荩颐接令后立即召开会议，会上决定按三区分摊，每区征派2 000人。后来，郭又直接下令向各村征派并规定了具体指标，限10天内送交各区。事实上，郭荩颐向各区下达数额均在4 000名左右，但因战祸连年、劳力不足，各村为减少征派名额纷纷向县长、区长行贿，少交一个劳力约需贿金伪钞2 000元。村里富户若不愿充差，可由村长或闾长代雇劳力顶替，但每名须支付佣金伪钞1万元。原定10日内将劳力送到区上，但时至七八天之际县伪警备队、伪警察就将各村庄包围，见人就抓，并闯入百姓家中乱搜乱抢乱砸，搞得鸡犬不宁。村闾长为息事宁人，不得不杀猪宰羊、摆设酒席、送上料面、纸烟款待，并暗里向队长、区长、所长分送钞票，每次花费均在伪币1万元以上。当伪村闾长保证10天到期如数送去劳力之后，这些人则又到下一村进行敲诈。如此，10天头上没有一个村不如数送交劳力。有些村缺少两三名劳力，伪村长要挨打不说，钞票得送上，劳力也得补上。6 000名劳力征派任务完成之后，伪警备队和伪警察便将他们押送稷山县仁义村向日军交差，服役期限为1个月，月满后再由各村派人替换③。

1944年伪山西省公署又下令各伪县区公署组织所谓“征集委员会”，强迫青年壮丁补充伪军。据《抗战日报》1944年6月10日报道：“凡十八岁至二十五岁的青年，由伪县区公署调查登记后报告敌寇，划为‘现役兵’‘常备兵’，分别征调。清源、太原、徐沟三县，已被敌征走一百三十余人，现在每一编村又派了七名，准备征调。五寨敌占区亦已开始，青年壮丁恐慌异常，到处逃跑，不敢在家居住。”④总之，各地伪组织在日伪武装配合下，向周边地区频繁地摊派或强征壮丁供其所用。据1943年日本《东亚新报》称，当年头10个月华北劳工骗招仅完成计划数的50%；11月以后，由于采

① 张全盛、魏卞梅编著：《日本侵晋纪实》，山西人民出版社1992年版，第170页。

② 刘泽民、原崇信等主编：《山西通史大事编年》，山西古籍出版社1997年版，第1677页。

③ 《“毁民壕”给河津人民带来的灾难》，《太原文史资料》第21辑，1995年编印；张全盛、魏卞梅编著：《日本侵晋纪实》，山西人民出版社1992年版，第416页。

④ 《敌伪又强征青年壮丁》，《抗战日报》1944年6月10日。

用强行摊派办法，劳工征召率始达到年需量的85%[①]。除劳工外，其他用途的征召率亦不断飙升。

（3）抓捕

随着日军欲望的不断膨胀，以上两种手段仍难以满足其日益扩大的人力需求，于是在骗招和强征之外又开始赤裸裸地实行抓捕。1941年，日军要求各地军政机关采取各种手段抓捕劳力，并强调须将抓捕劳工和"军事讨伐""治安肃正"结合起来。

有关资料表明，日军所属各大工矿的劳工有很大一部分是抓捕来的。例如，前文提及的平定县雷大牛就常随日军到昔阳、和顺、左权、盂县一带"变戏法"，当观众争相观看之时即陷入日本便衣的包围圈，日军随后以枪杆子将看戏法的百姓押回阳泉煤矿充作矿工。仅雷大牛一个诱饵，就不知有多少百姓被诱捕。1941—1942年，日军对抗日根据地进行"扫荡"时，随军军警、便衣和汉奸在昔阳、和顺、潞安等处大量抓捕农民，送到阳泉煤矿，编为"报国队"，充当井下劳工[②]。日军占领的大同煤矿仅1942年就从山西各地捕抓青年苦力1.5万多人，"后更提出'脱离劳力依存外域'的口号，准备即由大同一带抓捕，以达'自给自足体制'之目标，他的方法是，先诱胁与捕捉当地青年，编为'清乡青年队'，然后在其中抽拔去下煤窑。第一期准备抽一千五百人"[③]。日军还"在大同周围设立了沙河、高山、口泉等二十二个'据点'，并利用当地丰富的人力物力，设立了许多重要的军火工厂……枪械、弹药、黑糖、冰糖及其他货物之装卸，需大量苦工搬运。所以敌人于每日早晨开出许多汽车，到处抓人，每日有两千多民夫在车站替敌人卸东西。"[④]"山西急进建设团"成立后则立即在太原市和各县掀起抓夫狂潮，太原市由伪省会警察署负责通知伪市政府出面召集适龄店员、作坊工人及无业市民到海子边"自省堂"开会，待与会者入场后，武装警察突然包围会场宣布征集令，立即强迫编组并押送营盘。据统计，此次太原市约抓壮丁近千人，全省则达万余人。1943年12月8日，甲斐政治在太原杏花岭运动场举行"盛大"的"结成式"，随后又到新民北街日军山西派遣军司令部门前举行"分列式"，检阅完毕之后即将"队伍"（被抓劳力）分别拨往太原东山孟家井以及寿阳、阳泉等地充当矿工[⑤]。

除工矿企业外，日军为其他用途在各地抓捕壮丁的活动亦很频繁。例如，1942年"治

① 军事科学院外国军事研究部编：《凶残的兽蹄：日军暴行录》，解放军出版社1994年版，第214页。

② 张全盛、魏下梅编著：《日本侵晋纪实》，山西人民出版社1992年版，第187页。

③ 《敌抓捕大批青年去大同下煤窑》，《晋察冀日报》1943年3月30日。

④ 《推行三次"施政跃进"，雁北敌加紧掠夺》，《抗战日报》1943年1月7日。

⑤ 《一场大规模的劳力掠夺内幕》，《太原文史资料》第21辑，1995年编印。

安强化运动”期间，日军在汾阳县“实行大捕捉两次，10月8日晚间一次，11月18日一次，共被捕去的约400余人。”在徐沟县，有一次“先抓去三四人，优待一两天即放回，放回后，人们以为不要紧，遂即放下戒心，但敌人就乘这个不防，猛然一扑，就抓去100余人，并连前次放回去的人也又抓去，老百姓叫作‘放高利贷’。”[①]在晋西北抗日根据地周围，日军捕捉壮丁从来就没有间断过。1941年6月4日，日军将晋西北所捕3万壮丁解往太原[②]。“和顺敌顷强迫十六岁至三十六岁之青年壮丁到城内受训，并大捕壮丁，藉‘到辽县支差’之名而运走。日前，此种方法骗走三百余人”。“太谷敌为发展伪地方武装，近更加紧抽丁，凡年在十八至二十四岁之敌占区青年，一律强迫受训，闻敌在该地训练青年，现已开始第九期。”[③]1942年9月25日至10月5日，“敌在五寨捕去二百余人，大同敌亦捕去老百姓四百余人，宁武城内敌捕六十余人，被捕去的青年壮丁，均运往他处，强迫编入伪军。”[④]1943年2月至3月初，五寨“被捕者已达四百余人。捕捉的方法很狡猾。某村敌人曾用召集照相的办法捕去壮丁五人。有时则召集伪自卫团员赛跑，诈言跑得快的有奖，结果将跑得快的都捕去。至于假借‘私通八路’罪名，突然捕去的更多。”[⑤]总之，随着侵略战争的不断升级，日军对壮丁需求不断增加，捕捉活动愈演愈烈。

（4）“活用”俘虏

日军所谓的“活用中国人力”亦体现在对战俘的“活用”上。太原集中营就是日军在山西收容战俘的专门机构，该机构位于太原城东北角小东门街北巷，过去曾是阎锡山炮兵部队所在地。其于1941年日军发动“晋南作战”时组建，由山西派遣军第1军司令部管辖，集中营是座两三个小院相连的大院子，院子周围筑有高墙、岗楼并架设了电网，昼夜派兵巡逻把守。这里，经常关押的人员约有三四千人。集中营的主要任务是将作战中被俘的中国士兵、“扫荡”中抓捕的抗日军民，以及各地宪兵、伪警察抓捕关押的所谓抗日“囚犯”，经所谓“教习”“训练”后，作为“特殊劳工”送往各地，包括日本。据当年见证过日军将战俘、“犯人”充作苦力的老人回忆，1943年太原西山煤矿曾索要战俘500名，1944年又要了200名，同年冬还从太原监狱要

① 《敌寇在平川县的“第五次治强运动”及其他》（1943年4月20日），中央档案馆、中国第二历史档案馆、吉林省社会科学院合编：《华北治安强化运动》，中华书局1997年版，第782—783页。

② 董维民：《日伪侵晋档案辑要》，《山西文史资料全编》第9卷，《山西文史资料》编辑部1999年编印。

③ 《敌诡计诈骗运走大批壮丁，太谷敌强“训”青年》，《新华日报》（华北版）1942年1月13日。

④ 《大同五寨等地敌疯狂捕抓壮丁》，《抗战日报》1942年11月24日。

⑤ 《五寨敌大捕壮丁》，《抗战日报》1943年3月2日。

去50多名"犯人"。仅此三次，该矿就得到了750余名无偿劳动力[①]。至于日军俘获的山西籍人口已无法考证，想必不在少数。如，山西省太原市晋源区姚村人马海生于1944年5月14日被俘后即被送到"太原工程队"，随后又被押送到日本国内做苦力，饱经苦难后于1946年返国。回国时，顺便背回清徐大峪村雷江红的骨灰盒[②]。像这样被掠到日本做劳工的山西籍中国军人尚不知有多少！

日军除将俘虏用作苦力外，亦有充实自身军力的情形。据1954年11月30日日人小林高安笔供，日军为了加强军事实力，曾编建由中国人组成的"兴亚黄军""剿共军"和工厂警备队以及县警备队等武装组织。例如，1940年4月，日军在太原新城南街组建"兴亚黄军"，由山西霍县人、退役军官武英充任总司令。该军由与武英有关之人和以蔡雄飞为首的"太原工程队"所收容的400名山西被俘人员组成，总人数550名。其表面上属于中方独立部队，总司令部设新城南街，并由总司令武英发布命令，而实际上一切均依日军要求行事且受日军操纵。1941年5月24日，根据第1军指令，日军在汾阳以"兴亚黄军"之一部250人组成政治工作队，于临汾交付第40师团长清水中将指挥，参加中原会战，负责在垣曲和侯马镇之间押送俘虏，并担任垣曲附近警备和宣传任务。1941年7月以后，日军对"兴亚黄军"采取"转用"方针，逐步将之转入伪工警队和伪县警备队，其中调至定襄铁厂100名、轩岗镇50余名。并同"山西产业株式会社"警务课人事主任林原荣交涉，令其向第1军提出申请，由其所属各工厂分别采用10—20人。到1942年四五月间，又转入祁县30人、太谷县50人、榆次县85人，其余约200人编入6月于太原组建的山西"剿共军"[③]。

3. 被掠人口构成

日军所掠人口之构成状况与掠夺目的密切相关。从年龄构成上说，多为15—40岁之间的青壮年。如，日本政府于1942年11月27日作出的《关于华人劳务者移入内地案》"要领"部分就明确指出，中国劳工主要为从华北取得的40岁以下身心健康之男子。1942年，大同伪街公所成立"清乡青年队"时同样限令15—40岁青年壮丁一律参加[④]。"山西急进建设团"组建方案亦规定"17至40岁的男人都有服务的

① 张全盛、魏卞梅编著：《日本侵晋纪实》，山西人民出版社1992年版，第170页。

② 马海生口述：《我去日本当劳工的经历》，《沧桑》2002年第1期。

③ 中央档案馆、中国第二历史档案馆、吉林省社会科学院合编：《河本大作与日军山西"残留"》，中华书局1995年版，第168—170页。

④ 《关于敌寇的"五次治强"》，《大众日报》1942年9月16日。

义务”[①]。据日人石川太郎1954年9月17日笔供，“山西急进建设团”团员资格为年满18—25岁且身体强健的中国青少年，而超过40岁者为极个别情形[②]。

随着人力资源需求的扩张，日军对人力的掠夺有时甚至包括老人和儿童。例如，日军在晋西北大庙村一村即捕去儿童100余名[③]。在方山县，“敌人规定十二岁至六十五岁都在做苦工的年龄内”[④]。1943年春，太原西山煤矿日人成田带领日本士兵和伪工人取缔队以“剿匪”为名到平定县偷袭农村，所抓100余名农民中就有12—13岁的小孩以及60岁以上的老人。同时，西山矿工的未成年小孩亦是日军掠夺和奴役的对象。据估计，当时童工大约占到工人总数的3%以上。这些孩子大多10到13岁，主要从事拨道岔、关风门、赶车、挂小钩、拴煤牌、坑下拾煤、捡石头、推空车、机器房加油等工作[⑤]。可见，儿童作为一种潜在的人力，亦被纳入日军掠夺范畴之内。

从日军所掠人口性别构成上看，男性占绝对多数。不过，女性亦有一定比例。例如，晋中日军曾“向敌占区各村强征壮丁妇女各一名，壮丁编成伪军，妇女运至阳泉寿阳一带‘人市’上出售。富裕者尚可千筹万措，将被敌征捕之妻女买回，贫苦者群集街头，目睹自己骨肉列身‘人市’而一筹莫展。”[⑥]方山“敌人将方山各村的妇女，都进行了登记，凡年在十五岁至四十五岁的妇女，都要轮流上碉堡去，一人不去即罚白洋五角。”[⑦]

从日军所掠人口职业构成上看，各行各业均有，但以平民百姓为主。如前所述，日军初始所掠人口大都为破产农民、城市无业者、打短工者、城市贫民以及流离失所而生活无靠的百姓，后来则主要是农村劳动力，同时亦有部分城市人口。据太原市阎开国忆述：1937年，日军攻陷太原当天，在城内搜捕1 000多名军警和百姓，在新南门一带抓人最多。日军用电线和绳子将他们捆起来押到纯阳宫，第二天又将1 000多人串捆成10把并由数名士兵押送面粉厂，命令每人扛一袋白面经正太铁路步行送至

① 日本防卫厅防卫研修所战史室编，天津市政协编译组译：《华北治安战》下，天津人民出版社1982年版，第358页。

② 中央档案馆、中国第二历史档案馆、吉林省社会科学院合编：《河本大作与日军山西“残留”》，中华书局1995年版，第153页。

③ 《敌寇“清剿扫荡”的特点与我应有的对策》，中央档案馆、中国第二历史档案馆、吉林省社会科学院合编：《华北大“扫荡”》，中华书局1998年版，第87页。

④ 师海云：《敌寇在方山》，《抗战日报》1942年12月19日。

⑤ 《腥风血雨罩西山》，《太原文史资料》第21辑，1995年编印。

⑥ 《晋中姊妹惨遭敌寇拍卖》，《新华日报》（华北版）1942年1月15日。

⑦ 师海云：《敌寇在方山》，《抗战日报》1942年12月19日。

北平日军驻军处，而后就地服苦役。此行历时半月之久[①]。1941 年初，太原城内“洋车夫被大批强捉暗捕，洋车市面，几已停顿，街头往来之洋车寥寥无几，而均余老弱所拉。太原工人被绑走者极多。太原炼钢厂，仅一次即被捉走二百七十余人，其他如小店员小市民，衣着稍形褴褛者，随时都有被拉走之危险，近数日来被拉走之人数已在一千以上。”[②]日军对商民一样进行强征。如 1942 年初在太原“城内疯狂抽丁，规定各商号职员凡在二十人左右者抽四人，十五人左右者抽三人，七八人者抽二人。”[③]1943 年秋，“伪太原市政府命令伪警察局和各街公所传本市商民住户凡年满 18 至 22 岁的青年到伪市政府开会，前两天散会后允许回家，第三天会上宣布太原市将建立急进建设团，请大家协助，并将到会青年强制扣留不许回家。”[④]此外，铁匠、木匠、泥水匠等亦是重要的掠夺对象。同时，随着对人力需求的日益增长，日军又开始使用俘虏或犯人，常常将战场上的俘虏、监狱里的犯人押到太原西山、大同等地各大煤矿，以补充劳工不足。

从日军所掠人口文化构成上看，据 1942 年 7 月 31 日伪山西省劳工局关于战俘劳工集中营劳工识字能力调查表，当时 433 个山西人中不识字者 273 人，识字者 160 人，识字率为 37%[⑤]。也就是说，这些战俘劳工的文化层次相对较高。但当时日军所掠人口大都为普通老百姓，所受教育机会相对较少，加之兵荒马乱年代生存尚无法保障，何况接受教育，因而文化程度大都偏低或干脆就是文盲。当然，日军对知识分子的掠夺从未松怠。“敌在所谓‘新国民运动’中，正以各种毒辣手段残害我沦陷区内知识分子。最近浮山、翼城之敌，将青城四五两区包围，捕去小学教员达百余人，……沁县之敌则用软的办法，近在寨坡底村召集‘新国民运动’大会，并举行有赏‘辩论会’，利诱知识青年，企图以此消灭其民族意识……此外，敌强迫各‘维持村’小学教员供其驱使，担任农村‘宣传员’‘情报员’，每月发给‘补助费’五元。”[⑥]在大同，日伪特务机关“大量捕杀知识分子，第一次即捕捉了 397 名，全部失踪。”[⑦]太平洋战争爆发后，大同日军前后共残杀知识分子 500 余人，囚禁 1 200 多人。其中，“从

① 《日寇在太原的罪行四则》，《太原文史资料》第21辑，1995年编印。

② 《敌强拉壮丁，太原陷入恐怖状态》，《新华日报》（华北版）1941年1月15日。

③ 《太原敌寇狂抽壮丁》，《新华日报》（华北版）1942年1月26日。

④ 《武耀先证词》，中央档案馆、中国第二历史档案馆、吉林省社会科学院合编：《河本大作与日军山西“残留”》，中华书局1995年版，第151页。

⑤ 居之芬、庄建平主编：《日本掠夺华北强制劳工档案史料集》上，社会科学文献出版社2003年版，第273页。

⑥ 《山西敌寇捕杀小学教员》，《晋察冀日报》1943年6月23日。

⑦ 《敌寇在雁北“施政跃进”的阴谋活动》，《解放日报》1942年12月19日。

1941 年冬季起每天都有三五个人被敌人拉出去活埋。1943 年春节的时候，大同日军宪兵司令部曾借请客名义一次逮捕 397 人。”[①] 在汾阳，日军宪兵司令部、伪山西省长苏体仁与汾阳汉奸苏盛江等人勾结，仅 1941 年秋季就在该县二区逮捕各界士绅名流及知识分子 1 000 余人，并用数十辆汽车押送县城，第一批即惨杀 480 多人，被害者的尸体用卡车往城外整整运了几天。数年以后，汾阳西北门外仍枯骨盈野，冢丘遍地[②]。

由上可见，日军所掠人口，成分复杂，“有时敌寇出来抓人，抓不住本人时，即抓别人以代之，如抓老百姓抓不住，即抓其父母、妻子或儿子；抓教员不在时，即抓学生；抓买卖人不在时，即抓其伙计，反正碰上谁就谁倒霉。因之，在被捕去的人中，有老的少的，女的男的，有买卖人、教员、农民、学生”，等等[③]。

4. 被掠夺人口流向及数量

日军为了达成其险恶目的，通过种种卑劣手段大量掠夺山西人口资源，并将所掠人口配置到急需之处，因而流向呈多向位多层次布局。

就流向而言，最初押送东北以补充日本在东北大修“国防”工事和扩展“国防”产业劳力之不足，后来则随着战线不断扩大及“国防”产业扩展又渐次向“蒙疆”、华中及华北其他地方运送，1943 年后又开始向日本本土大批押运。例如，1942 年整个华北就有 150 多万壮丁被强运东北，又 5 万多人被强运绥远、察哈尔、华中、朝鲜等地[④]。同年 5 月，山西冀宁道向朝鲜提供劳工团体两个[⑤]。据 1940 年上半期入蒙劳工出身地统计表（系指发给身份证明书的劳工），山西入蒙劳工 1 月份 40 人，3 月份 17 人，4 月份 205 人，5 月份 286 人，6 月份 257 人，7 月份 90 人，合计 895 人[⑥]。又据“华北开发公司”庶务部劳务室关于 1940 年和 1941 年度入蒙华北劳工募集情况报告（1942 年 11 月），观察对蒙输出劳工按出身地调查表，1940 年山西籍 1 740 人，占总数的 3.4%，

---

① 穆欣：《晋绥解放区鸟瞰》，山西人民出版社1984年版，第187—188页。

② 穆欣：《晋绥解放区鸟瞰》，山西人民出版社1984年版，第187页。

③《敌寇在平川县的“第五次治强运动”及其他》（1943年4月20日），中央档案馆、中国第二历史档案馆、吉林省社会科学院合编：《华北治安强化运动》，中华书局1997年版，第782页。

④《敌在华北掠夺劳力骇人听闻，六年来竟达五百六十九万余》，《晋察冀日报》1943年1月27日。

⑤《华北劳工协会关于1942年至1943年华北向朝鲜供出劳工人数表》（1942年11月至1943年12月），居之芬、庄建平主编：《日本掠夺华北强制劳工档案史料集》下，社会科学文献出版社2003年版，第536—537页。

⑥《兴亚院华北连络部关于1940年蒙疆所需华北劳工计划与实施情况报告》（1940年12月），居之芬、庄建平主编：《日本掠夺华北强制劳工档案史料集》上，社会科学文献出版社2003年版，第299—300页。

1941年未详[①]。再据1941年10月28日山东中兴（即枣庄）煤矿劳动状况调查，这里有山西劳工3人，占总数的0.02%[②]。日人石川太郎于1954年9月17日的笔供则称，“山西急进建设团”曾在1945年初应该返乡的队员中强制“选拔”部分人员参加“挺身队”，送往山西各地或河南参加修建军事工程[③]。日本从山西掠夺的人口既向其他省区供应，亦在山西境内进行分配。可见，山西人口输出向位之多元性。

日军对省内劳动力的奴役首先是从事修路、筑碉堡、挖壕沟等军事性工程。例如，晋察冀三边地区1941年春仅有据点800余个，1942年6月则增至1 460个，每县据点平均达15个以上。在据点周围及公路和铁路两旁，有多至七层的封锁沟墙[④]。1941年，日军在太行区修建据点和碉堡410个、封锁沟墙895.5公里、公路2 872公里；在太岳区修建据点和碉堡260个、封锁沟墙3条［位于洪（洞）赵（城）之间，但已毁坏］、公路865公里。1942年，又在太岳区增修据点31个[⑤]。在第三次“治安强化运动”期间，日军在雁门道、冀宁道、河东道、上党道4道共修总长5 600公里的公路38条、桥梁6处、堡垒50座、警备电话7处，以及其他256村围墙、井20口、仓库11处、壕沟60余华里、纪念碑1座、拘禁所1处[⑥]。所有这些均是以掠夺当地人力修筑的。又如，1944年3月间“伪雁门道在所属各县强征壮丁，成立伪直属大队，共三个中队一千五百余人。四五月间，又强征了五百多名，很多伪区自卫团被强迫合编。被征青年，整天被迫给敌服苦役，做着拆铁路、修围墙等繁重劳动。”[⑦]其次则用于日军“扫荡”时的各种杂役。据日人藤田茂供述：1939年6月1日至12月25日，日军在绛县白水村、泽州、潞安新障村盘踞期间，每天使用伙夫、杂役10人，累计1 840人次[⑧]。又据日人相乐圭二笔供：日军于1940年10月上旬在宁武县细腰

① 居之芬、庄建平主编：《日本掠夺华北强制劳工档案史料集》上，社会科学文献出版社2003年版，第301页。

② 居之芬、庄建平主编：《日本掠夺华北强制劳工档案史料集》下，社会科学文献出版社2003年版，第664页。

③ 中央档案馆、中国第二历史档案馆、吉林省社会科学院合编：《河本大作与日军山西“残留”》，中华书局1995年版，第154页。

④ 《华北各抗日根据地在空前残酷斗争中》，《解放日报》1942年6月13日。

⑤ 《一二九师司令部〈晋冀鲁豫边区一九四二年敌情总结〉（节录）》，中央档案馆、中国第二历史档案馆、吉林省社会科学院合编：《华北大“扫荡”》，中华书局1998年版，第183页，第192页。

⑥ 中央档案馆、中国第二历史档案馆、吉林省社会科学院合编：《华北治安强化运动》，中华书局1997年版，第342页，第351页。

⑦ 《塞北忻崞敌强征壮丁》，《抗战日报》1944年7月4日。

⑧ 《藤田茂笔供》（1954年8月1日），中央档案馆、中国第二历史档案馆、吉林省社会科学院合编：《华北大“扫荡”》，中华书局1998年版，第249—254页。

村“抓捕居民二名，经殴打审问之后奴役其带路。又下令抓捕吴家沟北面山中居民二人、南面村中居民二人，吴家沟和红土沟之间一名，奴役其搬运行李。”10月中旬，在宁武东马坊村“抓捕居民十二名，奴役其抬担架至宁武县城。”[①]1942年6月11日，在陵川县琵琶河村“下令逮捕居民三名”。6月12日夜间，“在夺火镇宿营，根据大队命令抓捕居民五名，将其中三名送交大队本部，余下二名奴役其给中队尖兵小队带路、担行李（共三天，三天后逃走）。”6月16日夜间，在上郊村“为了担行李下令抓捕居民十二名，共奴役三天。”[②]日军“扫荡”时，每次均在“沿线大批抓骗民夫，强迫他们烧房子、杀害自己的同胞，造成我根据地与敌占区同胞间的对立与仇视。”[③]再次，随着战争不断升级，日军因伤亡甚巨而进行大规模的兵役动员，从而导致劳动力缺乏，军需生产和供应受到窒碍。然而，最令日军头疼的是兵力日感不足，故被掠人力有许多被编入伪军担当据点守备任务，或配合“扫荡”作战，或被送往各地充当炮灰。同时，日军也将各地人口强制编入各种伪组织，以便控制和役使，诸如普遍建立与推广“青年反共团”“少年灭共团”“青年自卫团”“新亚青年同盟”之类的青年伪组织，并通过这些伪组织进行欺骗利诱或从事掠夺劳动力的活动。此外，还将强征来的普通百姓进行专门的特殊训练，使之蜕变成日伪特务，为其搜集情报并从事各种破坏工作。如，“昔阳沾上敌人，专门训练十五至二十岁的青少年，混入我军政机关刺探人数或投毒”。不过，最令人感到残忍的是，日军甚至将所掠人口当作枪靶子进行取乐或训练新兵。例如，1939年1月集合壮丁并用机枪扫射，或将活人作为打靶标的，或剥下人皮扭作马鞭子使用，或注射哑针送上前线挡炮眼。对于抓来的大批儿童则送往日本东京接受奴化教育[④]。又如，1942年日军华北方面军司令官冈村宁次每隔10天就在太原集合60名俘虏，令其排成一列，脱去衣服，捆绑起来，让日军年幼士兵练习刺杀，一个月内杀害俘虏达200多名[⑤]。最后需要指出的是，日军经常掠夺女性提供各种服务，特别是向日军官兵提供性服务，有关这方面的叙述参见后面相关章节。

---

① 《相乐圭二笔供》（1954年11月22日），中央档案馆、中国第二历史档案馆、吉林省社会科学院合编：《华北大“扫荡”》，中华书局1998年版，第378—380页。

② 《相乐圭二笔供》（1954年11月22日），中央档案馆、中国第二历史档案馆、吉林省社会科学院合编：《华北大“扫荡”》，中华书局1998年版，第665—667页。

③ 《太岳区“扫荡”与反“扫荡”》，《新华日报》（华北版）1941年1月7日、9日。

④ 《抗战中的山西》，第47—48页，山西省档案馆藏。

⑤ 第十八集团军总政治部编：《控诉敌寇暴行》，1945年9月，第35—36页；《延安日本工农学校‘日军暴行座谈’》（1944年2月），第十八集团军总政治部编：《控诉敌寇暴行》，1945年9月，第67页；魏宏运、左志远主编：《华北抗日根据地史》，档案出版社1990年版，第160页。

日占期间，日军为了满足人力的多方需求，每次所掠人口少则几十人，多则成百上千人，以致山西人口资源损失惊人，这可以从现存资料所提供的某些统计数据得到说明。据日本“兴亚院”华北连络部关于1941年度华北劳工分配计划表（1941年6月），本年度山西需供给华北6.5万人、“满洲”1万人、“蒙疆”3 000人，合计7.8万人[①]。1941年春夏之间，日军不到两个月就在汾阳、离石、文水、阳曲、宁武、偏关等县占领区捕捉青年壮丁3万余人并送往太原集中，其中汾阳敌占区中的4个区在一个半月内有1 300余人被捉走，宁武梁家坪一个不大的村子5天内就有60余人被捉走[②]。截至是年6月，日军在晋西北捉捕壮丁仅运往太原的就达3万多人。1941年8月，在晋察冀北岳区抓去东北做劳工的壮丁约1.7万余人[③]。据不完全统计，1942年初，晋察冀边区北岳沦陷区青年同胞被劫走者已达7.5万人以上[④]。12月，日军又在长治、潞城一带捕去壮丁500余人，在平定东义井、石铺咀抓去壮丁800余人[⑤]。伪山西省劳工局1942年关于所属战俘劳工集中营报告（1942年7月31日）显示，劳工宿舍之劳工悉数为释放俘虏，按出身地调查统计（截至6月底），山西省433人，其中晋南233人、晋东南101人、其他地方99人[⑥]。1943年，据日军华北重要产业劳力需求增加预计数所知，本年山西需增加劳力40 200人，其中煤炭14 000人、铁矿4 000人（推算）、其他矿业10 000人、化学工业6 000人（推算）、铁道1 000人、运输4 000人、电业800人、电报电话400人[⑦]。由此可以想象山西当年人口被掠情形。

据不完全统计，日占期间日军在晋察冀抗日根据地抓丁50.5万余人，仅1941年8—10月两月内就抓走2万余人[⑧]；在太行抗日根据地掳去48.8万人[⑨]，其中据上党区部分县市壮丁抓捕统计，长治市119人、长治2 848人、长子2 230人、襄垣815人、屯留1 405人、黎城175人、潞城2 200人、壶关1 263人、平顺245人、高平4 954人、

---

① 居之芬、庄建平主编：《日本掠夺华北强制劳工档案史料集》下，社会科学文献出版社2003年版，第653页。

② 《青年壮丁要提高警惕》，《抗战日报》1941年12月30日。

③ 李彬、张有成：《略论山西在抗战中的战略地位》，山西省史志研究院编：《抗日战争研究文集》，山西人民出版社1999年版，第147页。

④ 《敌抓丁又一统计：北岳一区逾七万人》，《新华日报》（华北版）1942年1月30日。

⑤ 《华北敌寇又大肆抓丁》，《新华日报》（华北版）1942年12月11日。

⑥ 居之芬、庄建平主编：《日本掠夺华北强制劳工档案史料集》上，社会科学文献出版社2003年版，第272页。

⑦ 居之芬、庄建平主编：《日本掠夺华北强制劳工档案史料集》下，社会科学文献出版社2003年版，第655页。

⑧ 谢忠厚、肖银成主编：《晋察冀抗日根据地史》，改革出版社1992年版，第310页，第593页。

⑨ 军事科学院外国军事研究部编：《凶残的兽蹄：日军暴行录》，解放军出版社1994年版，第214页。

阳城558人、沁水633人、武乡593人、榆社830人、和顺7 979人[①]；太岳区被俘被抓92 648人[②]，其中平遥3 250人、安泽1 152人、长子1 767人、霍县663人、屯留6 200人、赵城1 005人、介休2 900人、灵石1 700人、沁县3 000人、浮山4 179人、襄陵1 120人、洪洞776人、临汾870人、沁水633人、曲沃835人、翼城796人、冀氏534人、绛县1 107人、夏县3 632人、闻喜2 951人、安邑1 334人、安北737人、平陆1 907人、新绛1 355人、稷麓789人、稷山566人、盂县2 924人、高平2 993人、阳城1 990人、垣曲1 462人、晋城14 854人、王屋7 065人、济源8 095人、士敏1 751人[③]；晋绥边区所属山西地区被抓77 815人，漂流在外或下落不明14 792人[④]。其他各县被掠壮丁如太原7 863人、徐沟1 243人、阳曲6 431人、文水3 500人、清源4 643人、寿阳176人、平定3 536人（缺63个村）又被俘2 328人[⑤]。毋庸置疑，随着时间流逝，我们已很难确切地统计出日军侵略山西八年间所掠人口的具体数字，但仅就上述零星的或不完整的统计数据已足以令人震惊。

（二）日军对山西人口的虐杀与摧残

日军侵入山西之后，对当地人民大肆杀戮，人口直接损失至为严重。以日军于1940年9月第一次晋中作战为开端而对华北各抗日根据地发动的"尽灭作战"为例，此次作战的原则是"彻底扫荡歼灭敌根据地，使敌人将来不得生存"，"尽灭目标和方法"是："敌人及当地居民中的假想敌""居民中15—16岁有敌意的男子"统统杀之，"敌人隐藏的武器弹药爆炸器具等""敌人积藏的粮食""敌人的文件"或没收或带走或烧毁，"有敌意的村庄"则一律彻底破坏或烧毁[⑥]。据资料显示，1940年10月2

① 《上党区八年抗日战争的人口损失调查表》，A128-4-7。事实上，这一统计数据很不完整，如武乡县就缺少四个区（其中两个区因敌人未退而没有统计，另两个区因划区未搞好亦没有来得及统计），其他各县也有此类情形。

② 《太岳区八年来被敌杀伤人口及各种灾害统计表》（1946年6月24日），A71-1-75。另据《太岳区抗战八年来敌祸天灾损失统计材料》（A71-1-75），被掳壮丁为56 100人。

③ 参见《太岳区八年来被敌杀伤人口及各种灾害统计表》（1946年6月24日），A71-1-75。另据《太岳区抗战八年来敌祸天灾损失统计材料》（A71-1-75），被掳壮丁为56 100人；《冀氏县抗战八年来人口损失调查表》（A172-1-2）统计，被抓壮丁为3 534人。

④ 《晋绥边区因敌灾引起之人口重大损失》，A90-1-28。

⑤ 《（晋绥）八分区各县在反法西斯战争中被日寇烧杀抢掠破坏损失统计表》（1937—1945），A103-1-12；《寿阳县政府针对八年以来的经济损失状况所做的申请救济报告及损失调查表》（1946年7月），A128-4-86；《平定县人口损失调查表》（1946年6月），A128-4-70；《平定县八年来人口损失统计表》（1946年3月），A162-1-40。

⑥ [日]江口圭一著，杨栋梁译：《日本十五年侵略战争史（1931—1945）》，天津人民出版社1995年版，第187页。

日至11月30日，日军“扫荡”太行区和太岳区时也曾下过一道命令，即“这次作战与过去完全相异，乃是在于求得完全歼灭八路军及八路军根据地。凡是敌人区域内的人，不问男女老幼，应全部杀死；所有房屋，应一律烧毁……锅碗要一律打碎，并要一律埋死或投下毒药……”[①]事实上，日军在此前及此后的作战中始终贯彻这样的“尽灭目标和方法”，其中对物质环境破坏的“践行”前文已有叙述，而对人口的变态虐杀亦然。日军依靠野蛮武力，竭尽所能地对山西无辜平民进行杀戮与摧残，制造了一桩桩骇人听闻的惨案。笔者在此仍以晋东南地区为例进行说明。

在武乡，1938年“九路围攻”时，胡家庄有40多名群众被杀，全村几乎灭绝。据当时统计，全县共有1 500人被杀。1940年7—10月，日军三次“扫荡”武东（即武乡），居民被杀421人，失踪18人，受伤78人。1941年4月10日，日军在峪口村一次屠杀90多人。1942年4月25日，日军连日“扫荡”洪水、蟠龙地区，群众死伤数千人，如二区温庄一个洞内被熏死19人，洪水附近一个窑洞内被熏死50多人，大有村被杀46人。日军在井里投放毒药，柳沟、东堡、南台等11村中毒死亡者无数[②]。日军杀戮手段残暴，五区牛家村安木虎被日伪用石头捣死，又将肚子割开，挖出肠子并挂在树上。在马牧村，日军将郝心田鼻子割掉，眼睛剜了，并用铁丝吊在梁上吊死；有人则被故意致残，如赵干车脚后筋被割断，鼻子被削；有人腿被割；有人胳臂被剁……[③]日军还到处放毒，当时发现“一种是黏性的固体，一种是粉末状的，前者往往放于土炕上、房屋内，遇热（如烧热炕）即散发，后者则往往投入水井中……武乡砖壁一带，已发现此等毒品，并有人因此而中毒。”[④]该县仅1942年春季以前被难同胞至少在3 000人以上[⑤]。在平顺，一区孝文村吴瑞全家男女7口人于1940年10月11日被烧死。1941年2月2日，日军100余人由辽县城出发将12户人家的小村庄白地哨包围，杀21人，其中宋也英、宋银祥、宋福珠3户12口人被杀绝。宋也英被石头砸死后喂了洋狗，宋三和、宋三锁被石头捣死，宋魁元、宋希元被刺刀刺死，小孩和妇女共15人在柴火坑里被烧死。1942年5月19日晨，日军数千人包围壶关神郊村，先将妇女36人、小孩9人衣服脱光，尔后一一掷入水池淹死。又将群众83人以“训话”为名集中广场一一用刀刺死，造成“五一九”大屠杀惨案。在高平，六区虞庄行政村一次被杀62人。在沁源，1943—1944年两年间惨遭杀害者达1万余人，占全县

---

① 《日本暴行座谈会记录》，《新华日报》（太行版）1944年8月15日。

② 山西省武乡县县志编纂委员会编：《武乡县志》，山西人民出版社1986年版，第286页。

③ 《武乡八年来战争损失调查》（1946年3月3日），A128-4-26。

④ 《敌寇“扫荡”武乡，到处散放毒菌》，《新华日报》（华北版）1941年2月15日。

⑤ 《八年来日本法西斯摧毁太行区人民的概述》，A128-2-5。

人口的12%，其中只有50户人家的王凤村就有34个壮丁被杀[①]。昔阳与和顺交界处的沾马县安丰村是一个有45户人家295口人的村子，日军占领四年中杀害12人，其中4户被灭绝，因恐惧忧伤得病而死者达78人[②]。在黎城，日军仅1943年“五月扫荡”就抓捕青壮年130余名，这些人有的被勒死，有的被刺死，有的被砍头，有的被挖眼，有的被割耳朵和生殖器，有的则被剖腹挖肠并摘了心肝[③]。在太谷，1937年11月8日日军第20师团血洗县城，一天杀害无辜群众320余人。1938年2月初在阳邑村一次用机枪集体屠杀无辜群众四五十人，数日后在曹庄村残杀48人。同月18日，日军板垣师团一部在南山边缘一带村庄杀害群众353人，制造了震惊山西的太谷“二一八”惨案。不久又在井神村一次屠杀村民131人。1941年10月，日军将县城100余名无家可归的贫民、乞丐集中于西门外集体活埋。两月后，又抓捕100余名贫民和乞丐作为新兵演练刺杀的活靶而将其刺死。八年间，太谷县计有1200余名百姓及275名抗日干部和民兵惨死日军毒手[④]。

一些日军军官以杀人为嗜好。如，活动于辽县、和顺、平定、昔阳一带人称“杀人大魔王”的清水利一，仅在昔阳、和顺两县杀人即达2 000多名。清水驻昔阳时设一“留置场”（即看守所），常有100多名无辜百姓关在里边，每天只给9斤剩饭，大小便不准出来，很多人不到一周即被折磨而死，清水则每隔十日收尸一次，用以喂养军犬。1940年10月，清水亲自率领伪军包围西峪村，将全村300余名群众推到一个大粪坑里用机枪、手榴弹杀害，就连三四岁的小孩亦未能幸免于难。该村187户641口人仅此一次就被绝灭21户，杀死365人，内有小孩57人[⑤]。而如此丧心病狂的日人又何止一个！如晋城日军宪兵司令在城南街专设一杀人牢狱，名曰“六杠”，该牢狱是一处十数个半间大的平房，周围均是石头、牲畜，后侧有不足两平方尺的窗户，中间钉着直径三寸粗的六根杠，下边是猪圈门那么大一个小口，趴下可出入一人，里边是潮湿地，进去的人衣服剥光，拉屎撒尿全在里边，炙热天气可被臭气熏死，酷寒严冬可被冻死，若死不了则被拉到南门外刺死，不知多少百姓在此死于非命。战后不久，除农民种地时将看到的尸体收拾外，城南门外100余亩土地上仍有层层抛野的白骨，观之莫不愤慨[⑥]。

---

① 《八年来晋东南人民被敌蹂躏的一瞥》，A128-4-8。

② 山西省史志研究院编：《山西通志·民政志》，中华书局1996年版，第265页。

③ 张全盛、魏卞梅编著：《日本侵晋纪实》，山西人民出版社1992年版，第361页。

④ 郝玉照等：《日军侵太谷的暴行》，《山西革命根据地》1990年第2期。

⑤ 《八年来晋东南人民被敌蹂躏的一瞥》，A128-4-8。

⑥ 《八年来晋东南人民被敌蹂躏的一瞥》，A128-4-8。

日军对妇女的蹂躏与摧残更为残暴。当时晋东南75%以上的妇女缠足，她们脚小力弱，行走困难，受害极重。在武乡县，日军1938年发动“九路围攻”时，于县城附近将18名妇女奸淫并挑腹致死。1942年10月，韩壁村40多名妇女被敌轮奸，占全村女性人数的70%以上，且许多奸后又遇害①。“敌人对妇女之侮辱，其方法也日新月异。敌人除了强迫各村供应妇女，以发泄兽欲外，并强迫民众夜间早睡，不准闭门，不准点灯，以便敌人随时闯进民家，强奸妇女。反抗者立遭惨杀。敌人将青年妇女强迫组织‘青年班’，每日晚间必须到敌酋处点名，所谓点名，即是将这些无辜的青年妇女拨给士兵轮奸一夜。每当敌人增防或换防时，在临行时都必须强迫妇女‘欢送，欢送’，以此来夸耀‘皇军’是如何深得民心！”②八年间，武乡被奸淫杀害的妇女达7 420人③。太行区有个叫“老扁嘴”的日军头目，一人奸污中国妇女达57人之多，其中辽县土峪村姑娘无一幸免④。在太谷县，日军于1942年2月在窑子头村将一个50多岁妇女的衣服剥光，捆住双手并吊在门梁上进行百般侮辱，然后将柳条棍插入其阴道内折磨致死。在官寨村将20多名妇女奸污，又将其中一名青年妇女强行按于地上并用“文明棍”在其阴道内乱捅，直至活活捅死⑤。许多妇女因敌蹂躏而患各种传染病，如沾马沿线妇女害杨梅者占病人总数2/3，阳城东关与五区妇女患梅毒者达3/5，五台被奸妇女患花柳病者约3/10，至于白带等月经病患者则随敌人兽行而不断增加⑥。妇女身心健康因此受到莫大摧残，受害情形可从表4.1.2所示数字观之：

表4.1.2　晋东南部分县份八年间妇女被奸及奸后患病调查统计表

类别＼县别	安泽	长子	屯留	沁县	浮山	沁水	高平	阳城	晋城	长治
被奸人数	684	1 500	886	739	1 889	981	3 120	3 585	4 132	2 820
奸后患病者	340	740	450	370	950	490	2 060	1 790	2 060	897

资料来源：《长治八年来被敌欺侮与损失统计表》（1946年），A128-4-13；《关于本县八年来几种数字的统计》（1946年7月1日），A128-4-37；《太岳区八年来

① 《八年来晋东南人民被敌蹂躏的一瞥》，A128-4-8。

② 《难活下去——武乡敌占区妇女生活之一》，《新华日报》（华北版）1942年5月17日。

③ 《武乡八年来战争损失调查》（1946年3月3日），A128-4-26。

④ 张全盛、魏卞梅编著：《日本侵晋纪实》，山西人民出版社1992年版，第362页。

⑤ 郝玉照等：《日军侵太谷的暴行》，《山西革命根据地》1990年第2期。

⑥ 《八年来日本法西斯摧毁太行区人民的概述》，A128-2-5；《八年来晋东南人民被敌蹂躏的一瞥》，A128-4-8；《敌在我晋东北一带制造“无人区”的情形》，中央档案馆、中国第二历史档案馆、河北省社会科学院编：《日本侵略华北罪行档案·损失调查》，河北人民出版社2005年版，第150—151页。

被敌杀伤人口及各种灾害统计表》（1946 年 6 月 24 日），A71-1-75；《八年被敌杀伤统计》，A128-4-66。

有关晋东南人民八年间直接被日军虐杀或遭受摧残所致人口损失的具体数量已难精确统计，但从战后一些零星的调查材料可以推断基本的受损程度或大致情形（见表 4.1.3）。

表4.1.3　晋东南各地八年间人口损失调查统计表

类别 县名	被杀人数	负伤及残疾人数		遭敌蹂躏致孤寡者	合计	战前人口（1935）	约占战前人口之比（%）
		负伤	残疾				
黎城	3 365	300	2 087	—	5 752	77 574	7.4
潞城	3 863	213	3 020	—	7 096	90 848	7.8
壶关	4 864	306	4 977	—	10 147	106 397	9.5
平顺	1 149	186	2 400	381	4 116	91 759	4.5
长治	1 036	114	4 854	—	6 004	183 202	3.3
襄垣	5 521	518	2 670	7 500	16 209	141 993	11.4
昔阳	13 201	2 474	700	—	16 375	119 143	13.7
和顺	9 365	7 432	1 360	—	18 157	71 786	25.3
辽县（左权）	4 612	942	1 056	—	6 610	71 396	9.3
陵川	2 032	629	2 388	—	5 049	136 329	3.7
武乡	18 420	1 560	3 016	—	22 996	135 621	17.0
榆次	3 562	1 243	1 194	—	5 999	139 913	4.3
祁县	3 648	323	872	—	4 843	122 070	4.0
榆社	1471	184	994	—	2 649	68 759	3.9
太谷	8 450	2 332	2 390	—	13 172	111 684	11.8
长治市	510	444	653	—	1 607	—	—
安泽	3 835	2 000		7 002	12 837	74 038	17.3
长子	4 215	3 143		3 297	10 655	150 567	7.1
屯留	9 200	1 310		2 436	12 946	123 517	10.5
浮山	2 152	1 988		1 428	5 568	53 441	10.4
沁县	5 900	5 600		1 700	13 200	116 778	11.3
沁水	2 855	739		1 782	5 376	106 873	5.0
高平	11 853	1 794		4 686	18 333	244 858	7.5
阳城	4 303	3 441		4 080	11 824	199 920	5.9
晋城	14 573	2 340		6 210	23 123	298 302	7.8
合计	143955	76 186		40 502	260 643	3 036 768	8.6

资料来源："战前人口"由李玉文编著的《山西近现代人口统计与研究》（中

国经济出版社 1992 年版）各县人口统计整理而来，其他则出自《晋东南十七县八年来人口损失调查表》（1946 年）（A128–4–7）、《太岳区八年来被敌杀伤人口及各种灾害统计表》（1946 年 6 月 24 日）（A71–1–75）、《平顺现在灾难民统计》（A128–4–66）、《关于本县八年来几种数字的统计》（1946 年 7 月 1 日）（A128–4–37）。

据不完全统计，八年间，除日军直接掠夺的人口外，晋西北根据地区域 41 县直接遭敌伪杀害者 85 810 人，间接遭敌伪杀害者（指因敌破坏而非正常死亡者）50 288 人，漂流在外或下落不明者 14 792 人，流徙难民 42 300 人，被敌致残者 12 462 人，因战争而致鳏寡孤独无助者 88 060 人，因战争破坏而患慢性病者 44 423 人，因敌强奸而身患各种性病妇女 25 357 人[①]。太行、太岳根据地被敌杀害者 255 843 人，被敌拷打者 163.6 万人，被敌致残者 9.26 万人，因战争冻馁而死者 8.49 万人，流亡在外难民 128.7 万人。又据太原、大同、交城、太谷、榆次等 65 县市统计，被敌残杀 812 634 人，逃亡外省难民 30 万人[②]。另据山西省政府战后统计，日军侵略期间伤亡人口 1 661 534 人，约占全省人口总数的 1/9[③]。毫无疑问，由于当时特殊的社会历史环境，上述统计数字可能并不确切，但这些数据仍可反映战时人口受损的一般情势。

第二节 人口损失与人口结构变化

历史上，山西是中国人口繁衍的主要地区之一。这里地处黄土高原东部，自然环境复杂多样，生态因素对人口发展影响甚深。该地区相对于塞北和西北地区，自然条件较好，人口密度稍高，而与近海各省以及冲积大平原地区相比，自然条件则要差得多，人口密度亦相对偏低。进一步说，该省境内各地生态条件亦不尽相同，人口地区分布很不均匀。同时，由于社会生态环境的复杂纷变，人口在不同历史时段呈现出复杂的发展图像。不过，从大的历史层面言之，山西人口总的来说处于动态的增长发展之中，

① 岳谦厚、张玮：《黄土·革命与日本入侵：20世纪三四十年代的晋西北农村社会》，书海出版社2005年版，代前言第2—3页。

② 山西省史志研究院编：《山西通志·民政志》，中华书局1996年版，第264—265页。

③《山西募捐大队、省政府、抗战损失委员会等单位关于抗战损失等的函件》，B13–1–78。这一数字包括55个县和“绥靖公署”有线大队统计的41 152人（见《山西省人口伤亡汇报表》，B13–1–75）；克复区汇报771 482人，估报848 900人。另据《山西省政府关于抗战期间人口、财产直接损失汇报表》（B13–1–75）统计的人口伤亡数为812 634人。而笔者对照《山西通志·民政志》（中华书局1996年版）所载数字，此数应为日军直接残杀致死人数。

惟发展速度和水平不均而已。但自1937年日军入侵以来，山西社会生态环境险象环生，人口直接或间接损失异常严重，其自然发展遭遇空前窒碍。笔者在此以战前（1912—1936）、战时（1937—1945）与战后（1946—1949）山西人口总量及其结构的变化情势来考察日本入侵对山西人口发展的某些具体影响。

一、全面抗战前后山西人口总量增减变化

民国以降，山西人口发生了一定的变化，人口调查统计亦成为政府的一项经常性工作。不过，由于民初军阀割据、政局动荡以及社会环境恶劣，该项统计很难准确无误，甚至存在诸多误差，如同一项内容在不同资料中就存在数据不一或相互矛盾之处。但就整体而言，战前人口统计还是比较详细的，资料显示这一阶段山西人口总数始终徘徊于1000万—1200万之间（见表4.2.1）。

表4.2.1　1912—1937年山西人口总量变化情形

历史纪年	公元纪年	总人口数	男	女
民国元年	1912	10 081 896	5 743 144	4 338 752
二年	1913	10 249 847	5 869 914	4 379 933
三年	1914	10 445 541	5 974 691	4 470 850
四年	1915	10 361 939	5 941 602	4 420 337
五年	1916	10 529 823	6 015 264	4 514 559
六年	1917	11 338 958	6 538 309	4 800 649
七年	1918	10 161 009	5 695 190	4 465 819
八年	1919	11 387 723	6 400 293	4 987 430
九年	1920	11 465 257	6 422 983	5 042 274
十年	1921	11 654 285	6 546 328	5 107 957
十一年	1922	11 730 486	6 593 257	5 137 229
十二年	1923	11 799 109	6 625 746	5 173 363
十三年	1924	11 960 577	6 731 770	5 228 807
十四年	1925	11 993 698	6 751 562	5 242 136
十五年	1926	11 979 825	6 741 192	5 238 633
十六年	1927	11 980 500	6 792 703	5 187 797
十七年	1928	11 976 267	6 840 471	5 135 796
十八年	1929	12 130 469	6 971 535	5 158 934
十九年	1930	12 059 215	6 929 944	5 129 271
二十年	1931	11 971 423	6 852 982	5 118 441
二十一年	1932	11 745 686	6 699 788	5 045 898
二十二年	1933	11 589 944	6 552 679	5 037 265
二十三年	1934	11 601 027	6 557 423	5 043 604
二十四年	1935	11 327 931	6 380 096	4 947 835

续表

历史纪年	公元纪年	总人口数	男	女
二十五年	1936	11 471 556	6 415 434	5 056 122
二十六年	1937	11 601 026	6 557 422	5 043 604

资料来源：毕士林主编：《中国人口·山西分册》，中国财政经济出版社1989年版，第55—56页；李玉文编著：《山西近现代人口统计与研究》，中国经济出版社1992年版，第52—53页。

从表4.2.1可知，这一时期山西人口增长相对缓慢，1912年为10 081 896人，1917年增至11 338 958人，1918年落至10 161 009人，1919年又增至11 387 723人……之后持续处于微妙的起伏涨跌之中，人口总量截至1937年为11 601 026人。从1912到1937年，山西总人口增加近152万人，年平均增长率为6.03‰。人口增长与人口的出生死亡息息相关。据1912—1926年统计，山西人口平均出生率为30‰，死亡率为18.4‰，人口自然增长率为11.6‰[①]。但是，此间由于自然灾害频仍、战争连年不断以及差役负担苛重，民不聊生，以致人口迁出之数多于迁入之数，从而影响了人口总量增长。资料显示，1919—1926年8年间，山西共迁入24 021人，迁出34 944人，两者相抵，净迁出10 923人[②]。此外，民国初期山西男女性别比例严重失调，1912—1937年26年间一直徘徊于130比100左右。性别比失调直接影响了人们的婚育进而制约了人口的自然增长，这亦是导致山西人口缓慢增长的基本原因之一。

从1937年下半年起，日军先后侵占山西大片土地，在占领区内大肆压榨勒索广大人民，而对根据地区域则进行疯狂“扫荡”，每次“扫荡”又必实行杀光、抢光、烧光的“三光政策”。由于日军的掠夺、破坏和屠杀，以及1942—1943年连续大旱和1944年发生的蝗灾及随后之瘟疫，全省社会生态环境极度恶劣。据《山西省三十六年度农业复兴建设计划》有关说明，八年间，全省“耕地荒芜者达一千万亩以上，农具和耕畜损失数量均占总数百分之六十以上，绝大多数农民不仅无力购买种子、肥料，而生产所需之农具、耕畜亦成严重问题。”“经此八年抗战，损失惨重，日寇所至之区，牲畜损失殆尽，不特农业动力感觉缺乏，而作物赖以生长之肥料亦告断绝，致地力消尽，产量大减，而农村形成十室九空之现象。”[③]战争给人民带来了莫大灾难，人民生活苦不堪言，人口损失尤为严重，并对之后的社会发展产生

① 山西省政府统计处编：《山西第九次人口统计》，山西省政府统计处1935年4月。

② 山西省政府统计处编：《山西第九次人口统计》，山西省政府统计处1935年4月。

③ 山西省农业善后推广辅导委员会编：《山西省三十六年度农业复兴建设计划》，1946年10月。

了不可估量的影响。

人口作为一切人类社会活动的出发点，其中的每一个体都是总体存在和发展的构成要素。就一个封闭的人口系统而言，人口的增减完全取决于人口的死亡率和出生率，而日军的侵略破坏造成人口死亡率攀升，出生率狂跌，战时及战后人口发展遭受严重窒碍。不过，不同层次和不同地域之人口所受影响在程度上存在一定差异。例如，1941 年日军在辽县西部红都修筑炮台，将周围村庄房屋全部拆光，取木料、石料用以修建碉堡，并有 1 000 多名民工日夜赶造，前后持续一年多时间。因青壮劳力均为日军“服役”，剩余老幼妇孺无房居住，只得在石崖、土堰下搭棚挖洞躲风避雨，冻死、饿死、病死者数以百计[①]。一方面是青壮劳力被摧残、杀害而流失，另一方面是老幼妇孺或老弱病残者因生活无助而死亡，即“死亡现象存在于所有人口”中，不同自然属性和社会属性的人口均发生了大量死亡现象。而出生则只涉及人口中拥有生育能力的部分人口，然战时具有生育能力的人口因大量受损、消耗和流失，如壮丁被征被掳、青壮男子迁徙流亡或直接参加战争、青壮妇女被凌辱或杀害，人口的出生率自然大大萎缩。同时，随着大量男性人口被掠被杀，育龄寡妇相对增多，人口生态环境依旧呈恶化态势，人口繁殖率难以提高。据战后若干县份有关寡妇的不完全统计，阳城 573 人，晋城 5 230 人，陵川 6 120 人，黎城 182 人[②]。又据当时昔（阳）西一小学教员说：“盘家庄被捉去的二十几个青年，鬼子强迫他们的父母姐妹，架起干柴来烧死他们的亲人。这个村庄现在有 40 个没有丈夫的妇女。”[③]由于受传统道德思想影响，许多寡妇不会再嫁，亦就无所谓生育。

大量男性人口被掠被杀，人口性别比例下降。1937 年山西男女性别比例约为 130.01 比 100，而 1940 年则为 125.06 比 100，1943 年降至 120.39 比 100[④]。这在一定程度上影响了人们的结婚比例，进而影响了人们的生育周期。此外，一些人因生活艰难而延迟婚姻或节制生育亦使得出生率降低。总之，一则出生率降低，一则流亡率或死亡率增高，人口自然增长率由此大受制约，或者说至少不会发生增殖。同时，人口是一定数量和质量相统一的社会群体，战时人口受损亦体现于人口质量的下降，恶劣的社会经济环境导致人民生活水平低下、营养缺乏且身体素质下降，而且许多育龄女性因遭强暴致残或患有严重的妇科病，更多的男性则因战争终身残疾或疾病缠身，人们的肉体和心灵均遭受不同程度的损害，这些因素对人口繁殖同样产生了巨大的负面

① 王乃德、翟相卫：《日军对华北地区人力资源的掠夺与摧残》，《民国档案》1999年第1期。

② 《善后救济总署晋绥察分署第八工作队灾情报告表》，A128-4-8。

③ 孙后礼：《人性的毁灭》，《抗战日报》1942年7月30日。

④ 山西省史志研究院编：《山西通志·人口志》，中华书局1999年版，第120页。

影响，其中不仅包括对当时人口发展规模，而且对未来人口自然再生产和新生代人口的身心素质也有巨大影响，这种影响是潜在的隐形的且不容忽视的，无数的事实证实了这一点。如晋东南战前、战时、战后几个县人口变动的趋势就反映了这种情形（见表 4.2.2）。

表4.2.2　晋东南若干县份各个时期人口变动趋势

年份 县别	1935年	1943年	1946年	1947年	1948年
黎城	77 574	85 000	95 041	93 020	93 337
潞城	90 848	50 571	133 525	121 342	114 894
壶关	106 397	52 053	150 497	146 468	155 033
平顺	91 759	104 116	108 638	109 328	103 695
襄垣	141 993	100 313	125 000	138 126	138 126
左权（辽县）	71 396	59 484	98 347	97 100	110 034
榆次	139 913	48 459	36 680	33 039	—
祁县	122 070	67 041	44 748	23 000	—
榆社	68 759	63 643	63 077	63 077	65 116
太谷	111 684	74 774	77 250	43 497	—
沁源	80 324	40 000	83 669	88 653	88 753
安泽	74 038	50 000	64 786	90 000	83 512
沁县	116 778	139 068	—	108 910	106 703

资料来源：依据李玉文编著《山西近现代人口统计与研究》（中国经济出版社 1992 年版）中各县人口统计整理。

从表 4.2.2 发现，战后各县人口相对于战时和战前并未大幅增长，有些县份甚至呈现出明显的减少态势，这显然与战时人口质量磨损所致新生代成活率降低有着一定的关系。表中又显示，战时人口较战前大都有所减少，有的减幅很大。虽然人口减少原因很多，但日军侵略对人口生态环境的破坏以及对人口本身的掠杀乃为主因。而个别县份无论战时或战后人口总量均有增长则可能是由于这些县在地域上处于抗日根据地范围之内，社会经济环境相对安定，人口迁入较多以及人口出生补偿稳定等因素。不过，就山西整体情况来看，战时由于社会剧烈动荡，全省被几种政治势力或外来力量切割成互不统属的若干区域，且这种情形在战后相当时间内仍然存在，以致人口统计缺失而根本没有完整的人口资料，亦因各方控制区域变数很大，在统计上要么交叉重复，要么遗漏不计或进行推测估计，故想弄清楚这一时期人口变动的确切面貌实际很困难。目前我们所能见到的一些基本数据几乎均为研究者采借人口学的新方法推断而来，或通过考证推算而得，且说法极不一致[①]。笔者在此选取研究者比较普遍认可的山西医科大学倪江林教授运用数字回测法推算的结果进行分析。倪氏推算结果见表4.2.3：

表4.2.3　1937—1945年山西人口总量变化表

民国纪年	公元纪年	总人口数	男	女
二十六年	1937年	11 601 026	6 557 422	5 043 604
二十七年	1938年	11 697 152	6 574 199	5 122 953
二十八年	1939年	11 794 075	6 591 019	5 203 056
二十九年	1940年	11 891 801	6 607 883	5 283 918
三十年	1941年	11 990 336	6 624 789	5 365 547
三十一年	1942年	12 089 689	6 641 739	5 447 950
三十二年	1943年	12 189 864	6 658 732	5 531 132
三十三年	1944年	12 290 870	6 675 769	5 615 101
三十四年	1945年	12 392 712	6 692 849	5 699 863

资料来源：山西省史志研究院编：《山西通志·人口志》，中华书局1999年版，第33页；1937年人口数字源自毕士林主编：《中国人口·山西分册》，中国财政经济出版社1989年版，第55—56页。

从表4.2.3可以看出，依据倪氏推断，山西人口在战时处于一种极为缓慢的增长趋势，这一趋势或许没有多少疑义，但此项推理仅仅系以1937年和1945年山西一地人口基数作为参照并按照人口的自然生产结构进行的，而似乎没有将战争或其他原因所导致的该地区的人口补偿（如绝对迁入与相对迁入乃至与之相反的情形）等诸多因素考虑在内。这样的推论无疑给人一种印象，即山西人口非但没有因战争减少反而仍在缓慢增长。事实上，这样的推算是否适用于战争之非常时期或确切地说适用于战争下的某一区域则颇值得怀疑。根据历次大规模战争发生后的经验，尤其像中日之间范围如此之广、破坏性如此之大、场面如此之残酷的战争，国家人口总量一般均表现出

① 李玉文认为山西人口数量在抗战时期没有因战争下降，战区人口损失由未经战火地域得到了补充。见李玉文编著：《山西近现代人口统计与研究》，中国经济出版社1992年版，第52—53页。路遇等人经考证认为，山西省属于贫瘠山区，人口历来增长缓慢，抗战时期又不断耗损，各抗日根据地政府虽然采取了很多措施，但增殖仍难以抵补大量死亡，因而造成人口下降，年平均下降9‰，下降100多万。如从人口增长被残酷抑制的情况来看，实际上因战争、饥荒死亡的人口当在数百万。他们采用还原法逆推计算得出1936年山西人口为13 230 000人，1945年为12 199 918人，相比1936年减少1 030 082人。见路遇、滕泽之：《中国人口通史》下，山东人民出版社2000年版，第1026页，第1037页。笔者认为，上述学者的见解虽不见得十分确切，但从某种角度反映了当时人口发展的特定情势。

明显的减损趋向或至少说不会发生增长的态势，而可能的是一个地区绝对减少而另一个地区相对增加，即人口由一个地区迁往另一个地区且在迁移过程中发生二次损耗并在量上再次减少。基于此种经验，山西作为华北抗战的主战场以及抗日根据地分布密集的区域，其原有人口的损耗量肯定大于自身人口的增殖量，该地区人口的增长更多的表现为大量外部人口的移入或补充。不过，要想在该问题上得出可信的或权威的结论，必须搞清这一时期山西人口损耗、生产以及流动（包括流入与流出）等若干基本的数据，但如前所述乃是非常困难甚或完全不可能的。

关于战时山西人口损益问题或增减问题的讨论，已有的研究成果尽管结论相左，但它们均不否认日军侵略给山西人口带来的巨大损失以及对之后人口增殖或人口生态环境的重大破坏，并认为其不仅影响了战时人口数量的增长且对战后人口的复原形成难以估量的拘束力。毫无疑问，战时人口出生率或存活率的下降必然导致幼儿减少，而幼儿减少则又继续影响未来几代人口的再生产。正如1944年有学者在《东方杂志》撰文所分析的那样："青年壮丁之减少，影响于二三十年内人口增加的数量及性比率的失调。而幼年人口的丧失，其影响更为长久，至少在六七十年内，中国人口不会复元（原），再进一步的下一代人口，亦无形受其限制。"① 就山西全省而言，一些县份的人口尽管在战后初期有所增长，但战时人口损失所造成的历时性影响则显然清晰可见，如表4.2.1和表4.2.4所显示的那样。

表4.2.4　1946—1949年山西人口总量变化表

民国纪年	公元	总人口数	男	女
三十五年	1946年	12 495 398	6 709 973	5 785 425
三十六年	1947年	12 598 935	6 727 141	5 871 794
三十七年	1948年	12 703 330	6 744 353	5 958 977
三十八年	1949年	12 808 537	6 761 609	6 046 928

注：1946—1948年仍采用倪江林推测数。

资料来源：山西省史志研究院编：《山西通志·人口志》，中华书局1999年版，第33页；山西省统计局等编：《山西人口四十年》，中国统计出版社1993年版，第8页。

1946—1948年的人口数字虽然仍为倪江林推测数，但它可以反映战后人口发展的基本趋势。从表中可见，战后人口相对于战前战时并未发生大幅增长，而是一直处于较高基数上的缓慢发展状态，内中原因复杂，然战时影响不容轻视。

① 陈定国：《战后人口复元（原）问题》，《东方杂志》1944年第40卷第24号。

二、全面抗战前后山西人口结构变动及其分析

人口结构是“一个由不同的年龄、性别和地域等自然属性，不同的家庭、宗族、职业、阶级等社会属性以及不同的体能、智力和思想意识等素质特征所构成的丰富而多层次的”系统[①]。人口结构包括自然结构（性别、年龄等）、地域结构、经济结构等等。这一“系统”一旦遭遇战争冲击，即会导致人口年龄结构、性别结构、区位结构、社会经济结构的强烈波动和深刻变化，其结果必然对人口自身发展乃至社会经济发展产生重大影响。下面就来考察山西人口因日军入侵而在性别、年龄、经济等方面发生的重要结构性变化。

（一）性别结构变化

由于复杂的社会与历史等原因，山西人口性别比历来居高不下，如表4.2.5所示，1912—1936年间，山西人口男女性别比最高达136.20比100，最低亦为126.88比100。期间，性别比虽然时涨时跌，但一直徘徊于两者之间。然而，从1937年起，因日军侵占山西并对人口的大规模摧毁（包括直接的和间接的），该省人口性别结构发生明显变动，如大量壮丁被征被掳被害、许多青年男子或迁徙流亡或直接参加战争，男性人口相对减少或无法保持原有的数量及其增长比例，男女性别比较战前似有缓和。1946年山西省政府的一份人口伤亡汇报表（包括55个县和“绥靖公署”有线大队）记载了这样一组数字：伤亡41 206人，其中轻伤男122人、女13人、幼童5人，重伤男315人、女22人、幼童14人；死亡男32 990人、女3 090人、幼童2 252人，共计38 332人。其他如失踪或不明轻重伤者计2 383人，其中男1 993人、女256人、幼童134人[②]。从中可见，伤亡人口中男性居绝对多数，男性伤亡数占伤亡总数的86%，相当于女性伤亡数的10.48倍。也就是说，男性人口在战争期间的损失远远超过女性人口，男女性别比在理论上应呈下降走势，且在短期内难以复原或发生反弹。

表4.2.5　1912—1936年山西人口性别比

年份	性别比（女=100）	年份	性别比（女=100）
1912年	132.37	1925年	128.79
1913年	134.02	1926年	128.68
1914年	133.64	1927年	130.92
1915年	134.42	1928年	133.19
1916年	133.22	1929年	135.14
1917年	136.20	1930年	135.11

① 夏明方：《民国时期自然灾害与乡村社会》，中华书局2000年版，第113页。

② 《山西省政府关于抗战期间人口、财产直接损失汇报表》，B13-1-75。

续表

年份	性别比（女=100）	年份	性别比（女=100）
1918年	127.53	1931年	133.89
1919年	128.33	1932年	132.78
1920年	127.84	1933年	130.08
1921年	128.16	1934年	130.01
1922年	128.34	1935年	128.95
1923年	128.07	1936年	126.88
1924年	128.40		

资料来源：毕士林主编：《中国人口·山西分册》，中国财政经济出版社 1989 年版，第 55—56 页。

依据倪江林所测定的 1937—1949 年间的人口数字，这一时期山西人口性别比见表 4.2.6：

表4.2.6　1937—1949年山西人口性别比

年 份	性别比（女=100）	年 份	性别比（女=100）
1937年	130.01	1944年	118.89
1938年	128.33	1945年	117.42
1939年	126.68	1946年	115.98
1940年	125.06	1947年	114.57
1941年	123.47	1948年	113.18
1942年	121.91	1949年	111.82
1943年	120.39		

资料来源：毕士林主编：《中国人口·山西分册》，中国财政经济出版社 1989 年版，第 56 页；山西省统计局等编：《山西人口四十年》，中国统计出版社 1993 年版，第 8 页。

观察上表并对照表 4.2.5，山西人口性别比确实自全面抗战以来表现出下降态势，并较战前日益趋近于应有的自然平衡状态[①]。但这种“平衡”显然是通过战争力量实现的，而非一般意义上的“平衡”发展。基于此，有人可能会说战争对改善人口生态结构大有裨益，而笔者认为这种想法是非常不人道且荒唐的，罔顾诸如中国抗日战争、苏联卫国战争、朝鲜战争以及越南战争等所造成的大量鳏寡孤独，对人们的身体和心理造成巨大伤害的事实。

① 一般看来，总人口性别比平衡区为96—106之间，性别比在此区间为基本平衡，而小于96或大于106者即为性别比例失调。

（二）年龄结构变化

人口一般总是由不同年龄的个体组成，而不同年龄的个体在社会经济生活中所处的地位、产生的作用和自身的需要，以及在人口再生产过程中的功能不尽相同。我们先来检视一下 1912—1926 年山西人口的年龄结构或年龄分布状况（见表 4.2.7），同时为了反映人口总量中劳动年龄部分的比重及其负担而将人口分为三组，即少年儿童组（0—15 岁）、成年组（16—60 岁）、老年组（61 岁以上）。

表4.2.7　1912—1926年山西全省历年人口年龄结构统计表

年龄 年份	0—15岁		16—60岁		61岁以上		年龄不详	
	人数	%	人数	%	人数	%	人数	%
1912	2245500	21.94	6603665	64.51	1283248	12.54	103462	1.01
1913	2440840	23.93	6212195	60.91	1344242	13.18	201553	1.98
1914	2645824	25.96	6347524	62.27	1199778	11.77	285	——
1915	2721149	26.41	6420196	62.30	1089804	10.58	74256	0.72
1916	2060225	19.58	6387663	60.71	2009822	19.10	63157	0.60
1917	2219617	20.58	6287254	58.30	2111337	19.58	166952	1.55
1918	2394216	23.11	5801659	55.99	2165104	20.90	500	——
1919	2271316	20.00	6584022	57.98	2191767	19.30	308317	2.72
1920	3077744	26.89	7003588	61.18	1357035	11.85	8868	0.08
1921	2578500	22.12	7716906	66.22	1358431	11.66	445	——
1922	2258109	19.25	8451194	72.05	962995	8.21	57886	0.49
1923	2534646	21.16	8433994	70.41	950650	7.94	59819	0.50
1924	2071820	17.26	8799352	73.31	965796	8.05	165609	1.38
1925	1394653	11.63	9052638	75.48	985295	8.22	561112	4.68
1926	2112280	17.63	8974879	74.92	756105	6.31	136561	1.14

资料来源：李玉文编著：《山西近现代人口统计与研究》，中国经济出版社 1992 年版，第 312 页。

从表 4.2.7 中可见，1912—1923 年间山西少年儿童人数比重较大，约占当年人数的 19%—26%，1923 年以后则略有下降，大致占全省人数的 17% 左右，说明被抚养人口减少而劳动年龄组人数增多。从成年组人口变动来看，劳动年龄组人数随社会发展呈逐年增长态势。表中又显示，民初的前 10 年，61 岁以上的老年人口比重相对较高，年龄结构相对而言处于“老龄化”时期，而后 5 年成年组比重明显上升，属于成年型年龄结构。1927 年之后，因现有人口统计资料缺乏年龄分层记载，故在这里无从述及。不过，我们可以根据个别资料将 1946—1947 年两年间山西人口的年龄分布情况制成下表，以供参考（见表 4.2.8）。

表4.2.8　1946—1947年山西人口年龄统计

年龄组	人口数	%
总 计	15 025 259	100.00
未满周岁	362 694	2.41
1—4岁	1 259 011	8.38
5—10岁	1 566 055	10.42
11—15岁	1 502 688	10.00
16—20岁	1 343 473	8.94
21—25岁	1 208 691	8.04
26—30岁	1 168 827	7.78
31—35岁	1 124 990	7.49
36—40岁	1 073 111	7.14
41—45岁	1 003 109	6.68
46—50岁	880 321	5.86
51—55岁	759 423	5.05
56—60岁	624 706	4.16
61—65岁	489 263	3.26
66—70岁	372 027	2.48
71岁以上	286 870	1.91

资料来源：《民国湖北、山西、福建省人口年龄统计（1946—1947）》，路遇、滕泽之：《中国人口通史》下，山东人民出版社2000年版，第1067页。

表4.2.8显示，战后人口出生率相对较低，人口显然处于或正在趋向成年型年龄结构。我们虽然缺乏战时人口的年龄统计，但依据人口成长规律，仍可在一定的条件下以表4.2.8作为参照而推测其大致走势。全面抗战时期，人口出生率相比战前走低，因为战后5—15岁年龄段的人口显然较战前为少；战时劳动年龄组人口比率约为60%，相对战前有所下降，特别是壮年人口比率。同时，由于战时特殊的社会环境，老年人口生存能力大大降低，其比例约在5%—6%。

（三）经济结构变化

人口是社会经济活动的主体，它对社会经济发展的作用力主要通过其经济结构来实现。人口的经济结构是否合理与其中的人力资源结构有着极大关系。人力资源是一个国家或地区具有劳动能力人口的总和，在中国一般指16—60岁的劳动人口，有时也包括未到或超过劳动年龄而仍有劳动能力的人口。从表4.2.7知之，战前山西人力资源相对较为丰富，平均比例在65%左右。然而，战时由于人力资源遭到日军掠夺和摧残，其结构或比例发生明显变化。据战后河曲县的一份统计表，战时伤亡

96 人中有 15—60 岁者 81 人，其中男性 64 人、女性 17 人[①]。同样，表 4.2.8 亦反映出这一年龄段人口比例趋于下降的情势。如果再将人力资源的内在因素即质量问题考虑在内，人口折损情形及其内部结构整合状况更不容乐观。也就是说，高质量的有效的劳动能力人口或劳动能力年龄段人口所占全部人口之比重无疑降低了，在数量上大大减少了。

人口的职业结构也是人口经济结构的一部分。有关这方面的资料更少，我们只能依靠现有的这些微量资料略窥一二。据 1912—1926 年的统计，其间，从事农牧渔业的人口累计有 68 347 823 人，年平均 4 556 521.53 人，年平均比率为 42.39%；劳力、娼妓和其他累计有 47 815 490 人，年平均 3 187 699.33 人，年平均比率为 29.66%；从事工商矿业的人口累计有 19 750 782 人，年平均 1 316 718.8 人，年平均比率为 12.25%；教员、学生、律师、医士、记者累计有 10 538 899 人，年平均 702 593.267 人，年平均比率为 6.54%；议员、官吏、公务员、军人、警士累计有 123 177 人，年平均 8 211.8 人，年平均比率为 0.08%；无职业者共 14 642 610 人，年平均 976 174 人，年平均比率为 9.08%[②]。根据《民国三十六年湖北、山西等七省部分地区人口职业构成比例》，1947 年山西在业人口共 6 525 512 人，其中农业人口 69.69%，矿业人口 1.23%，工业人口 4.54%，商业人口 7.46%，交通运输业人口 0.88%，公务员 2.66%，自由职业者 3.29%，人事服务业人口 6.87%，其他 3.38%[③]。由此可知，战后农业人口仍占大多数，且比例大大超过战前平均水平，而其他各业人口均未超过 10%，这显然与战争影响有关。从战前及战后的人口职业分层情况可以推断，战时由于兵荒马乱以及日军对各行各业的破坏，农业及无业人口比例无疑发生了较大幅度的增长。

（四）文化结构变化

文化结构属于人口结构中的非经济社会结构。民国初年，山西社会环境相对稳定，教育事业得到较快发展，并因之被誉为“模范省”。例如，山西在 1912 年拥有各类学校 5 600 所、学生 164 850 人，而到 1917 年则分别增长到 12 600 所、329 700 人[④]。特别是 1917 年阎锡山主政山西之后，对教育采取了一系列积极措施，全省教育事业发展到了相当规模。据陈启天所著《近代中国教育史》叙述：“民国 12 年间，小学教育以山西最为普及，其他各省均落后很多，以女生受国民学校教育之人数而言，

① 《河曲县抗敌伤亡人民调查表》（1946年3月7日），B14-6-54。

② 李玉文编著：《山西近现代人口统计与研究》，中国经济出版社1992年版，第322—323页。

③ 路遇、滕泽之：《中国人口通史》下，山东人民出版社2000年版，第1086页。

④ 山西省史志研究院编：《山西通志·人口志》，中华书局1999年版，第278页。

仍以山西省占第一位”。1924—1925 年，山西接受初级小学教育的儿童数占学龄儿童数比重分别为 72.2% 和 72.6%。1919 年以后的 10 余年间，山西又兴办民众学校、民众教育馆以及其他形式的教育，受教育人数进一步增加[①]。可见，战前山西人口所受教育状况相对较好。但战时由于日军对学校等教育机构和文化设施的大肆摧毁或破坏，人们接受教育的社会文化环境极度恶化，受教育人口大大减少。据不完全统计，八年间山西所属各级学校财产直接损失达 12 242 229 828 元[②]。尽管日军曾在山西沦陷区恢复过一些学校，然其根本目的在于通过奴化教育以控制占领区人力，而无助于国民文化素质的真正改善。同时，战时中共各抗日根据地内亦相继建立了一些中小学校并大力发展各种社会教育，但其整体上却无法与战前相比。直到 1949 年之后，山西学校教育才逐渐步入正轨。也就是说，1949 年之前，特别是日军侵略山西期间，山西人口文化结构严重失衡，能够接受教育的人数很少，尤其能够接受高等教育者则更少。

此外，从地域结构来看，民国以来山西人口分布呈南稠北稀、东密西疏格局。就家庭规模而言，由于人口大面积受损以及人们经济能力的弱化，一些家庭支离破碎，家庭规模逐渐萎缩而趋于小型化（参见表 4.2.9）。与战前相比，1945 年时山西家庭规模已由原来的每户平均 6 人左右下降到了 4.5 人，到 1949 年时更减少至 4 人，战争的破坏性影响由此可见。从另一个方面来说，家庭人口规模的缩小则在当时的社会历史条件下表明家庭经济的分散性与小型化，小生产者的特点日趋突出。

表4.2.9　1935—1949年山西家庭平均规模

年　份	总户数（万户）	每户平均人口数（人）	年　份	总户数（万户）	每户平均人口数（人）
1935年	182.98	6.19	1943年	251.86	4.84
1936年	190.44	6.02	1944年	262.12	4.69
1937年	198.20	5.85	1945年	272.80	4.54
1938年	206.27	5.67	1946年	283.91	4.40
1939年	214.68	5.51	1947年	295.48	4.26
1940年	223.42	5.32	1948年	307.52	4.13
1941年	232.53	5.16	1949年	320.05	4.00
1942年	242.00	5.00			

资料来源：山西省史志研究院编：《山西通志·人口志》，中华书局 1999 年版，第 206 页。

① 山西省史志研究院编：《山西通志·人口志》，中华书局1999年版，第278页。

② 《山西省财产损失总表》，B13-1-75。

第三节　人力资源受损程度

人力作为一种重要而特殊的资源，乃是人类社会财富生产之源泉。在漫长的人类社会进化和发展过程中，正是人力与物力的结合，才创造了人类赖以生存与发展的物质财富和精神食粮。因而，有学者将之称为人类社会“第一资源”。人力资源存在于人的自然生命机体中，以人口为自然基础，其数量与质量由人口总量与质量所决定，即人口是人力资源的基础和前提。战时山西人口受损严重，而人力资源的磨损、消耗及流失则自然与之呈正比状态。

日军不仅直接地大量掠夺山西人力资源，而且还有目的有意识地采取种种野蛮方式对之予以摧残、破坏和消耗。日军“以人换煤”“以人换铁”等残暴行径以及大力推行摧毁抗日根据地、消灭抗日军民生存条件的“三光政策”，均使山西人力资源受到空前磨损与消耗。

一、日军工矿统制业的人力消耗

有关被日军掠夺到各工矿劳工的悲惨境遇，国内外史书或报刊曾连续不断地进行披露，每个幸存者亦都记下了一笔笔充满血泪的苦痛史。

据被掠劳工右玉县杀虎口村村民杨万贵控诉，他于1944年2月被俘，5月即被送往大同充当劳工。3个月间，每日或在火车站装煤或在铁路上运石头、扛道木，从事超负荷劳动，但每天只能吃六七两高粱面窝窝头，饿了则以野菜、树叶充饥。9月，又被送往日本八幡钢铁株式会社从事装卸工作，20多人住一间房，每人平均不足1平方米，而且屋里没有床铺，一律睡在水泥地上。劳动时间每天高达18小时，两头见不到太阳，既吃不饱又不服水土，同来的原雁北支队6名战友就有两人因患痢疾死于日本（即特务连八班班长李明、连部通讯员赵付才）。1945年3月，又被转运到富士县富士港做码头搬运工，直至是年10月回国①。送到日本本土的劳工如此，在日军占领区内各工矿的劳工境遇亦然。

日军占领大同八年间，在“以人换煤”的血腥政策下，有6万名矿工死于非命，所掠1 400万吨煤沾满了矿工的血与泪。日军以各种手段将大批青壮年强行押解到煤矿从事无偿劳役，他们视矿工生命为草芥，在毫无安全设施保障的情况下强迫工人挖煤，并声称“宁肯多出一吨煤，不怕多死几个人”“中国的劳工大大的

---

① 杨万贵：《劳工血泪——被劫日本的苦难追述》，《山西革命根据地》1988年第1期。注：杨万贵，1924年生，1938年参加八路军120师第6独立支队，1944年2月10日在平鲁上井沟村附近战斗中负伤被俘。

有”。日军的基本政策就是以“肉弹”换煤炭，以牺牲矿工生命作代价。当时矿工中就流传着这样的顺口溜：“日本鬼子狗汉奸，拿着人命去换钱。哪里有煤哪里挖，工人死活他不管”。例如，1938 年春，大同煤峪口九号掌子[①]里透水，日军仍强迫工人下井，结果 100 多名矿工被水困于井下 15 天，除 8 名侥幸活命外，余均活活饿死。事故发生后，日军不但不进行抢救，还阻止井上矿工抢救自己的工友[②]。1939 年 11 月 8 日，大同煤矿暴发洪水，2 000 余名被日伪禁闭于巷道里冒险作业的工人仅逃出六七人，其余全部遇难[③]。1943 年，煤峪口南大巷 24 号掌子发生危险，日人“小高桥”逼迫工人将里面两节车皮以及 10 节 8 米长的轨道和十几根柱子取出，由于顶板突然塌落，十八九名矿工被压惨死[④]。诸如此类的惨剧在大同煤矿日有所闻，这充分暴露了日军“以人换煤”政策的非人道性。日本“满铁华北经济调查所”关于“大同煤矿劳动概要调查报告”亦有明确记载：“大同煤矿作业环境恶化，为节省必要的坑木等……根本谈不上采煤粗放化以至安全等考虑”。由于劳动条件恶劣，工人伤亡惨重。该报告曾统计，1941 年在籍人员 6 934 名中死亡 869 名，死亡率约为 12.5%，负伤者 2 983 名，负伤率约 43.02%；1942 年，死亡人数增加至 1 700 多名[⑤]。“只见矿车天天走，不见矿工几个活”就是当时大同矿工悲惨遭遇的真实写照。矿工既要受到恶劣劳动条件的生死威胁，又因简陋的生活条件而面临身体遭受摧残之虞，尤其病疫流行时因无医无药而成批倒下。例如，浑源县于大女带小孩随丈夫到“忻州窑”挖煤，丈夫不到一年即惨死井下，自己只得依靠 17 岁儿子背煤度日，儿子因染病在身而被日军拉到“炼人坑”活活烧死，几天后 13 岁的女儿也遭同样命运。于大女则被日军送进“隔离所”，5 岁的小儿子不久便在惊恐、疾病和饥饿之中夭折。像于大女这样的悲惨遭遇，在大同煤矿数不胜数[⑥]。又据大同文史馆馆员李建衡 1964 年 8 月 6 日忆述，当时被征集的“勤劳报国队”来到煤矿后，立即失去自由，名曰矿工，实际上变成了不折不扣的奴隶。他们住在一连数十间的排房，四周安有铁栅栏，并有日军哨兵把守，每排房子中间置有大量木桶，供工人大小便使用，

---

① 一般指采矿或隧道工程中掘进的工作面，也作礃子。

② 张全盛、魏卞梅编著：《日本侵晋纪实》，山西人民出版社1992年版，第196页。

③ 薛世孝：《中国煤矿工人运动史》，河南人民出版社1986年版，第446页。

④ 何天义主编：《日军枪刺下的中国劳工·华北劳工协会罪恶史》，新华出版社1995年版，第311—320页。

⑤ 何天义主编：《日军枪刺下的中国劳工·华北劳工协会罪恶史》，新华出版社1995年版，第315页。

⑥ 何天义主编：《日军枪刺下的中国劳工·华北劳工协会罪恶史》，新华出版社1995年版，第317页。

桶满后由工人倾倒。每100名工人编为一班，每班设班头1名（中国人），集数班而成1个大队，设大队长1人（日本人）。班头依仗大队长权势，直接威胁统治工人，起床、吃饭、睡觉、上下班都由班头照册点名，以防工人逃跑。日军规定工人实行两班倒，24小时轮流井下作业，班头将该班工人押到窑口后交由井下负责的工头（有中国人，也有日本人）再押送到井下作业区工作。井下工人下班后，则由工头押送到井上交由班头押送回排房。互相交接时，工人数量一个都不得少，如同对待犯人一般。矿工每天三餐，早小米粥，午馒头菜汤，晚小米粥。馒头以“兴亚面”制作，所谓“兴亚面”即糠、花生皮、麸子混合磨制而成。上夜班时，半夜增补一顿小米粥。除此之外，别无报酬，每月仅给数元零用钱而已。为使井下工人卖尽力气，每晚发给一片鸦片（二三分重），费用须从每月所发零用钱中扣除。矿工所穿衣服一律由家属送到矿区，且只能交到班头手中转交，不得与亲人见面。工人染病或受伤不予医疗，亦无医疗人员和诊治设备。如果工人不能支撑下井干活，则被投到“万人坑”。凡做过矿工的农民，初到煤矿时体格尚健，而回村后则多成为体衰力弱的大烟鬼。最为悲惨的是，许多人实际上根本无法再与父母妻子团聚，早已被扔到了“万人坑”，尸骨无处寻找。1949年后，李建衡曾到大同“忻州窑”矿的杨家湾、永定庄的大南湾、同家梁的黄草洼、白洞的老爷庙、郑家沟和煤峪口的南沟等地考察，发现这些矿区所在地都是白骨累累的“万人坑”。据考，在大同煤矿比较大的“万人坑”就有20多处，死难矿工总数高达6万多人，其中煤峪口矿南沟“万人坑”是较大且保留较完整的一个。该“万人坑”距大同县城西南30华里许，位于煤峪口村南沟，据说是早年开采完煤炭的窑坑，分上下两洞，上洞六七米宽、约40米深，下洞四五米宽，深70米左右，两洞里层层叠叠地堆满了死难矿工的尸骨，其状惨不忍睹①。

由于日军对山西占领区内重要工矿企业全部实行军事管制，这些被强行统制的工矿业对人力资源的消耗与大同煤矿别无二致。例如，1938年，日军在灵石富家滩煤矿以武力强迫当地居民修复矿井，修筑营盘、碉堡，并用欺骗、利诱、强制等手段从阳泉招来工人70余名，于年底正式开产。为了加大生产和掠夺，日军不断用强制手段从各占领区招取工人，甚至强迫被俘中国军人下井挖煤，矿工人数逐年增多，1939年为350余人，1941年为570余人，1945年7月则达到1 700余人，其中许多人因之死于非命。1942年晋东南发生灾荒，农民车鸿喜被骗到该矿挖煤，不到两月即无法下炕作业，日军乃将其扔进红苗谷“万人坑”。半年之后，其兄车双喜来矿寻找弟弟，闻

① 《“勤劳报国队”和“万人坑”》，《太原文史资料》第21辑，1995年编印。

讯痛不欲生，乃找把头算账，结果适得其反，自己也被抓做劳工并不久便惨死井下。哥俩死后，父亲车黑旦满怀仇恨地到矿上向工人们揭露日军暴行，日军则以煽动民心、有意肇事为罪名准备对之下手，其在众多工人帮助下才勉强逃脱。然而不幸的是，其刚逃脱日军魔爪却又撞入日军沿路设置的电网，最后还是命丧黄泉。从 1938 年 2 月至 1945 年 8 月，日军在富家滩煤矿掠夺煤炭 1 030 600 吨，先后有 1 200 余名工人死于日军“以人换煤”的血腥政策和屠刀之下，形成了红苗谷地、东山、南头 3 个“万人坑”①。又据《太原工业史料》记载，日军统治下的西山煤矿在 1937 年时有工人 970 人，1939 年仅生产工人就上升到了 2 073 人，1940 年又增加到 2 722 人，1944 年总人数不下 4 000 人，而且这些数字是在生产工人不断死亡不断补充情况下的绝对保持数字。1938—1945 年，日军共在西山煤矿掠夺煤 1 747 126 吨，而每吨煤都浸渍着无数矿工的斑斑血泪②。

除此之外，太原集中营的劳工命运亦相当悲惨。该集中营生活条件极为恶劣，劳工吃的不仅是豆饼、麦麸、黑豆和掺有沙子的陈米，而且吃不饱、睡不好，亦无水喝，若遇上下雨天即以罐头盒接雨水饮用。他们住的房子又破又漏，大小便均在院子里，粪便、苍蝇、蚊子、蛆蛹遍及院内甚至房内。这些战俘在没有外送充当劳工之前，每天在当地服苦役，如到太原铁厂和窑厂干活或为日军修工事，劳动强度极大，不少人因此累死或病死。由于环境恶劣，传染病流行，而日军又不予治疗，病人死亡甚多，少则一日一二十人，多则日达五六十人。有的病人还被用于训练新兵以及活体解剖和细菌试验。如，1942 年七八月份日军独立混成第 4 旅团所属独立步兵第 13 大队为训练新兵胆量，从太原集中营分两次秘密将 340 名战俘劳工（其中有 50 名抗大女学生）拉到太原赛马场充当活靶子，并全部以刺刀杀死③。诸如此类的种种事实表明，日军对工矿资源的贪婪掠夺以及对大量人力毫无人性的摧残和奴役，使山西人力资源遭受空前劫难，并对整个社会发展产生了灾难性影响。

---

① 何天义主编：《日军枪刺下的中国劳工·华北劳工协会罪恶史》，新华出版社1995年版，第327—331页；李秉新等主编：《侵华日军暴行总录》，河北人民出版社1995年版，第524—527页。

② 《腥风血雨罩西山》，《太原文史资料》第21辑，1995年编印。

③ 何天义主编：《日军枪刺下的中国劳工·华北劳工协会罪恶史》，新华出版社1995年版，第13—14页。另据穆欣所著《晋绥解放区鸟瞰》（山西人民出版社1984年版），日军将历次“奔袭”或“扫荡”中被俘被捕的许多抗日军民押解太原“工程队”，其中约有70%的人因饥饿、劳役及被抽血过多致染重病而死亡或被活埋和虐杀。1941年3月，日军在“工程队”后院活埋130多人。6月，在“工程队”中被敌深夜酷刑拷打而次日晨宣布“急病暴卒”者就达60人以上。1942年7月，日军将200名被俘士兵从“工程队”带走，充当“活肉靶子”，分三批供新兵“上操”“练习”，结果全部被刺刀捅死。8年间，日军在太原“工程队”内共计杀害抗日军民达12万人以上。见该书第186—187页。

二、日军各种军事工程和差务活动的人力消耗

1942年10月，日本华北方面军安达十三中将曾宣称："华北碉堡已新筑成7 700余个，遮断壕也修成11 860公里长……（等于）地球外围的四分之一。"[①]到1943年5月，日军在华北大小据点增加到9 300多个，碉堡更达29 000多座，以此推算，其所役用华北民力用工量则不得不以亿为单位进行衡量[②]。华北情况只不过是山西情况的扩展版而已，如藤田茂供述：1939年6月1日至12月25日半年多时间，日军在绛县白水村等地每天役使伙夫杂役10人，累计达1 840人次。而榆次全县人口51 391人，除去妇幼老弱等无法支差者外，能够服差役的12 830人八年间总计出差5 617 000天，每人平均出工437天[③]。武乡县墨镫村1939年和1940年差务频繁，最多一家一月支差23天，全村牲口累死10余头，平均每人支差15天以上[④]。寿阳县道坪村每人每年平均50个工，仅1942—1944年3年间就消耗民工46 950个，若每工以当时工价小米5升计，可折合小米2 347.5石[⑤]。昔阳县西峪村人民对日劳役用工每人每年平均达135个。日军侵占辽县县城之后，附近居民每天仅担水一项就须5人全力以赴[⑥]。祁县同蒲铁路以南村庄总人口不过4万余，而村民无偿为日军服役用工即达1 445 378个[⑦]。岚县东村自1940年6月8日至1945年4月平均每天要出10余头牛和30个人工"为皇军工作"（修筑岚静和岚离两大公路以及其他公路网），在1 720天中共出人工51 600个、牛工17 200个，人民生产力因此被大大削弱，土地亩产量由战前的1石降低到了5斗左右[⑧]。凡日军所到之处，没有哪一人不服役。正是由于日军对山西人力的无节制役使，才有其"宏大"工事等设施的建成。八年间，山西各地因此而消耗的民力通过表4.3.1（不完全统计）可知概貌：

---

① 八路军总政治部宣传部编：《抗日战争时期的八路军与新四军》，人民出版社1953年版，第120页。

② 张国祥：《山西抗日战争史》下卷，山西人民出版社1992年版，第15页。

③《晋东南几个县八年来给敌人修碉堡炮楼支差及平毁差役初步调查表》，A128-4-7。

④《武乡县墨镫村土地问题调查》（1943年6月），A181-1-48。

⑤《寿阳县政府针对八年以来的经济损失状况所做的申请救济报告及损失调查表》（1946年7月），A128-4-86。

⑥《八年来日本法西斯摧毁太行区人民的概述》，A128-2-5。

⑦ 王乃德、翟相卫：《日军对华北地区人力资源的掠夺与摧残》，《民国档案》1999年第1期。

⑧《山西人民的空前浩劫》，中央档案馆、中国第二历史档案馆、河北省社会科学院编：《日本侵略华北罪行档案·大屠杀》，河北人民出版社2005年版，第3页。

表4.3.1　山西部分县市八年间民力消耗统计表之一

类别／县别	敌人修筑工事等消耗民力数												
	修碉堡		修据点		修炮楼（台）		修公路		修封锁沟墙		其他差务		小计
	座数	工数	座数	工数	座数	工数	里数	工数	次数	工数	年数	工数	工数
长治市	339	152 900	94	56 400	210	42 000	61段	235 200	28段	105 033	7	1 148 377	1 739 910
长治	412	138 374	56	203 643	368	324 890	460	582 680	828次	619 372	7	905 100	2774 059
长子	34	170 000	15	67 500	60	120 000	170	57 000	2 500丈	2 500 000	7	9 806 600	12 721 100
襄垣	98	4 441 000	35	490 000	225	342 500	300	600 000	328 400丈	6 576 000	—	7 219 200	19 668 700
屯留	41	41 000	11	20 900	10	110 000	8条	35 000	453亩	30 000	7	388 275.2	—
黎城	—	—	—	—	—	—	60	7 200	—	—	—	—	155 598 849
潞城	4	18 000	11	22 000	56	42 080	145	17 600	—	1 043 312	7	1 512 000	2 654 992
壶关	9	4 860	4	8 000	9	3 420	121	18 150	—	64 800	6	1 756 000	1 855 230
平顺	—	—	—	—	—	—	10	30 000	—	—	3	560 000	590 000
高平	62	3 100 000	19	855 000	95	950 000	145	50 000	60里	88 000	7	9 226 902	14 269 902
沁水	108	111 996	317	320 804	597	207 009	2 919	21 982	398条	3 916	7	250 560	916 267
武乡	250	374 056	37	172 460	124	48 484	240	42 180	58里	1 149 184	—	572 017	2 358 381
榆社	7	4 000	4	35 000	11	4 560	125	11 000	—	—	6	304 140	358 700
和顺	9	270 000	1	80 000	14	280 000	1	150 000	11	358 000	—	1 296 000	2 434 000
太谷	44	80 000	12	21 960	47	12 750	325里	16 520	135里	33 250	7	288 000	452 480
榆次	17	170 000	12	120 000	—	—	9条	1 837 500	2条	983 600	—	5 200 000	8 311 100
寿阳	50	150 000	10	450 000	48	115 200	190里	28 500	5处	90 000	—	934 180	1 767 880
平定	13	65 000	13	156 000	16	88 000	6	2 144 400	9	135 000	—	351 000	2 939 400

注：表中一些类别与数字不一致，笔者以原资料为准（下同）。

资料来源：《上党区八年来民力损失总计表》（1946 年）、《晋东南几个县八年来给敌人修碉堡炮楼支差及平毁差役初步调查表》（1946 年），A128-4-7；《寿阳县政府针对八年以来的经济损失状况所做的申请救济报告及损失调查表——民力消耗统计表》（1946 年 7 月），A128-4-86；《平定县民力消耗调查表》（1946 年 6 月），A128-4-70。

上述修筑各种工事和其他差务活动可谓日军直接的民力消耗，而战时和战后为恢复生产、退田还耕，以及平毁据点、碉堡和封锁沟墙等军事设施所消耗的民力则为日军侵晋间接民力消耗，其大致情形可由表 4.3.2 测之：

表4.3.2　山西部分县市八年间民力消耗统计表之二

类别 县别	平毁误工数							
	平毁据点碉堡		平毁封锁沟墙		小计	总计		
	座数	工数	里数	工数	工数	以上两种共工数①	每工折价（元）	共计价洋
长治市	200	16 215	20	8 559	24 774	1 764 684	100	176 468 400
长治	—	8 800	—	28 080	36 880	2 810 939	100	281 093 900
长子	94	140 000	2 300丈	250 000	390 000	—	—	—
襄垣	—	3 021 400	—	3 201 500	6 222 900	25 891 600	100	2 589 160 000
屯留	55	230 000	45亩	215 000	445 000	1 043 115	100	104 311 500
潞城	11	13 000	1 336亩	4 008	17 008	2 672 000	100	267 200 000
壶关	22	16 100	70	75 300	91 400	1 946 630	100	194 663 000
平顺	—	—	—	—	—	590 000	100	59 000 000
高平	148	173 600	35	28 000	201 600	14 471 502	150	2 170 725 300
沁水	108	32 813	317	30 803	63 616	979 883	130	127 384 790
武乡	118	118 492	26	38 162	156 654	—	—	—
榆社	—	15 000	—	16 300	31 300	390 000	100	39 000 000
和顺	10	60 000	11	50 000	110 000	2 544 000	140	356 160 000
太谷	6	485	135	1 420	1 905	454 385	100	45 438 500
榆次	11	5 500	1条	400	5 900	8 317 000	100	831 700 000
寿阳	3	4 200	—	—	4 200	—	—	—
平定	—	195 960	—	97 980	293 940	—	—	—
合计	786	4 051 565	—	4 045 512	8 097 077	65 839 140	110	7 242 305 400

注：①指表 4.3.1 与表 4.3.2 中“小计”工数总数。

资料来源：《上党区八年来民力损失总计表》（1946 年）、《晋东南几个县八年来给敌人修碉堡炮楼支差及平毁差役初步调查表》（1946 年），A128-4-7；《寿阳县政府针对八年以来的经济损失状况所做的申请救济报告及损失调查表——民力消耗统计表》（1946 年 7 月），A128-4-86；《平定县民力消耗调查表》（1946 年 6 月），A128-4-70。

除修筑工事等人力消耗外，日军每次“扫荡”总要强迫大批民夫随军服务。特别是 1941 年之后，日军每次所带民力几乎与其兵力相等，甚至民力超过兵力数倍，具体情形可从战后中共太行区统计知之（见表 4.3.3）。

表4.3.3　太行区八年间日军“扫荡”强带民夫人力消耗统计表

年　月	围攻“扫荡”范围	天数	每日所带民夫	共消耗劳力数
1937年12月	榆太和寿祁等县六路围攻	5	200	1 000
1938年4月	九路围攻	15	20 000	300 000
1939年1月	和辽被占	10	6 000	60 000
1939年7月	六路围攻晋东南	15	10 000	150 000
1940年1—3月	冀西晋东年关大“扫荡”	5	8 000	40 000
1940年5月	三四分区春季“扫荡”	7	400	2 800
1940年10月	清浊漳河3次“扫荡”（二三四五分区）	40	8 000	320 000
1941年1—5月	平汉路沿线“蚕食”“扫荡”	70	1 200	84 000
1941年4—5月	二三四五分区5月“扫荡”	7	10 000	70 000
1941年6月	二四分区春耕破坏“扫荡”	5	2 500	12 500
1941年10月	秋季大“扫荡”二三六分区23县	10	2 500	25 000
1942年5月	太行全区大“扫荡”	30	40 000	1 200 000
1942年10月	二六分区7县秋季“扫荡”	7	20 000	140 000
1943年5月	二六分区各一部9县	11	20 000	220 000
1944年全年	二四分区9次每次3天	27	200	5 400
1944年秋	武榆辽襄秋季大“扫荡”	7	300	2 100
1945年全年	二四分区3次	12	300	3 600
总　计				2 636 400

资料来源：《八年来日本法西斯摧毁太行区人民的概述》，A128-2-5。

山西人力资源不仅被日军无节制地大量地无谓消耗，而且此项资源因在所谓“开发”过程中受到严重折损和摧残，其再生能力大大弱化，河津人民挖掘所谓“惠民壕”

的例子就典型地说明了这种状况。据河津僧楼乡南午芹村79岁老人刘存蕃1991年所述：1942年，日军为制造“无人区”，从各县抓来数万苦力，并以武力逼迫他们起早贪黑地挖壕。这些苦力每天除遭受钢丝鞭、木棍毒打外，日军监工和汉奸工头还常以杀一儆百的手段进行恐吓。有一个家住贺家庄的外县青年苦力，日军认为其挖壕不力，乃将之押到该村打麦场大门前并架到门前一条木凳上，随后两手各钉一个长钉且以钢丝拉直脖子，全身固定在门板上，几天即被折磨而死。诸如此类的现象不计其数，无数苦力因之死于非命。贺家庄有一户人家待日军走后回家打扫房屋时，却发现柜子里储放着两具苦力尸体。日军监押苦力挖壕，阎锡山方面则征派数千民夫填壕，而日军一旦发现即开枪扫射，民夫死伤甚众。挖壕苦力与填壕民夫皆穷苦百姓，如此一挖一填不知有多少人死于日军刀枪之下①。又据河津刘仲梅所述：每天早上6点，苦力集中大庙听候日军训话检点，此时壕北中国军队的迫击炮便会轰然而鸣，午间和夜晚休息照例又遭炮击。挖壕时，日伪士兵多隐蔽在洞里饮酒赌博，而来自壕北的炮击和流弹不知打死多少苦力，尸体臭烂，无人掩埋，既令人寒战又臭气难忍。李家庄有兄弟两人，兄16岁，弟13岁，因家境贫寒受雇顶工，两人于顶工的第二天上午同时被流弹击穿脑袋而死。黄村某苦力目睹惨状，恐惧万分，次日借口肚疼，不肯出工挖壕，当即被日军枪毙。“毁民壕”施工半年光景，河津死于此役者约有两三千人②。

从河津的例子可以看出，那些为日军所驱使的民工在劳役过程中，稍有怠慢，或遭摧残，或被鞭抽棍打，或在酷刑下毙命，而能够幸免于难者极为罕见。实际上，其他各地情形莫不如此。据幸存者与受害者家属诉说，日军在辽县（左权）修筑红都炮台时，民夫白天背石运料，晚上赤脚跳入石灰池踩灰，腿脚布满血泡，行走困难。日军以此“一举两得”的做法，既准备好了次日施工用料，又防止了民夫逃跑。这种赤脚踩灰“奇招”夺去了15名壮年男子的性命，并使30多人失去下肢而终身残疾。左权县至今仍流传着一首描述当时凄惨情景的歌谣：“鬼子红都修炮台，辽西人民遭了灾，山本队长无人性，修好炮台埋活人”。意思是1942年日军山本中队在辽县西部地区红都炮台竣工之际，以保密为借口将从天津等外地抓来的技术工匠、修筑碉堡的当地民工300多人，连夜拌和石灰渣活埋于工事外围的深壕之中③。1942年1月，日军在武乡段村周围大修围墙与碉堡，强迫附近25里以内所有村庄各出民夫两名，合计160余人，每日从早到晚只准吃一顿饭，稍一休息即遭毒打。同年，日军在昔（阳）西修

① 《日寇在河津县挖壕的罪行》，《太原文史资料》第21辑，1995年编印。

② 《“毁民壕”给河津人民带来的灾难》，《太原文史资料》第21辑，1995年编印。

③ 王乃德、翟相卫：《日军对华北地区人力资源的掠夺与摧残》，《民国档案》1999年第1期。

筑据点时，强迫当地8到60岁全部男丁服役，每人每天给米6两且不准回家、不准懈怠，遭受酷刑而死或因困饿、劳疾倒毙者则一律埋入城壕[①]。又据太原阎开国所述：1939年，侵入离石和临县一带的日军频繁地到山后“扫荡”并残杀百姓，其中驻石门墕村日军常常强迫村民随军服务，若不需要时即将之推下悬崖摔死[②]。又如“山西急进建设团”大批“团员”（即劳力）常被役使从事开矿、筑路、修桥等各种繁重劳动，以致当时太原流传着这样的顺口溜：“保安队无法无天，警务厅一手遮天，合作社洪福齐天，新民会一天不如一天，急进建设团屁股朝天。”这里所谓“屁股朝天”即指被抓劳力体力过度消耗而身疲力竭之意[③]。也就是说，由于日军对所役劳力的失度使用，这些人即便不死不伤，其身心和体力亦难在短期内得以复原。

三、日军“扫荡”作战及扩充伪组织的人力消耗

日军“扫荡”之时，当地人民一部分转移，一部分青壮年或民兵则坚持对敌作战及从事各种战勤工作，数日乃至数十日无法进行生产，而“扫荡”过后又须一番善后恢复，劳力消耗更为庞大。下面就以中共太行区为例进行说明，详情参见下列各表：

表4.3.4　1937—1945年日军“扫荡”太行区所造成的人力消耗

年　月	围攻“扫荡”范围	天数	每次消耗劳力	消耗总数
1937年12月	六路围攻	5	150 000	750 000
1938年4月	九路围攻	15	1 460 000	21 900 000
1939年1月	和（顺）辽（县）被占	10	150 000	1 500 000
1939年7月	六路围攻晋东南	15	450 000	6 750 000
1940年1—3月	冀西晋东年关大“扫荡”	5	1 400 000	7 000 000
1940年5月	三四分区春季“扫荡”	7	300 000	2 100 000
1940年10月	清浊漳河3次“扫荡”	40	450 000	18 000 000
1941年1—5月	平汉路沿线“蚕食”“扫荡”	70	80 000	5 600 000
1941年4—5月	二三四五分区5月“扫荡”	7	260 000	1 820 000
1941年6月	二四分区“扫荡”	5	120 000	600 000

① 张国祥：《山西抗日战争史》下卷，山西人民出版社1992年版，第17页。

② 《日寇在太原的罪行四则》，《太原文史资料》第21辑，1995年编印。

③ 《一场大规模的劳力掠夺内幕》，《太原文史资料》第21辑，1995年编印。另据课题组2002年2月1日对文水县乐村77岁老人孙统祥的调查访问，当时在该地亦流传着类似的顺口溜：日本兵，罪恶滔天；宪兵队，一手遮天；特工队，无法无天；新民会，牛屁冲天；黑狗子，手心朝天；警备队，恨地怨天；挺进队，屁股朝天；老百姓，叫苦连天；八路军，胆大如天；日本人，一天不如一天。又有：汾河水黄又黄，日本鬼子真猖狂。昨天烧了胡家堡，今天又抢王家庄。逼着青年当炮灰，箍上老年运军粮。炮灰打死抛野外，运粮累死丢路旁……

续表

年　月	围攻“扫荡”范围	天数	每次消耗劳力	消耗总数
1941年10月	二三六分区秋季大“扫荡”23县	10	1 000 000	10 000 000
1942年5月	太行全区大“扫荡”	30	2 000 000	60 000 000
1942年10月	二六分区秋季“扫荡”7县	7	1 000 000	7 000 000
1943年5月	二六分区各一部9县	11	450 000	4 950 000
1944年全年	二四分区	27	120 000	3 240 000
1944年	三四分区秋季“扫荡”	7	270 000	1 890 000
1945年全年	二四分区	12	120 000	1 440 000
总　计				154 540 000

资料来源：《八年来日本法西斯摧毁太行区人民的概述》，A128-2-5。

表4.3.5　1939—1945年太行区人民参战劳力统计表（节录）

年　月	战役范围	天数	参战劳力	共需劳力
1939年	白晋战役（榆武）	15	10 000	150 000
1939年	邯长战役（黎涉）	60	90	5 400
1940年8月	百团大战	平均10	400 000	4 000 000
1944年	榆武战役	30	16 000	480 000
1945年	和辽战役	25	2 000	50 000
1945年	上党战役	30	100 000	3 000 000
总计				7 685 400

资料来源：《八年来日本法西斯摧毁太行区人民的概述》，A128-2-5。

表4.3.6　1937—1945年太行区民兵自卫队反“扫荡”所耗劳力

年　月	反“扫荡”范围	天数	每日参战人数	参战消耗劳力总数
1937年12月	六路围攻	5	600	3 000
1938年4月	九路围攻	15	10 000	150 000
1939年1月	和（顺）辽（县）被占	10	600	6 000
1939年7月	晋东南六路围攻	15	10 000	150 000
1940年1—3月	冀西晋东年关反“扫荡”	5	6 000	30 000
1940年5月	三四分区春耕反“扫荡”	7	2 000	14 000
1940年10月	清浊漳河3次反“扫荡”	40	10 000	400 000
1941年1—5月	平汉路沿线反“蚕食”反“扫荡”	70	85 000	5 950 000

续表

年　月	反“扫荡”范围	天数	每日参战人数	参战消耗劳力总数
1941年4—5月	二三四五分区5月反“扫荡”	7	20 000	140 000
1941年6月	二四分区春耕反“扫荡”	5	2 000	10 000
1941年10月	二三六分区秋季反“扫荡”	10	5 000	50 000
1942年5月	太行全区反“扫荡”	30	20 000	600 000
1942年10月	二六分区秋季反“扫荡”	7	20 000	140 000
1943年5月	二六分区各一部反“扫荡”	11	14 679	161 469
1944年全年	二四分区9次反“扫荡”	27	2 000	54 000
1944年	三四分区秋季反“扫荡”	7	25 000	175 000
1945年全年	二四分区6次反“扫荡”	12	30 000	360 000
总　计				8 393 469

资料来源：《八年来日本法西斯摧毁太行区人民的概述》，A128–2–5。

除上述各表所示人力消耗外，1938—1945 年太行区抗战后勤工作亦至少消耗劳力 240 000 000 个[①]。而且，这些数据很不完整很不全面，或者说仅仅是日军主要“扫荡”与围攻作战的一个基本统计，其他如日军零星的“奔袭”或包围以及在边沿地区的轮番搜索和频繁“扫荡”等活动均未计算在内。如，1945 年武（乡）西西沟村在 1 个月内即被日军“奔袭”包围 20 余次。若将这些劳力消耗全部统计，其数难以估量。

与此同时，日军扩充伪军及其他伪组织所耗人力同样十分巨大。尽管用于编制伪军和构建伪组织的具体人数无法查考，但就每次所掠人力少则几十人而多至上千人的情形来看，八年间的数目应是相当可观的。这些伪组织人员或心甘情愿地充当汉奸而为虎作伥或为生活所迫而出任伪职，然其生活状况却大都不见得有多么乐观甚或极为凄惨，清源伪警备队所编“警备队十大凄慌（惶，下同）”歌就清楚地表达了他们的人生遭际。歌词曰：一凄慌一凄慌，没盐闷粥淡水汤；二凄慌二凄慌，石圪台坑冷冰房；三凄慌三凄慌，两月只发半月饷；四凄慌四凄慌，出发常常吃不上；五凄慌五凄慌，白天出发夜站岗；六凄慌六凄慌，出发过来打头仗；七凄慌七凄慌，冬天不发棉衣裳；八凄慌八凄慌，闹钱闹了一身伤；九凄慌九凄慌，父母妻子见不上；十凄慌十凄慌，挨打受气无处讲[②]。有些地方甚至还不时发生日军残杀伪军事件。至于日军在

① 《八年来日本法西斯摧毁太行区人民的概述》，A128–2–5。

② 《敌寇在平川县的“第五次治强运动”及其他》（1943年4月20日），中央档案馆、中国第二历史档案馆、吉林省社会科学院合编：《华北治安强化运动》，中华书局1997年版，第792页。

占领区内大量组建各种伪组织所耗费之人力，则以“治安强化运动”期间大规模组织训练保甲“自卫”团的例子得以说明。该团规定各村17岁以上50岁以下男子一律参加，以村为单位自行训练，每周出操1天，上课若干次；每年定期集训两次，每次1个月，并随时进行临时集训[①]。据1941年《山西省模范地区各县（伪）警备队“自卫”团统计表》，雁门道（11个县）、冀宁道（2个县）、河东道（3个县）计有“自卫”团1 139个、团丁73 389名[②]。截止第二次“治安强化运动”“终了计算，治安区内各县之普通自卫团，均已大半编制完成。计汾阳、平遥、祁县、介休、太谷、沁县、临汾、曲沃、翼城、安邑、崞县、代县、忻县、太原、岚县、霍县、徐沟、寿阳、榆次、永济、新绛、清源、赵城、阳曲、交城、汾城、繁峙、襄垣、夏县等30县，其团丁数目最多者如曲沃、翼城，均在13 000至15 000名以上；汾阳、沁县、太谷、介休、祁县、临汾、崞县、安邑、代县、襄垣等多则8 000名以上，少则二三千名之谱，并乡村施以训练。此外，定襄、盂县、阳曲、汾阳各县，于普通团外，并另行设置特别自卫团，系由普通团中选拔优秀团丁，分区编制，配以枪械，施以正式军事训练，介于军警之间。其他各普通团，计编成区队127队，村队3 053队，闾队17 084队，共197 000余人。”[③]又据伪山西省公署警务厅1942年所编《山西省警政年鉴》记载：第三次“治安强化运动”期间，雁门道、冀宁道、河东道、上党道4道保甲编竣520编村，又492保、349甲、1 435闾、5 175邻，以及青年团20个、少年团24个、少女团6个、妇女团7个，共计80 646人[④]。日军强制组织这些人丁的用意在于“确立地方治安”并“协力援助匪犯之搜查及警戒通信等工作”[⑤]。

第四节 人力资源受损的经济社会影响

人力资源是整个人口的一部分，而人口是社会生活与社会发展的主体，亦是社会生产力不可或缺的前提和要素，以及“全部社会生产行为的基础和主体”[⑥]。人口对

① 《敌寇在平川县的“第五次治强运动”及其他》，中央档案馆、中国第二历史档案馆、吉林省社会科学院合编：《华北治安强化运动》，中华书局1997年版，第798—799页。

② 《（伪）山西省公署三周年施政纪要》（1941年），中央档案馆、中国第二历史档案馆、吉林省社会科学院合编：《华北治安强化运动》，中华书局1997年版，第358页。

③ （伪）山西省公署警务厅编：《山西省警政年鉴》，（伪）山西省公署警务厅1942年。

④ （伪）山西省公署警务厅编：《山西省警政年鉴》，（伪）山西省公署警务厅1942年。

⑤ 中央档案馆、中国第二历史档案馆、吉林省社会科学院合编：《华北治安强化运动》，中华书局1997年版，第164页。

⑥ 《马克思恩格斯全集》第二卷，人民出版社1972年版，第102页。

社会经济发展的影响甚大，而其发生影响的核心要素则在于人口中的人力资源部分。人力资源是构成生产力诸要素中起主导作用的要素，它与人口及其他资源一样，不仅具有量的规定性，更具有质的规定性，即人力资源是质与量的统一。而且，“人力资源在数量和质量上能否做到优化供给与配置，很可能成为未来社会能否实现可持续发展的关键”[①]。因之，战时山西人力资源质与量的磨损、消耗和流失，必然对社会经济发展造成持久的不可估量的损失。

由于人力资源量的规定性表现为具体的劳动力人口，而劳动力人口则由许多具有不同质的有生命的个人组成，就每一个体而言，他们都要受到个体生长周期的限制，如婴幼儿期、儿童期、少年期、青年期、壮年期和老年期等，人力资源的开发和利用势必受到这一周期的影响。具体言之，每一个体在整个生命过程中只有一段时期可供社会生产活动之用，故被视为人力资源的组成部分，而人口个体的这段时期即是其具有现实劳动能力的时期。也就是说，人力资源具有个体时效性[②]。战时山西人力资源不仅在量上不断耗损或流失，而且由于日军无节制的无效配置，大量人力资源的时效性没有得到适当发挥或失去了发挥作用的特定时段，以致形成资源浪费，并使得广大地区既无足够人力从事生产更无足够人力修复遭受毁坏的物质生态环境，进而对山西社会经济发展产生严重的负面影响。正如先前的研究成果所指出的那样：“中国的经济发展以高劳动投入为特征，这在传统经济学理论中似乎处于较低层次的经济发展阶段，但在中国特定经济发展条件下却是不可逾越的，也是中国经济获得发展的最重要途径之一。”[③]山西此时就处于这样一种“不可逾越的”依赖人力或“高劳动投入”的传统农业社会阶段，一旦人力投入不足或遭遇窒碍，整个生产活动立时陷于疲敝状态。例如，“在长治、潞城敌据点附近村庄，由于敌寇的疯狂抓丁和抢拉牲口，村里男人很少，大部分田地均已荒了，满生着野草”。“路西敌占区三分之一的田地尚未犁耙，田间人迹稀少”[④]。在中共晋绥边区，由于日军大肆屠杀以及大量人口流离逃亡，农村劳动力较战前减少1/3以上，无数土地因无人耕种荒芜，许多农活因违时耽误，加之牲畜、种子、肥料和生产工具缺乏，农业生产远不如从前。据统计，晋绥边区耕地面积在1940年已减至战前的84.5%，土地产量一般山地比战前减少1/3，下等山地每亩仅产粮折小米3升多；棉花产量55 000斤，仅及战前160多万斤之约3%；胡麻、

① 李竞能编著：《人口理论新编》，中国人口出版社2001年版，第332页。
② 赵秋成：《人力资源开发研究》，东北财经大学出版社2001年版，第17页。
③ 朱国宏等：《中国社会变迁：反观与前瞻》，复旦大学出版社2001年版，第27—28页。
④ 《壮丁牲口被拉尽，田园荒芜草丛生》，《新华日报》（华北版）1943年6月3日。

黄芪、烟叶、药材等经济作物产量均较战前大为减少[①]。山阴、雁门关附近到忻口一线地区亦因农民大批逃亡，耕地荒废者甚多，农业生产受到致命摧残。据日本华北经济研究会、日本天津中国问题研究所等日伪经济情报部门统计：晋北地区所有农作物均较战前大幅减产，其中减产最少的黍稷亦仅及战前产量一半左右，而减产最多的作物甚或只及战前产量的3%[②]。又据襄垣王村调查：战前（1936年）二等地每亩产粮2石，三等地1.6石，四等地1.4石；战时（1941年）二等地每亩产粮1.8石，三等地1.5石，四等地1.3石。产量下降的原因包括劳动力减少、劳动力组织不够、日伪频繁“扫荡”及“开会”支差耽误春耕、肥料短缺、群众生产情绪低迷等[③]。由此可见，人力资源配置失范以及大量无效消耗或浪费乃是整个生产停滞、衰退或产值下降的主因。

毫无疑问，日军在各地大量掠夺并消耗人力对当地社会经济发展产生了灾难性的影响。例如，祁县同蒲铁路以南村庄当时总人口不过4万余，而村民无偿为日军服役用工竟达1 445 378个，按每工折小米4公斤计算，耗粮5 781 512公斤[④]。榆次全县人口51 391人，除妇孺老弱无法支差外，能够服役的12 830人八年间合计出差5 617 000工，每人平均出工437天，若每工以100元计，每人折合工资约43 780元，每年平均差费约5 472.5元，且各种误工损失尚未计算入内[⑤]。方山县日占区人民深感无法应付日军永无宁日的修筑碉堡和公路等强迫性劳动，1942年4月不少村庄每人月平均做苦工20多天，5月“在开府和马坊修碉堡，并重修汽路。圪洞以北丈余，全用石子，工程浩大，附近村民每人服役需二十天至一月左右，春耕不能下种，良田损坏无算。”及至七八月间，又因公路多被雨水冲垮，沿路村庄每人每月做工达27天之多，倘若不到则每人每日罚洋10元，而且规定12—65岁村民均在服役年龄范围之内。由于日军不断抓人，许多耕地未能及时下种，即便下种亦多因无法锄草而庄禾被草“吃光”。到了深秋甚至进入冬季，“如果你当时走到方山的大川或任何山沟，还会看见高高的高粱杆还伫立在田野里，当你和那一带的同胞提到地里的庄稼不能收获时，无论男女老少，多挥泪痛哭不止。”[⑥] 阳曲县日军则为密切与该县北山一带的联系，自1942年阴历正月起即动工修筑由古交至西曲之间的汾河大桥，其工程浩大，每日强

① 刘欣、景占魁主编：《晋绥边区财政经济史》，山西经济出版社1993年版，第53页。

② 居之芬、张利民主编：《日本在华北经济统制掠夺史》，天津古籍出版社1997年版，第144页。

③ 《襄垣王村农产下降》，《新华日报》（华北版）1942年3月24日。

④ 王乃德、翟相卫：《日军对华北地区人力资源的掠夺与摧残》，《民国档案》1999年第1期。

⑤ 《晋东南几个县八年来给敌人修碉堡炮楼支差及平毁差役初步调查表》，A128-4-7。

⑥ 师海云：《敌寇在方山》，《抗战日报》1942年12月19日；《方山开府敌增据点，强迫民众修筑碉堡》，《抗战日报》1942年5月23日。

征附近百姓四百余，虽在春耕期间亦不稍减，做工百姓则从早到晚不得休息[①]。又，五台前坪村40户人家男女老少120口人每人每年平均出工270天，约为全年日数的3/4，只有约1/4的时间用于农业劳作[②]。此外，日军还大量组建脱离生产的伪组织和伪团体，如1942年2月在汾离公路两侧“限定每村抽拔七人，发给武器，组织脱离生产的‘护路队’”[③]。

日军掠夺或强征各地民众从事劳役活动之时毫不顾及农时闲忙与否，总是根据战事需要进行征集与抓捕，从而导致农业生产凋敝，民不聊生。仅据中共太行区统计，日占期间消耗劳力1 503 584 869个（工），折米7 517 924 345斤；荒芜土地1 211 170亩，折米936 060 800斤，两项合计折合法币248 619 554 350元[④]。如此惨重之损失对以农业为基础的山西经济无疑是致命打击。正是由于日军的入侵和劫掠，山西农村生产力严重削弱，社会经济出现极度衰退或破产景象。战时许多青年特别是日占区青年为躲避拉丁抓夫纷纷逃往他乡，有的甚至剁去手指，以免为日军所役，诸如此类的人力资源流失与磨损对农业生产的影响同样显而易见。例如，战前太行区每个劳动力平均耕地20亩，1942年则须耕种30—40亩[⑤]。同时，由于人力受损，其他经济领域如商业、手工业等也遭受了毁灭性的破坏。如，1942年1月，太原日军“在城内疯狂抽丁，规定各商号职员凡在二十人左右者抽四人，十五人左右者抽三人，七八人者抽二人，连日各商号无法营业，相继倒闭。”[⑥]2月5日晨，日本宪兵队太原经济班在治安警察协办下，大肆抓捕商人，共抓棉布业12家（人）、杂粮商14名[⑦]。

从人口生态学或人口经济学角度而言，“经济发展是人力资源、经济资源和自然资源三者合理结合后形成的”，但其“发展的水平及其趋势决定于人力资源”[⑧]。战时乃至战后山西可资利用的人力资源不仅因日军侵略而在量上大为减少，且因这些人

---

① 《敌寇日驱同胞四百余，修筑汾河大桥》，《抗战日报》1942年6月20日。

② 中央档案馆、中国第二历史档案馆、吉林省社会科学院合编：《华北大“扫荡”》，中华书局1998年版，第882—883页。

③ 《敌沿汾离公路隔五里修筑一碉堡》，《抗战日报》1942年2月26日。

④ 《八年来全区人民在生产战线上损失总数统计》《八年来日本法西斯摧毁太行区人民的概述》，A128-2-5。

⑤ 太行革命根据地史总编委会编：《太行革命根据地史稿（1937—1949）》，山西人民出版社1987年版，第171页。

⑥ 《太原敌寇狂抽壮丁》，《新华日报》（华北版）1942年1月26日。

⑦ 董维民：《日伪侵晋档案辑要》，《山西文史资料全编》第9卷，《山西文史资料》编辑部1999年编印。

⑧ 潘纪一主编：《人口生态学》，复旦大学出版社1988年版，第376页。

口的身心、文化等内在质素遭受不同程度的摧残，其质量亦出现明显退化现象，而这种质的变化则对社会经济发展的拘束力更大。基于此，我们有必要简单地分析一下人力资源素质下降程度及其对社会发展所产生的影响。首先，战时山西人口之身心健康呈现出令人担忧的局面，而健康素质“通常影响劳动者从事经济活动的劳动效率、工作耐久力，及其一生中为社会提供劳动的数量和质量”①。如前文所述，战争期间，由于生活环境恶化，人们营养缺乏，每天摄入能量较少，加上医疗卫生条件差以及疫病流行，劳动人口健康素质下降，发病率和死亡率提高，平均预期寿命缩短，从而降低了劳动年龄人口中参加生产劳动的人口比例，或劳动者从事经济活动的劳动效率、工作耐力、劳动质量和数量及其向社会提供有效劳动的时间。同时，恶化的健康状况亦制约了劳动力的再生产（即维持和再生产出活的人体的体力和智力），而劳动力再生产则是物质资料再生产的前提条件。由此可知，人口健康因素所引起的上述后果从总体上并可持久地阻滞社会经济发展。例如，1942 年五台胡家庄“在敌人治强运动各种摧残毒害下，人民疾病蔓延……已有九十余名病死，尚有百来人染病在床，奄奄垂危。秋禾在野，无人收获。而这一带重要出产品花椒，至今仍未收完，损失甚大。”②又如，交城“敌寇强迫种植鸦片。仅一区每年种六千亩，每年抽税约五十万元，又极力推销料面。……无数居民以及青年男女均被毒化，村庄凄凉，人民破产。”③此外，心理健康作为一种精神资本亦具有巨大的社会与经济价值，然战时人们精神、心理均受到了不同程度的侵害，凡日军所及地区之人民多处苦闷不安状态，全村逃亡或全家自杀事件时有发生，有些人意志消沉、生活颓废，而有些人如少数知识分子则在威胁利诱之下加入了“新民会”“兴亚会”等敌伪组织乃至堕落为日军特务④。这种情形对社会经济发展的影响是隐形的，其危害却是不可测量的。其次，战时由于文化教育资源受到严重毁坏以及缺乏稳定的社会环境，人们失去了正常接受教育的渠道和机会，人口文化素质呈急剧下降趋势。著名经济学家于光远指出：“人是生产活动的主体，生产的发展归根结底要取决于人的作用的发挥”，而人的作用的发挥不仅局限于体力的释放，还在于智力的合理恰当开发和利用⑤。日军对文化教育机构的摧毁及对各级教师的迫害直接影响了未来的潜在的人力资源的教育开发，同时对大批知识分子的拘捕

① 赵秋成：《人力资源开发研究》，东北财经大学出版社2001年版，第10页。

② 《在敌寇残酷毒害下，五台敌占区恶病盛行》，《晋察冀日报》1942年12月2日。

③ 《交城敌占区满目凄凉》，《晋察冀日报》1942年9月6日。

④ 彭德怀：《敌寇治安强化运动下的阴谋与我们的基本任务》（1941年11月1日），中共太行区党委编：《太行党六年来文件选辑补编》，1944年。

⑤ 于光远：《人力资源及其利用》，《江淮论坛》1980年第5期。

屠杀或变相利用又使一部分高素质人口失去应有功效。另外，战时人们不良的身心状况也在某种程度上影响了掌握科学文化知识的能力。这些因素又最终导致现时的和潜在的劳动人口的智力水平和科学文化素质的降低，进而制约生产力的提高及社会经济的发展。再次，由于人力资源的磨损、消耗与流失，鳏寡孤独、身体致残等无生活能力者不断增多，社会上需要抚养的人口占总人口比例迅速膨胀，社会经济压力日益沉重，从而成为战时严重的社会问题并对战后经济复兴产生了极其不利的影响。如，中共晋西北根据地周边区域群众在日占期间被敌致残 12 462 人，因战争鳏寡孤独无助者 88 060 人、患慢性疾病而影响劳作或不能劳动者 44 423 人，因敌强奸而身患各种疾病的妇女 25 357 人[①]。又据晋东南部分县份统计，日占期间因敌蹂躏而孤寡者 40 502 人，负伤残疾者 76 186 人，患各种疾病者 417 805 人[②]。最后，战争形成了大量难民，而其中相当一部分就属于可资利用的人力资源，但这部分资源不仅在流离过程中无谓消耗，且质量严重亏损。如，中共晋绥边区战后无衣无食无住急待救济以恢复生产能力者达 590 387 人[③]。据统计，战后全省总人口 11 601 026 人中有难民 1 868 362 人、流离人口 2 885 480 人，两项合计 4 753 842 人，约占总数的 41%[④]。凡此种种，均对山西社会经济的可持续发展造成了严重恶果。

---

① 《晋绥边区因敌灾天灾所引起各种灾难民统计》，A90-1-28。

② 《晋东南十七县八年来人口损失调查表》（1946年），A128-4-7；《太岳区八年来被敌杀伤人口及各种灾害统计表》（1946年6月24日），A71-1-75；《长治八年来被敌欺侮与损失统计表》（1946年），A128-4-13。

③ 《晋绥边区无衣无食无住急待救济以便恢复生产能力者》，A90-1-28。

④ 《外交部抄送抗战期间（部分）财产损失报告表暨难民及流离人民总数表致驻外使领馆代电及附表》（1946年3月26日），中国第二历史档案馆编：《中华民国史档案资料汇编》第五辑第三编外交，江苏古籍出版社2000年版，第190页。

第五章 文化教育资源损失

日本入侵中国之时，深知单凭军事力量难以征服中华民族，而体认到若没有文化上的降服就不可能在真正意义上使之“亡国灭种”，其殖民统治自然不会成功。也就是说，日本侵华目的不仅在于攻城略地，更在于从根本上摧毁中国人的抵抗精神及其固有的文化传统，使之成为天皇管制下的“子民”。在整个侵华过程中，日军始终贯彻军事、经济、政治与文化多位一体的总体战略。其“文化战”主要表现在以下几个方面：（1）对中国文教设施、文化典籍和名胜古迹进行毁灭性破坏，以彻底摧毁中国原有的文化教育基础和历史文化根基；（2）运用各种手段对中国人民进行奴化宣教，以确立日本的“皇民化”思想；（3）利用新闻传媒、社会团体、宗教、帮会、封建礼教、民俗以及纪念日等活动来麻痹中国人的精神、疲惫中国人的意志，以利奴化教育的推展。由于日军极力推行文化殖民主义侵略，中国文教事业在抗日战争期间遭遇空前浩劫，损失惊人。

第一节 文化教育资源直接损失

日军侵晋以来，为了从根本上摧毁山西文教事业，以轰炸、纵火、抢掠等各种手段肆意地毁坏各地文教设施。日军所到之处，学校停办，师生流散，资产尽失。例如，太原失陷之时，山西省政府下令各大专院校停课解散，所有文书档案、图书仪器、物资设备大多失散或毁于战火。运城沦陷后，城内省立中等学校 4 所、私立中学 3 所、职业中学 1 所全部被迫停办，在校学生 2 000 余人不得不停课遣散，运城中学被日军烧毁，其他校址则成为日军兵营和仓库。日军对抗日根据地所发动的历次“扫荡”，亦均将各类学校和文化机构作为重要破坏目标。如，1940 年冬日军大规模“扫荡”晋西北抗日根据地，据文水、汾阳等 18 县统计，共烧毁校舍 108 处，杀害师生101名①。日军侵入晋东南后，相继摧毁了一批学校与文化机关，省立长治中学、长治师范学校、长治职业中学、长治女子中学和乡村师范学校以及晋城崇实沪泽中学、阳城中学、沁县潼川中学全部被毁，各个学校理化仪器、文物、实验标本及图书等数学设备则被抢掠一空。榆社中学5间图书馆所藏化学、历史、社会科普、诸子百家图书集成以及各国文字洋装或精装图书数千类两万余册悉被付之一炬，其他大学、师范、中学、高小损失图书及理化仪器、药品、科学标本、体育用具等设备按时价均在100万元以上②。据1946年武乡不完全统计（缺三个区），该县战前拥有初小212座、学生9 816人，八年间被敌摧毁102座，损失总值2 925 344元，战后需要恢复101座并需救济费254 100元③。中共太岳区在战争期间损失初级小学6 000座、高级小学120座、中学和乡师15座、省立中学8座，若以时价折算，重建这些学校则需资金3 910 000 000元④。下面的部分统计数据清晰地描述出了这一情景。

表5.1.1 山西省立学校财产直接损失统计表（单位：元/法币）

学校名称	共计	建筑物	器具	现款	图书	仪器	医用药品	其他
省立大同师范学校	29 900 000	1 400 000	3 000 000	—	4 500 000	14 000 000	7 000 000	—
省立宁武中学校	98 700 000	18 000 000	8 700 000	—	—	—	—	72 000 000
省立商业专科学校	63 046 000	12 400 000	1 280 000	2 400 000	31 280 000	——	——	15 686 000
合计	191646 000	31 800 000	12 980 000	2 400 000	35 780 000	14 000 000	7 000 000	87 686 000

资料来源：《山西省政府关于抗战期间人口、财产直接损失汇报表》，B13-1-75。

① 山西省史志研究院编：《山西通志·教育志》，中华书局1999年版，第6—7页。
② 《八年来晋东南人民被敌蹂躏的一瞥》，A128-4-8。
③ 《武乡县八年来战争中群众损失统计表》（1946年8月4日），A128-4-26。
④ 岳谦厚：《战时日军对山西社会生态之破坏》，社会科学文献出版社2008年版，第239页。

表5.1.2　山西省各县县村立学校财产直接损失统计表（单位：元/法币）

学校名称	共计	建筑物	器具	现款	图书	仪器	医药用品	其他
交城县立两级小学	15 300 000	6 250 000	2 250 000	—	4 000 000	2 000 000	—	800 000
隰县学校	26 238 211	15 443 908	4 850 503	—	3 915 800	360 000	—	1 668 000
安邑县立中心学校	861 305 050	662 604 500	25 396 200	125 084 150	32 534 000	3 994 000	50 000	11 642 200
临晋县立学校	98 989 254	332 294	50 335 960	—	25 945 000	21 670 000	—	706 000
永和县各级学校	10 049 900	7 300 000	1 057 800	—	262 500	1 330 000	—	99 600
太原县立各级学校	2 920 500	735 000	1 517 500	—	430 000	23 1000	—	7 000
襄陵县立各级学校	23072 570	14 858 800	5 126 700	300 000	2 027 600	519 470	120 000	120 000
崞县县区立各学校	50495 800	16 400 000	9 349 000	—	10 100 000	—	—	14 646 800
河津县立高小及实验小学	105 952 200	3 275 000	691 500	—	547 000	100 800 000	—	638 700
静乐县各级学校	13 507 000	5 157 000	2 150 000	—	2 080 000	2 280 000	—	1 840 000
荣河县学校	35 380 050	16 335 000	16 920 400	—	1 692 650	250 000	—	182 000
繁峙县立学校	22 487 000	11 432 000	2 250 000	—	2 775 000	6 030 000	—	—
洪洞县立及村立学校	9 887 000	4 718 500	1 778 100	—	1 368 400	1 187 000	—	835 000

续表

学校名称	共计	建筑物	器具	现款	图书	仪器	医药用品	其他
五台县各区村立学校	686 113 930	298 758 700	298 810 310	1 500 000	28 915 900	254 000	5 000 000	52 875 020
新绛县立各级学校	137 735 000	73 700 000	31 205 000	—	19 850 000	8 490 000	—	4 490 000
新绛东韩治村学校	16 000	—	16 000	—	—	—	—	—
祁县中心学校及小学	134 020 900	13 500 000	36 953 500	—	38 472 900	18 861 500	—	26 233 000
代县县立各学校	53 349 760	29 556 000	5 168 960	—	3 984 800	12 792 000	—	1 848 000
寿阳县区村立学校	172 345 000	18 445 000	79 220 000	10 200 000	27 140 000	1 020 000	—	36 320 000
永济县立学校及民教馆	38 377 000	26 110 000	4 584 000	150 000	5 376 000	347 000	100 000	1 710 000
孝义县中心学校	35 826 510	3 918 700	5 869 340	—	6 756 330	11 553 300	—	7 728 840
介休县立各级小学校	45 030 830	12 648 140	14 159 200	—	8 159 500	5 595 600	—	4 468 390
怀仁县立各级小学校	39 502 040	25 670 000	5 476 500	—	3 428 540	300 000	—	4 627 000
蒲县县立学校	127 700 850	16 989 000	11 344 600	21 650 000	4 690 050	1 530 750	67 299 900	4 196 550
乡宁县立学校	24 433 800	6 268 000	9 795 800	—	6 168 200	38 000	—	2 163 800
稷山县立中心国民学校	8 918 500	3 330 000	5 588 500	—	—	—	—	—

续表

学校名称	共计	建筑物	器具	现款	图书	仪器	医药用品	其他
汾阳县立各学校	7 522 159 500	51 790 600	79 177 700	600 000	1 701 200	7 387 490 000	—	1 400 000
平陆县立各学校	65 950 700	31 965 000	19 672 100	—	5 420 100	2 588 000	—	6 305 500
霍县各级小学校	64 217 400	51 755 000	6 760 000	1 124 200	1 109 200	2 724 000	—	745 000
临汾县立各级小学校	98 329 700	51 046 000	34 352 000	—	7 605 200	3 490 000	100 000	1 736 500
临汾县各村立学校	276 792 222	163 658 560	75 889 500	470 472	6 381 100	11 139 190	—	19 253 400
虞乡县各小学校	18 524 205	8 192 500	3 675 520	1 277 185	2 025 500	2 418 500	—	935 000
芮城县立及村立学校	337 333 420	256 802 740	35 491 010	17 012 300	9 623 430	9 567 030	—	8 836 910
吉县所属各级学校	40 299 800	24 900	6 374 000	1 855 000	21 636 900	4 140 000	—	6 269 000
榆次县立学校	9 840 000	5 400 000	3 323 000	—	82 000	1 005 000	—	30 000
大宁县立学校	16 326 584	13 650 000	1 586 584	175 000	300 000	500 000	—	115 000
汾城县立中心学校	54 832 000	14 748 000	13 709 500	—	19 593 500	6 781 000	—	—
猗氏县立学校	25 968 250	11 170 000	3 182 050	—	1 855 200	6 661 000	—	3 100 000
宁武县立学校	32 384 200	19 020 000	10 172 400	—	1 386 200	944 000	—	861 600

续表

学校名称	共计	建筑物	器具	现款	图书	仪器	医药用品	其他
寿阳县立各级学校	114 075 882	14 164 380	77 632 555	2 958 105	6 430 340	10 435 800	—	2 454 702
太谷县立各小学校	285 668 000	48 000 000	53 820 000	—	20 850 000	53 000 000	—	109 998 000
曲沃县立学校	40 216 930	2 321 500	213 700	29 180	35 850 000	1 561 000	57 550	184 000
合计	11 781 873 448	2 037 444 722	1 056 896 992	184 385 592	382 470 040	7 705 878 140	72 727 450	342 070 512

资料来源：《山西省政府关于抗战期间人口、财产直接损失汇报表》，B13−1−75。

表5.1.3　山西省私立学校财产直接损失统计表（单位：元/法币）

学校名称	共计	建筑物	器具	现款	图书	仪器	医药用品	其他
私立并州中学	358 654 000	99 344 000	20 710 000	—	80 000 000	50 000 000	—	108 600 000
芮城县私立学校	13 485 000	3 800 000	1 155 000	2 400 000	2 800 000	2 280 000	950 000	100 000
解县基督培真小学校	1 100 000	—	500 000	—	100 000	500 000	—	—
合计	373 239 000	103 144 000	22 365 000	2 400 000	82 900 000	52 780 000	950 000	108 700 000

资料来源：《山西省政府关于抗战期间人口、财产直接损失汇报表》，B13−1−75。

表5.1.4　山西省各县县村立学校财产间接损失统计表（单位：元/法币）

学校名称	共计	迁移费	防空设备费	疏散费	救济费	抚恤费
静乐县城内各学校	2 030 000	300 000	500 000	30 000	800 000	400 000
介休县立各初级中学	500 000	200 000	100 000	—	—	200 000
虞乡县各村学校	3 931 500	80 000	727 000	2 210 700	893 800	20 000
猗氏县村立学校	1 500 000	800 000	500 000	200 000	—	—
宁武县各小学校	762 000	90 000	84 000	180 000	198 000	210 000
合计	8 723 500	1 470 000	1 911 000	2 620 700	1 891 800	830 000

资料来源：《山西省政府关于抗战期间人口、财产直接损失汇报表》，B13-1-75。

表5.1.5　山西省省立学校财产间接损失统计表　（单位：元/法币）

学校名称	共计	迁移费	防空设备费	疏散费	救济费	抚恤费
省立大同师范学校	93 000	8 000	12 000	70 000	3 000	—
省立宁武中学	5 380 000	—	1 500 000	840 000	200 000	2 840 000
合　计	5 473 000	8 000	1 512 000	910 000	203 000	2 840 000

资料来源：《山西省政府关于抗战期间人口、财产直接损失汇报表》，B13-1-75。

表5.1.6　中共太岳区八年间文化事业受敌摧残损失统计

机关种类	损失数目	每处建设费（元/法币）	共需建设费（元/法币）
省立县立中学及师范	省立8处 县立47处	20 000 000 10 000 000	630 000 000
高级小学	123处	500 000	61 500 000
初级小学	4 750处	200 000	950 000 000
民众教育馆	15处	700 000	10 500 000
总计	1 652 000 000元		

资料来源：《太岳区八年来敌灾损失初步统计材料》（1946年），中央档案馆、中国第二历史档案馆、河北省社会科学院编：《日本侵略华北罪行档案·损失调查》，

河北人民出版社 2005 年版，第 183 页。

表5.1.7　中共晋冀鲁豫边区八年间文化事业遭敌摧残损失统计

文化机关	摧毁座数	每座需建筑费	共需建筑费（元/法币）	备考
初级小学	46 567	500 000	23 283 500 000	1.每个行政村以1所小学计； 2.每县平均以5所高小计； 3.县立中学包括乡师在内。
高级小学	1 000	5 000 000	5 000 000 000	
县立中学及教育馆	400	10 000 000	4 000 000 000	
省立中学	50	200 000 000	10 000 000 000	
合计	48 017		42 283 500 000	

资料来源：《晋冀鲁豫边区八年抗战中人民遭受损失调查统计表》(1946 年 1 月)，中央档案馆、中国第二历史档案馆、河北省社会科学院编：《日本侵略华北罪行档案·损失调查》，河北人民出版社 2005 年版，第 167 页。

表5.1.8　中共晋绥边区八年间文化事业损失初步统计

文化机关	损失数	图书及仪器	价值（法币）
中学师范	9座	仪器4.5副、图书48 000册	2 820 000 000
高小完小	122座	137 960册	1 379 000 000
初小	1 866座	931 256册	5 588 136 000
图书（文教）馆	20座	65 271册	1 304 340 000
私人藏书	235家	96 156册	1 923 120 000
合计	13 014 596 000元		

资料来源：《晋绥边区抗战八年损失：文化事业损失初步统计》（1947 年），中央档案馆、中国第二历史档案馆、河北省社会科学院编：《日本侵略华北罪行档案·损失调查》，河北人民出版社 2005 年版，第 272 页。

上述各组数据大致反映了当时山西文教事业遭受劫掠或毁坏的基本情形。由于日军的毁灭性破坏，山西大批学校不得不关闭、迁移或迁移后又关闭，无以计数的在校学生和学龄儿童因之失去入学接受教育机会并走上失学之路。据战后部分县份的不完全统计，因日军破坏而致适龄儿童失学计阳城 11 679 人、晋城 4 444 人、陵川 4 145 人、黎城 2 377 人[①]。与此同时，日军还大肆摧残或屠杀文化界人士以及教育工作者，如《新华日报》总编辑何云、太行著名作家蒋弼和陈默军、太岳报社社长魏璋、《新华日报》

① 《善后救济总署晋绥察分署第八工作队灾情报告表》，A128-4-8。

编辑王佩琳以及记者黄文迁等人均死于日军枪弹之下[①]。这种损失虽然是隐形的，而其影响却是久远且难以用数据来度量的。

除此之外，日军为割断中国文化传承的血脉并扫除其文化殖民的障碍，对山西悠久而丰富的文化古迹、珍贵图书文献等历史文化资源进行野蛮破坏和劫掠。据调查统计，山西60多县的古建筑在战时均不同程度地被日军毁坏，其中有的被纵火烧毁，有的被拆毁，有的则焚于战火之中，总量达数百座之多。据资料记载：1938年，日军焚毁霍山兴唐寺，拆毁临汾尧庙舜殿和禹殿。1939年，盗走稷山小宁村兴化寺壁画并将寺院焚毁，同年又将芮城清凉寺山门和天王殿、翼城乔泽庙、介休绵山大佛寺、安邑太平兴国寺、运城寺北村报国寺及村北关帝庙拆毁或焚烧。1940年，焚毁芮城永乐镇护国西齐王庙，拆毁永济万固寺大雄宝殿和天王殿。1942年，拆毁太原晋祠北堡关帝庙、五台豆村古竹林、芮城北关圣寿寺、汾西博济寺、临汾龙子祠泊藏圣母庙并焚毁康泽王庙。1943年，拆毁代县北关圣母庙，等等。同时，日军对山西寺庙、石窟彩塑和石雕造像及壁画大肆盗窃，并以"学术研究"为名毁洞损像搜集石窟造像资料。例如，云冈石窟被盗凿或打坏的佛头佛像达1 400多尊，太原天龙山21个洞窟中各种佛头佛像除第9窟露天大佛外几乎被洗劫一空，平定天宁寺魏齐石雕造像、长子法兴寺魏唐石雕造像、昔阳石马寺魏唐石雕造像、朔州崇福寺魏雕石塔、交城天宁寺唐雕石塔、灵丘觉山寺辽代石像、太谷圆智寺唐代石像、新绛兴隆寺唐代石像以及稷山兴化寺前院和东西配殿内壁画、平顺龙门寺后殿和西配殿壁画、襄汾普净寺壁画、新绛白胎寺壁画、阳泉关王庙正殿内东西两壁画、五台山善文村延庆寺大殿内壁画、浮山清微观壁画、洪洞广胜寺水陆画、繁峙岩山寺水陆画、稷山青龙寺水陆画、平遥双林寺水陆画等壁画均遭盗窃。山西现存数千座寺庙中大半仅存建筑，而塑像大部已毁于日军之手，如芮城清凉寺大殿内塑像1939年被毁、五台山延庆寺大佛殿内塑像1940年被毁、临汾关帝庙塑像1942年被毁、太原东太堡芳林寺塑像1943年被毁。至于山西古代文献或佛道藏经等珍稀历史资料，日军能够盗走者则盗之，无法盗走者则毁之。据调查，山西被日军盗窃或损毁的道教藏经有芮城永乐宫保存700多年的元版道藏（日军将其分别装箱，后因偷运受阻而焚毁）、浑源县北岳恒山朝殿所存明版道藏一部（1940年夏被日军发现，大部撕成碎片而散失）、太原纯阳万寿宫所藏明版道藏（1940年被日军装箱运走），佛教藏经有洪洞广胜寺明版佛藏、大同华严寺明清版佛藏、太谷圆智寺明版佛藏、太原崛围山多福寺明清版佛藏、五台山碧山寺和金阁寺及万佛阁3处

① 《八年来晋东南人民被敌蹂躏的一瞥》，A128-4-8。

明清版佛藏等[①]。由此可见，日本所发动的侵华战争在本质上亦是一场践踏和毁灭人类文明的战争。

第二节 殖民化教育下的另面社会镜像

随着战争进程的不断延续以及战场的持续扩大，日军在烧杀、奸淫、劫掠之外又实行所谓“软性”政策，强调各种“宣传教育”的重要意义，并制订了相应的“宣传教育”方针：（1）消灭民族意识，毁灭民族文化，铲除中华民族固有的优秀传统，排除一切抗日思想；（2）制造奴隶“文化”，在日“满”华“共存共荣”“共同防共”和建立“东亚协同新秩序”原则上开展文化工作；（3）提倡复古，“恢复固有的文化道德，扑灭一切毁灭固有文化道德的欧化思想及普罗文学”；（4）进行挑拨离间，强调“灭共”，破坏国共合作，以“使国民党军与共军分裂反目”[②]。为了彻底贯彻或推行该项方针，日伪在各地占领区不断建立和扩充文化宣传阵地并大力实施奴化宣教活动。该项政策实际早在东北已经推行，1933 年 7 月 29 日，日伪长春教育厅长会议就对教育方针作出如下决议：“满州国教育，以重仁爱、讲礼让，发扬王道精神，及于人民生活方面图独立的安全，于交谊方面尚节义自重，对于世界民族讲亲仁善邻，共存共荣，达到大同为方针。”同年出版的《（伪）满洲国年报》又对教育政策做了如下说明：“我国以王道建国，故教育方针亦以是为准则，排除以往的三民主义教育，而代之以渊源于孔教的王道教育。”[③]很显然，日伪所谓“王道教育”的实质乃是加强封建意识灌输，以割断与中国已经实施的各种类型或性质教育之间的联系，并建立起独立的殖民教育体系。抗战进入相持阶段以后，日军对华战略发生变化，为了因应这种变化，日伪大弹“大东亚共荣”“反共亲日”等曲调，这些均集中体现于沦陷区殖民教育方针及其政策之中。如，伪华北政务委员会教育总署于 1941 年 10 月 7 日举办教育行政人员实习班开班仪式，督办周作人就训话说：“现在所实施的教育方针，是以亲仁善邻为主”，借教育行政力量，以圆满达到“善邻友好”“共同防共”“经济提携”三种目的。显而易见，这种教育方针的实质就是将封建主义与投降主义相结合，以实施反共媚日教育，并将“日中亲善”“反共防共”“共谋东亚和平”“抗日害国”“亲日爱国”等汉奸思想沉淀于国人的心灵深处，使之完全丧失国家观念和民族意识，进

① 柴泽俊：《日寇侵晋期间山西文物遭劫记略》，李玉明主编：《三晋文化论丛——山西抗战文化研讨专集》，山西古籍出版社1995年版，第125—130页。

② 鼓泽平、吴洪成：《论日本在侵华期间对华沦陷区的奴化教育》，《求索》1999年第6期。

③ 鼓泽平、吴洪成：《论日本在侵华期间对华沦陷区的奴化教育》，《求索》1999年第6期。

而达成日本的殖民主义目标[①]。

有鉴于此，日军侵入山西之后不久便着手在沦陷区建立伪政权、设立伪教育机构、开设伪学校，对沦陷区人民施行殖民化教育。1938年6月27日，伪山西省公署成立，下设伪教育厅，各县设伪教育科，各县“维持会”教育科内设“社会教育股”（负责地方奴化教育及宣传），日伪则通过这些伪教育行政机构在各地开设伪学校并贯彻其奴化教育方针。日军认为，“在复兴东亚工作上，不重视教育，即只是空谈。企图达到东亚新秩序的皇军，一方面以武力从事治安肃正；另一方面务必以教育的振兴，来收复兴和推进东亚文化之效”，故军队每到一处须先着手学校“速行开学”[②]；强调大力建立“新民”小学、中学、大学并提倡“中日同文同种”“亲仁善邻”等思想观念，“务使在每一个小学生脑筋里只有日本人是他们理想中的朋友”[③]。在此指导下，日军首先操纵伪山西省教育厅恢复小学教育，如1938年3月即恢复了太原西校尉营小学并将之改称为山西省立第一“新民”小学校，1938年后半年又将太原西缉虎营、天平西巷、前所街、新城北街4所小学恢复并分别改称山西省立第二、第三、第四、第五“新民”小学，1939年则在东缉虎营、北仓巷增设山西省立第六、第七“新民”小学，并在大北门街东头道巷、新道街分别建立太原市立第一、第二“新民”小学，1940年4月在西羊市街建立太原市立第三“新民”小学。另外，1938年还在前所街建立公立太原扶轮小学校，1939年在大南门清真寺建立清真小学校。这些小学中大多设有高小和初小两级，其中以西校尉营小学规模最大，大约有20多个班。据统计，日伪统治时期太原市共有小学校十二三所、学生91个班、教员160多名，每年招生4 700余名[④]。在山西其他沦陷区，日伪亦相继恢复或建立了许多小学校。如，1940年在武乡段村建立“维持会”并设教育科，下设督学1名，陆续恢复或创办了段村、东村、下城、南沟、西庄、南关、窑儿头、土门、石窑会、分水岭、良侯店等11所小学，其中规模较大的是拥有学生90多人的段村“新民”两级小学（分初小班和高小班），该校以日语为必修课[⑤]。1938年，日伪晋北自治政府先在华严寺创办晋北实验小学，设初级班4个、高级班2个。接着，又在大同县城的北寺设立第一、第二两级小学校，在马王庙设立第三、第四两级小学校，在赐福庵设第五、第六两级小学校。截至1942年，大同县

① 鼓泽平、吴洪成：《论日本在侵华期间对华沦陷区的奴化教育》，《求索》1999年第6期。

② 漆克昌：《日寇在华北的治安工作》，中央档案馆、中国第二历史档案馆、吉林省社会科学院合编：《华北治安强化运动》，中华书局1997年版，第96页。

③ 史全生主编：《中华民国文化史》下册，吉林文史出版社1990年版，第1072—1073页。

④ 张全盛、魏卞梅编著：《日本侵晋纪实》，山西人民出版社1992年版，第288—289页。

⑤ 《武乡县志》编纂委员会编：《武乡县志》，山西人民出版社1986年版，第379页。

城已有日伪公立小学 13 所，在校学生 1 961 人。据 1943 年伪蒙疆年鉴所载，当时大同全县拥有日伪公立小学 210 所、在校学生 15 233 人，但有 60% 的村庄没有学校且大部分儿童整日嬉戏玩耍或与家长从事耕作，县城外学童失学率甚高[①]。在交通沿线城镇，日伪同样大兴“新民小学”。据 1939 年 55 县市统计，时有小学校 3 614 所、学生 122 310 人、教职员 4 339 人。又据 1942 年底 59 县市统计，各地小学已发展到 8 376 所，共有学生 346 906 人、教职员 11 388 人[②]。其历年发展状况详见表 5.2.1：

表5.2.1　1939—1942年日伪占领区小学教育情况表

	学校数				在校学生数			教职员	备注
	总计	初小	高小	两级	总计	初小	高小		
1939年	3 614				17 010	11 391	5 619	4 339	55市县统计
太原市	9				3 645	2 846	799		
省立	8								
私立	1								
1940年	5 718				201 671	198 352	3 319	7 287	69市县统计
太原市	14			12	4 832	4 015	817	160	
省立	8			8	3 325	2 682	643	102	
私立	2			2	156	91	65	15	
1941年	6 944	6 836		15	227 649	221 780	5 869	8 340	64市县统计
太原市	15	4		11	6 043	5 042	1 001	140	
省立	9			9	3 865	3 141	724	122	
私立	2			2	377	303	74	16	
1942年	8 376				346 906			11 388	59市县统计
太原市	17				6 423	5 330	1 093	225	
省立	2				1 014	779	235	34	
私立	2				360	287	73	17	

注：表中数字包括敌我交错地区或“游击区”“两面小学”。

资料来源：（伪）山西省公署秘书处统计室编：《山西省统计年鉴》（1939 年）、《山西省第二次统计年鉴》（1940 年）、《山西省第三次统计年鉴》（1941 年）、《山西省第四次统计年鉴》（1942 年），山西省档案馆藏。

这些学校教学环境极其恶劣，尽管据伪山西省公署 1944 年统计，此时全省（不

① 大同市地方志编纂委员会编：《大同市志》下册，中华书局2000年版，第1421—1422页。

② （伪）山西省公署秘书处统计室编：《山西省统计年鉴》（1939年）、《山西省第四次统计年鉴》（1942年），山西省档案馆藏。

含晋北 13 县）共有省立师范附小 5 所、市立小学 16 所、县区村镇小学 9 326 所，而除省市立小学条件相对稍好外，各县区村镇小学均设备简陋，既无教学仪器，教室亦多破败不堪，或在破庙和塌窑里授课。所谓“学校”，不仅学生少得可怜，教师亦明显不足且文化水平较低，又须严格遵照日伪既定纲要授学[①]。

在恢复和设立小学之时，日伪对中等教育的建设及其作用亦十分重视。在太原，日伪于 1939 年 9 月恢复山西省立第一师范学校，郭璞任校长，下设男女师范班各 1 个、初中班 3 个以及附属小学 1 所，并于 1943 年增设学制两年的日语专修班以充实各小学日语教员。1939 年 11 月，山西省立第一中学开学，苑友梅任校长，下设高中班 1 个、初中班 3 个。1940 年，山西省立第一女子师范学校成立，傅汝绶任校长，下设师范班 2 个、初中班 4 个，并将山西省立第一师范学校和山西省立第一中学女生班全部归入该校，实行男女分校。另外，还于 1938 年新建太原市商业“新民”学校，1940 年建立山西省立初级农科职业学校，1943 年设立太原工业职业学校和太原日语专科学校。与此同时，日军于 1940 年授意伪省教育厅在临汾、运城、代县分别设立山西省立第二、第三、第四师范学校，1942 年又设立山西省立长治师范学校，并在其间新建山西省立榆次初级农业职业学校、山西省立太谷初级农科职业学校，以及道（县）立中学 7 所（分别设灵石、介休、曲沃、临晋、永济等县）[②]。日伪“恢复”或设立这些学校的目的在于推行奴化教育，以确立殖民主义统治。从上述学校成立的基本情形观之，日军为了训练及培养自己所需要的师资和所谓“开拓”性人才而在学制上偏重于师范教育和实业教育，并在中等教育方面不断加强职业培训与职业渗透，将普通中学大部分改为“实科中学”，其中改农科者最多，以此来满足其通过初级技工、农业技术人才来掠夺山西资源的需要。

在课程和教材上，日伪非常重视封建伦理道德的灌输和殖民主义思想的渗透，废除了战前印发的各类教材。在日军看来，这些教材均不同程度地体现了中国国民的民族意识。为“杜流弊”或“以免淆惑人心”，日军明令无论删改与否，一律禁用原有的中国教材。在教学中，则采用由日军授意并经伪华北政务委员会编写、“新民书馆”独家印行的奴化教材。例如，大汉奸缪斌所编著的“新民主义课”教材污蔑中华民族是“劣”等民族，颂扬日本大和民族是“优”等民族，认为优胜劣败顺乎天理，公开为日本帝国主义的强盗行径辩护，并在教材中大肆提倡“王道”，训化学生树立苟且偷生、安贫乐命的奴才思想。在所有伪教材中，日军侵华罪行不仅全部抹掉，而且还

① 张全盛、魏卞梅编著：《日本侵晋纪实》，山西人民出版社1992年版，第289页。

② 张全盛、魏卞梅编著：《日本侵晋纪实》，山西人民出版社1992年版，第289—290页。

无耻地肆意歪曲。例如，在历史课本中将日本发动侵略中国的九一八事变和七七事变说成是正义行动、是建立“中日满一家”和“大东亚共荣圈”的善行，并增加歌颂“日本帝国”及其天皇等内容；在地理课本中增加了“大日本帝国”地理，除讲授日本列岛之九州、本州、四国、北海道外，竟然将中国台湾包含在内并说成是对日“亲善”的中国清政府将其“让给”日本在那里建设“王道乐土”，又将伪满洲国说成是一个“独立的主权国家”。日军在占领区不仅严格禁止使用中国教材，就是学校原来所藏的各种反映中国固有文化传统或具有民族意识的书籍亦被全部烧毁，规定各校购阅图书须先呈报伪山西省公署审核并加盖核准戳记后方可购买，以此控制师生思想。为此，日军于1941年12月命伪山西省公署设置“图书审查委员会”，专门负责审查各县市学校及伪文教机关送呈的图书目录①。

在语言文化方面，日本侵略者为了同化中国人民，强制在各级学校普及日语，并将其定为各级各类学校之主课或必修课。日军对日语教学非常重视，要求与日本人对话时必须讲日语，体育课要以日语作口令，向日语教员请示时要说日语，早晚学生见到老师要用日语问安，日语讲得流利的学生有请必准，不会讲的或讲不通的则遭辱骂或不准所请。学校其他课本如动植物学、物理、化学等不少名词术语用日文表示，音乐课第一节必须学唱日本国歌，所有学生上学第一课要学习日语51个片假名。为使学生学好日语，日军首先对教师进行强化训练。例如，文水县日伪规定小学教师必须参加两种训练班学习，即日语训练班，3个月一期，每期五六十人；讲习会，每期半月，实行所谓“思想纠正”，如有不满即以思想罪惩办，许多教师、学生因之遭到武力殴打或凌辱②。学日语在此情形下逐步成为日伪统治区盛行的一种风气。在雁门道，日军积极督察各县举办巡回教员讲习团分赴各乡村讲授日语。在冀宁道，设日语讲习班训练伪道署职官，县“新民”小学增授日语并组织日语讲习班。在河东道，各级学校一律加授日语，并于县立各级学校附设民众日语讲习班，各级机关举办公余日语讲习班，举行日语检定和考试。在上党道，各级“新民”小学一律加授日语课程，并普遍举办日语讲习班。日军通过强制占领区人民学习日语，以改变他们的语言文化习惯并达到征服其思想的图谋。

在思想意志方面，日军利用封建“道德”来麻痹青少年的品格心性，在中小学“修身”和国语课中重点讲授“礼义廉耻”等封建思想并予以奴化注释，而这种利用中国古籍奴化中国人思想的教育方式很容易使中小学生在潜移默化中中毒。例如，日伪对“礼”

① 张全盛、魏下梅编著：《日本侵晋纪实》，山西人民出版社1992年版，第298—299页。

② 岳谦厚：《战时日军对山西社会生态之破坏》，社会科学文献出版社2008年版，第254页。

解释为中国人对日本人要有礼貌，出入城门要向日本士兵行礼；对“义”解释为日本绝不是要占领中国领土而是帮助中国人驱逐欧洲白种人，并借此建立“王道乐土”，中国人不应当敌视日本人而应当“亲善提携”，否则就是“恩将仇报”“不仁不义”；对“廉”解释为中国人要吞糠咽菜、勒紧裤带，向日军提供各种物资；对“耻”则被解释为对日本不“义”、不“礼”，对自己不“廉”并有反日言论和不满情绪。这套“礼义廉耻”之说，实际上就是要中国青少年忘掉国耻而心悦诚服地服从日本奴役[①]。据寿阳县宗艾村（镇）赵鹤岗老人所述：“抗战开始的几年，我正在宗艾高小念书（后到太原上学，抗战结束后回到宗艾教书，任历史教师），由于宗艾是‘爱护村’，所以无论自己的思想还是意识里深深地埋着一颗由日本人播的种子——日本人是好人。那时对日军没有什么敌意，日军干得是好事，这些都是奴化教育的结果，造成了人们认识上的模糊。”又说：“日本人当时在寿阳建立了3所高小，分别是城内高小、东关高小和宗艾高小，学校开设的所有课程都宣扬‘中日亲善’‘日中不战’‘建立大东亚共荣圈’。其中的课程如历史主要宣扬日本帝国主义的好处，遮掩对中国侵略的一面，奴化人民的思想，使中国人从小就造成了意识上的混乱。他们宣扬日本人发动战争是为了让东亚人民过和平幸福生活，他们宣称八路军是‘土匪’，应该消灭掉。”[②]

在教学管理方面，日军对各级学校实行法西斯式的管理模式，各类学校均由日本人担任教官甚或其他职务，师范和中学日语教师几乎是清一色的日本人，而且这些人凌驾于伪校长之上并公开对学生采取驯兽式打骂教育、对教职工施以高压管制与监视。在学校，日军强迫师生员工必须穿“新民服”、做“新民操”、读《“新民报”》，强调全校师生要“勤劳奉仕”[③]。学校开会时必须举行日本国旗升旗仪式并唱日本国歌《君之代》，学生必须参加伪省民政厅主办的春秋两季祭孔活动、祭武（武圣关羽）活动，各铁路沿线县城学校在日军过境时师生必须集队到火车站迎送，日军攻陷重要城市时师生必须提灯笼上街举行“庆贺”游行，日军向抗日根据地发动“大扫荡”或进行“治安强化运动”时各校师生必须停课上街从事诸如贴标语、画漫画、演小剧、游行呼口号等亡国宣传。伪省公署还规定，各校师生必须每周为日军“勤劳奉仕”一天，在“大东亚战争纪念日”要整队前往日军“神社”“悼念”被中国抗日军民击毙的日军官兵并祈祷“圣战必胜”。此外，日本教官还在学校举行“精神讲话”“东方遥拜”（即师生面向日本国土对日本天皇叩拜，表示对日本统治者效忠）等活动，并通过这些活

① 张全盛、魏卞梅编著：《日本侵晋纪实》，山西人民出版社1992年版，第299页。

② 课题组2002年1月11日访问笔录。

③ “勤劳奉仕”是日伪战时教育体制，“勤劳”即干苦力活，“奉仕”即无偿劳动。

动从精神上钳制各学校师生。由于日军的军事管制，在校中国人战战兢兢度日，小心翼翼地以日本教官脸色行事。例如，太原扶轮学校事务员殷惠庵有一次因写错几个字即被副校长日人小山青一打得鼻青脸肿并昏倒在地，站在一旁的教员石镜明欲上去搀扶，小山青一则大声怒喝道“什么的干活，滚开！”石乃胆怯地缩回双手。1941年冬天的一个晚上，该校日本教官有田声称自己丢了一套军服并毫无根据地咬定是学校炊事员武安元所为，随后将之叫到自己宿舍审问，武因拒不承认乃遭毒打且被送往日军宪兵队。1941年，代县师范学校日本教官今村功突然命令该校教员到其宿舍观看墙壁上用焦木书写的“打倒日本”字样，并对前来的教员威吓道：“这是谁的干活？学校共产党、八路军大大的有。你们必须追查出来，要不统统死了的！”据当时在该校任教的任叔勤等回忆：“许多教师看后说‘打倒日本’四字的体势与今村功板书完全相像”。在教师恐慌之际，日本陆军和宪兵队及伪警备队已冲进校园，限定“三天交不出八路军共产党，统统杀掉”。日伪大队人马走后，教员们凑了300多元钱为今村功购买金银首饰，今村功受礼后“慷慨”地答应请托，并称“写抗日标语的案子经我说情，警备队不再追究了”[①]。除此之外，日军太原陆军联络部及伪省教育厅还专门派遣日本教官监视所在学校师生的思想行动。在这样的环境下，中国教员深知自己从教的危难处境，教学时只好照本宣科而不敢擅自发挥，有些课程没有仪器则只能空洞说教，汉语课作文不敢做只字批改而只写一个“阅”字，各科练习题从不布置而任学生自己去做[②]。反之，则遭杀身之祸。如，第一“新民”学校教师王实甫因在课堂上讲授岳飞《满江红》而被日本宪兵队逮捕杀害。日军还在各学校举行军事训练，规定“凡专科以上学校每周三小时，中学校二小时，小学校一小时”；女生每周进行2小时看护训练；教官由当地日本驻军派员充任；训练成绩与其他各科成绩平均计算[③]。

在学校一般的教学之外，日军则通过其他各种各样的途径推行奴化教育。例如，利用寒暑假在太原、榆次、临汾、运城、长治、平定、崞县等地举办“校长恳谈会”“学生家长恳谈会”“中小学教员职业讲习会”“中小学教师日语训练班”“小学教员日语讲习会”“日语征文暨学艺会”“小学儿童作品展览会”等。其中，像“日语征文暨学艺会”就是要求学生用日语写文章并进行比赛评比，日伪规定文题须以“庆祝新政府（指南京汪伪国民政府）成立”“反共和平”“日支亲善”等为范围；“学生家长恳谈会”旨在使各学校学生家长明白“大东亚战争”意义；“小学教员职业讲习会”

① 张全盛、魏卞梅编著：《日本侵晋纪实》，山西人民出版社1992年版，第299—301页。

② 大同市地方志编纂委员会编：《大同市志》下册，中华书局2000年版，第1453页。

③ 张全盛、魏卞梅编著：《日本侵晋纪实》，山西人民出版社1992年版，第303—304页。

的目的在于“对小学教员施以精神及职业之训练”，“精神训练”就是使小学教员认清时局、了解新秩序之含义——“日本是不可战胜的，抗日徒劳”。此外，还举办“中日籍青年体育运动会”，试图消除两者之间的敌对心理。这项活动由伪华北体育协会主办，各沦陷区派代表参加。1942 年 11 月 8 日，伪山西省公署为参加“大东亚战争完成祈愿越野接力比赛大会”分别在太原、榆次举办了“驿传竞走预选比赛大会”等[①]。另据太谷县中阳村王巨宝老人讲述：“大约在自己 10 岁左右，也就是 1939 年前后，曾参加了日本人组织的‘爱路少先队’，这是由各个村从学校里抽调的学生组成的，每个星期大约要去车站学习一两回，主要是学习日语和教唱日本歌，每人还发一根木棒进行简单的训练，为的是将来有一批忠于日本肯为日本服务的爱护铁路的人。后来还去太原参观或培训过，这个队共有 50 多个小学生……”[②]

与此同时，为培养忠实奴才，日伪多次选派青年学生赴日留学。1941 年 10 月 31 日，日军通过报纸发布《华北各省市考送留日公费生办法纲要》，“纲要”规定留日学生在日期间必须向伪政权驻日有关机构注册登记，凡“品行不端”、成绩不良者勒令回国；强调“考送留日生必须思想坚定者”，不忠于日伪政府和日本国者不允许报名考送[③]。从 1940 年开始到 1944 年止，伪山西省公署每年选派一批学生赴日留学，即所谓“山西省选送公费留日学生”。据伪省教育厅施政纪要所载：“本省为选就专门学术人才起见，自二十九年度（即 1940 年）每年选送公费留日学生 10 名，当今拟定山西省选送留学生办法，经省政会议通过，并遵照该办法第五条规定，拟定考选委员会组织规则及考选留日学生要项分别公布施行”。该项办法规定凡山西籍高中毕业生年满 19 周岁之男女均可报考，并分文理两种，可根据个人志愿报考，经考试合格者发给留日公费生留学证明，留学期间学杂费及生活费用全部由伪省公署供给。据统计，伪省公署在 1940—1943 年间共举办 4 次考选并录取留学生 41 名，加上伪华北教育总署委托代招学生 7 名以及自费学生 2 名，总计 50 名[④]。有关派遣留日学生之目的则没有比 1943 年度《“满洲帝国”学事要览》表达得更清楚的，其在谈到该事项时明确指出：“对于留学日本之青少年，政府给予诸般方便之指导或支给补助，以奖励其修学，而作两帝国之精神结合之楔子，并努力育成国家有为之人才，以至今日，故向日本派遣

① 张全盛、魏卞梅编著：《日本侵晋纪实》，山西人民出版社1992年版，第301—302页，第304页。

② 课题组2002年2月8日访问笔录。口述人王巨宝，2002年73岁，男，当时全家8口人（父母、大哥大嫂、二哥、三哥三嫂及本人），有地82亩，家庭靠种地维持生计。抗战时期家里种大烟两三亩，两个哥哥均抽大烟，其中二哥因抽大烟而偷窃被打死。

③ 岳谦厚：《战时日军对山西社会生态之破坏》，社会科学文献出版社2008年版，第258页。

④ 崔汉明：《沦陷期间的山西留日学生》，《山西文史资料》第56辑，1988年编印。

留日学生之本旨，非单为学习采择先进国家日本文物制度之所长，以资我国国势之革新向上，所谓企图文化之移植而已。”更重要的是“使纯真活泼之青少年，在亲邦国土、气候、风俗、人情环境内，历身生活，与日本青少年共相切磋琢磨，体得日本真精神，互相提携于次代，成为日满两帝国之不动摇的结合分子。”① 也就是说，日伪派遣留学生的根本目的不在于学习日本科学文化，而在于使之直接接受日本政治思想、精神文化甚至生活方式并彻底“日化”，为日本占领和同化中国张本。除派遣留学生外，日伪在教育界还组织赴日参观团，并通过此项活动拉拢一些意志薄弱者为其殖民统治服务。据资料记载，仅晋北伪政权 1938 年 4 月至 1942 年末就先后组织过教育界、银行界、企业团体、实业界、宗教界等八九次访问视察团②。

综上所述，日军占领山西期间为推行殖民化教育可谓“不遗余力”，其手段或形式多种多样，而目的却始终如一。在战时特殊的历史环境下，尽管一些青年被迫就范，但历史最终证明中国人民的民族意识和国家观念是不可消融的。

第三节 人文生态恶化

日伪不仅在各级学校推行奴化教育，亦十分重视利用各种手法在整个社会进行奴化宣教，以达到思想上消弭中华民族抗日意志、政治上实现“以华治华”的最终目标。这些手法包括对百姓施以小恩小惠、召集地方有影响人士召开“座谈会”、举行青少年训练、组织妇女活动等，或利用新闻传媒、“新民会”、“敬老会”、“晋北兴亚协进会”等社会团体，以及帮会、宗教、封建礼教、纪念日活动、民俗等对山西民众进行全方位多层次的奴化活动。

一、利用小恩小惠手段欺骗百姓

日伪在晋北各县城利用发放粮食、寒衣、食盐、医药以及进行免费医疗和现金资助等小恩小惠手段，以消除百姓反抗心理。1938 年，“晋北兴亚协进会”成立之后，曾去乡间发放赈济物资来收买人心。日伪还在朔县设立“育婴抚孤院”、在浑源县设立“抚孤院”和“瞽目学校”，并通过在农村发放耕牛和农业货款、帮助农民改良土壤和种子、开辟农田水利、提倡造林和饲养牲畜、奖励发展农业生产、开展一年一度的农产品展评会等伪善方法，宣扬“皇道乐土”思想，以潜移默化地淡化老百姓对日本的仇视与对抗心理。在对各抗日根据地“扫荡”过程中，日伪政治上宣扬“八路军

① 武强主编：《东北沦陷十四年教育史料》第二辑，吉林教育出版社1993年版，第397页。

② 张全盛、魏下梅编著：《日本侵晋纪实》，山西人民出版社1992年版，第521页。

消灭了，你们靠不上，皇军来保护你”；经济上抓住群众的经济心理和当时的具体要求，提出老百姓若与日本合作既可不出公粮和负担（差役），亦可回来收麦子和锄苗等，并大发“回心票”“归来票”“和平建国参加证”，培养群众的消极投机情绪。同时，利用群众自私图小利的弱点，抢了东边又回到西边施以小恩小惠，收买另一部分群众，收买奸细。对于老年人，利用部分人懒动、贪得与妥协性，抓住引路，诱导维持；对于儿童给以糖果，显示和蔼态度，引导儿童“感激”；对于妇女奸污不杀，以“女人与猪有用”的观念诱导妇女幻想，觉得不跑也不要紧[①]。

二、召集地方有影响人士，诱导百姓逐步树立亲日思想

日伪以召开座谈会等形式，大肆利用中国社会的某些不良现象，甚至编造谎言，臧否中国时政或社会，诱导百姓亲日。如，伪晋北自治政府最高顾问前岛升在一次地方人士座谈会上声称：“我看到邻邦中国人住的房子、穿的衣服、吃的饭都比不上日本人。在日本土地上看不到像你们这样的困难情况。这是阎锡山加害于庶民的苦难。阎锡山大大的有钱，他在日本银行放着好多钱，都是山西庶民的血液。我讲的话对不对？大日本顺天命，应时势，先铲除了张作霖，后讨伐阎锡山，给你们除害……我们要来建设东方，把东方所有地方都建设成乐园。几年以后，大同西门外要建设成一个新兴都市，人口将要增加到三十几万。口泉煤矿要出煤三万几千吨，从大同开一条运煤铁路，经过多伦到达塘沽口……你们不要怕日本人，日本人给你们办事情，民间有什么困难，有什么办不到的事情，我一定本着民意给你们进行解决。”[②]

三、组织训练广大青少年和妇女，试图使之成为奴化宣教的工具

日伪非常重视“青少年训练”，企图“唤起青少年，把握他们，使之彻底认识皇军之真意”，并“涵养其防共亲日思想”，以“谋东亚和平，乡村更生”。同时，亦欲借此“养成自卫团干部”“爱护村干部”，以“积极地协助”日军完成“治安肃正”工作。为此，日军在沦陷区各地遍设“青年训练所”，大力推行所谓“精神教育”，进行“精神讲话”，灌输“汉奸思想”以及“新民主义”“东亚新秩序建设”“反共”等观念。青年“训练”所教员或为伪新民会、伪政权汉奸分子或为日军警备队官佐、特务以及翻译官，而学员“训练”完毕或“回乡担任乡村自卫”或留在县城编入伪警备队，那些回到乡村的人员则负责情报、谍报和组织伪自卫团等工作。据晋东南长治县1942年统计，当时该县“受训青年即达四千五百人……受训时间有一二星期者，

---

① 雪峰：《五月反“扫荡”地方工作方面的主要经验教训》（1942年8月），山西省档案馆编：《太行党史资料汇编》第5卷，山西人民出版社2000年版，第488—489页。

② 张全盛、魏下梅编著：《日本侵晋纪实》，山西人民出版社1992年版，第520—521页。

有一二月者，内容多为‘新民主义’、‘东亚新秩序’、共产党八路军之‘罪恶’”等[①]。日军还依据“中日亲善首先要从家庭灌输入手”以及“中国人易于倾听妇女的话”的认知，强调对中国知识妇女进行定期“宣抚或演说”，甚至采取对青年妇女卖唱者教授日本舞或对饭店主妇传授栽插生花等手段“促进中日亲善”，并组织诸如“中国妇女会”“防共妇女会”等团体以及“妇女座谈会”等活动，以伪政权人员的太太、小姐为中心进而扩展到所谓“良家妇女”，利用这些人进行宣传安抚或走村串巷吸收会员[②]。

四、利用新闻传媒宣扬日军的“善行”及其“王道乐土”思想

日军十分重视报刊、电台等舆论媒体的宣传作用，战时日伪在19省曾办有报纸199种，最多时甚至达数百种。其中，在北平有《新民报》《武德报》《北平晨报》等10余种汉奸报纸或亲日报纸，在天津有《救国日报》《新天津报》《天声日报》等。为控制并推进侵略舆论和奴化宣传，各地日军均有专门的报道机构或机关报，如华北日军报道部发行《武德报》等。除报纸外，北平伪临时政府开办“中央广播电台”，并成立“华北广播协会”等组织。据统计，战时日军在中国先后建有广播电台五六十座[③]。而日伪统治山西期间主要创办和发行《山西新民报》《晋南晨报》两种华文报刊以及日文报纸《东亚新报》，并开办了“太原放送局”和“大同广播局”。在日伪蒙疆兵团盘踞的雁北地区则设有“蒙疆新闻株式会社大同支社”，出版《晋北日报》。《山西新民报》由日本华北方面军于1938年初在太原创办，该报最初与日文版《太原新闻》报社设在一起，到1942年8月《晋南晨报》并入《山西新民报》后才在太原设立总社。该社总社下设编辑、总务、经理等机构，附设1个支社、4个支局，即临汾支社和运城、潞安、阳泉、崞县支局，属总社新闻采访机构。此外，总社在临汾设印刷厂，承担简单印刷业务，报纸则全部在太原总社印刷。《山西新民报》作为日军在山西重要的宣传媒体，所载内容大致有侵略理论、奴化说教、“皇军的赫赫成果”、日伪要人活动以及中国封建文化糟粕等若干方面。《晋南晨报》社设临汾，1939年4月1日发刊，主要宣传日军在晋南一带的军事“讨伐”行动以及地方庙会、集会、赛马会、运动会和汉奸巨魁外出活动等。

五、利用“新民会”“敬老会”“晋北兴亚协进会”等社会团体进行愚民奴化宣传

伪山西新民会成立于1938年6月，1940年改称“新民会山西总会”。“新民会”

---

① 《华北青运动态（一）：日寇对华北青年的摧残与争夺》，《新华日报》（华北版）1942年4月13日。

② 中央档案馆、中国第二历史档案馆、吉林省社会科学院合编：《华北治安强化运动》，中华书局1997年版，第93—97页。

③ 军事科学院军事历史研究部著：《中国抗日战争史》中卷，解放军出版社1994年版，第533页。

的指导思想是所谓“新民主义”，实际是法西斯主义与中国封建文化思想的混合物，鼓吹“新民主义”的目的就是要中国人民“去物欲”“达良知”“亲仁善邻”并放弃反日爱国斗争。[①] 伪新民会山西总会下设省事务部与参事室，总会之下又有雁门道、冀宁道、河东道、上党道4个道总会，分别设于大同、临汾、运城、长治，总会长由各道道尹兼任。省事务部下设总务处、组织处、宣传处、训练处，处下分科，参事室是省总会的决策机构，重要问题由参事室日本人决定，各道市县之各级伪新民会均配有日本人并掌握实权。

各地伪新民会日常工作为组织各行业分会，如在各学校组织教育分会、在各工厂组织产业分会等，以通过各分会将沦陷区各阶层人民组织起来，接受日伪统治；召集和举行联合协议会，搜集汇总会员意见，以贯彻所谓“民意上达，政令下传”宗旨；组织青年团及少年队从事“勤劳奉仕”服务，如清扫街道、站岗放哨、维持会场秩序等；从事“中日亲善”“睦邻友好”“建设东亚新秩序”“建设大东亚共荣圈”以及“歌颂大东亚圣战”等宣传活动。[②] 正如目睹伪新民会丑行的英国教授班威廉（William Band）所述的那样：“新民会在日本顾问指导之下，负责精神上奴化中国人的任务，所用方法的卑劣几乎令人不能置信。造谣和欺骗，敲诈和勒索，腐败和争夺，酷刑和恐怖，毒化、娼妓、邪行，凡是世界上种种最下流的行为都在这种机构里培养出来，专为破坏人民道德，动摇大众的信念。”[③]

除伪新民会之外，日军还令伪政府在各县城、各村庄召集孤寡贫民以及秀才举人等参加“敬老会”，平时施以钱币、衣服或请吃饭等，借此进行欺骗宣传。同时，搜罗地方上的戏子演出各种娱乐闹剧，刺激人民对“敬老会”的兴趣和关注。这种宣传对沦陷区许多民众产生了相当的迷惑作用[④]。1938年初，伪晋北自治政府在日军授意下组织所谓“大同感日协进会”，不久又改名为“兴亚协进会”，下设总务、教化、企划、组织4部。其中，教化部负责宣教工作，如开办培养忠于日军和伪政府的翻译人员的日语学校、组织晋剧团前往附近各县进行反共演出或宣传等；企划部负责举办全市性的运动会、娱乐晚会、集会、庙会，并在日军授意下筹办所谓“慰灵祭”“慰

① 焦锦庭：《王道政治之意义》，《新民》第1卷第1期，1940年2月15日；[日]能势岩古：《何为新民主义》，《新民周刊》第4期，1943年5月2日；《敬告青年》，《青年》创刊号，1943年6月15日。

② 章伯锋、庄建平主编：《抗日战争·日伪政权与沦陷区》，四川大学出版社1997年版，第368页。

③ [英]班威廉（William Band）、克兰尔（Claire）著，斐然等译：《新西行漫记》，新华出版社1988年版，第7—8页。

④ 中共山西省委党史研究室编：《战地总动员》上，山西人民出版社1986年版，第209页。

劳大会”“庆祝大会”等[①]。

六、利用具有强烈迷信色彩的帮会、宗教及各种封建礼教麻醉山西人民

日军侵占山西之后即插手并利用帮会、宗教及封建礼教等，开展物色汉奸、调查社会动向以及研究统治对策的工作，这些活动大致如下：

安清同义委员会 日本占领山西后，对青、红两帮都进行操纵利用。红帮在山西设有“宏道社太原分社”，青帮则设“太原安清同义委员会”。“宏道社”总会设上海，华北则设分会，太原分社隶属于华北分会。太原分社曾在太原西羊市小学校址内开过夜校，讲授三纲五常、四书五经，并出版《宏道》月刊杂志。日伪山西安清同义委员会是日军山西陆军特务机关控制下的反动组织之一，亦是山西安清帮组织“三义堂”在日伪时期的公开名称。山西安清同义委员会于1940年9月正式成立，驻太原市兴隆街8号，设委员长1人，由戴毓珊充任；其下设顾问、会长各1人，顾问由日军山西陆军特务机关情报班长藤木泰治、多田金次先后兼任并操纵该会一切活动。该会在榆次、太谷、祁县、平遥、介休、灵石、洪洞、赵城、安邑、运城、临汾、曲沃、长治、晋城、忻县、崞县等沦陷县遍设分会，总计拥有信徒1万余人。各分会每月须将会员发展情况及所搜集情报上报太原安清同义委员会，再由其汇总呈报日军山西陆军特务机关[②]。

红卍字会 苏体仁任伪省长时，其儿女亲家兼老同学郑心泉（伪省公署参议兼山西省筹赈会总干事）在新民北街路西一所大院内主持成立“红卍字会”，并任首席会长，入会者均要求交纳会费，每人发一枚椭圆形、蓝底色、红卍字证章，供胸前佩戴。每逢星期六，即为该会扶乩日。该会常由蒋应静、钱应德两人“扶乩”，待“神”降临之后，蒋、钱两人便说“神”要参加该会的人“听天命所在”，“实行东亚和平”，而到会者必须向供奉在该院上房的5尊1丈多高的金身神像磕头并虔聆乩训（即所谓神的教导语）[③]。

红枪会 该会原是民间秘密会道门，其部分组织在全面抗战初期为日伪政权利用，从事干扰民心、破坏抗日活动，一些武装道徒甚至直接参与残害抗日军民的罪恶活动。1942年3月，红枪会在盂县日伪政权备案之后公开表示效忠日军，并在伪村长会议上命令各村必须举办红枪会，宣布哪个村哪个人不入会就随日军至子洪口应差，入了会就可免差，对不愿入会者进行迫害。红枪会每至一村，通过伪村长和道徒召集群众大

---

① 武适之：《日伪晋北兴亚协进会始末》，《山西文史资料》第56辑，1988年编印。

② 中国第二历史档案馆编：《民国帮会要录》，档案出版社1993年版，第142—149页。

③ 张全盛、魏下梅编著：《日本侵晋纪实》，山西人民出版社1992年版，第318—319页。

会，在会上公开进行反动宣传，称“八路军是混世魔王，不能成大事，天下是佛家的，要抗交公粮”；“先打八路军，后打日本鬼，佛家坐天下”等。一些武装道徒到处捕杀抗日军政干部、抢劫抗日公粮和贸易物资，在短短两个月就抓捕抗日军政干部17人。其中，亲自杀害2名，交日军杀害4名，余11人则致伤致残[①]。

一贯道 日军“扫荡”山西各抗日根据地时，利用一贯道大搞封建迷信活动，造谣惑众，煽动民心，麻痹人民斗志，破坏抗战以及反“蚕食”斗争、土改和大生产运动[②]。据寿阳地方史志记载：“一贯道，人称一贯害人道，它是传来寿阳时间最晚、发展最快、分布最广、道徒最多、危害最大的一个坏道。在日寇大力支持下先后在一百零一个村发展道徒九千六百一十名……其首要分子多是汉奸、特务、流氓分子、反动地主，有的就是日伪政府的工作人员……他们利用这一组织，收集情报，组织暴乱，造谣惑众，破坏抗日民主统一战线。在勒索群众钱财方面，据不完全统计即达二万八千余银元，首饰衣物亦属不少。”[③]

恢复春秋上丁两祭及圣诞祭祀 “春秋上丁两祭”是中国封建社会每年农历二月、八月第一个丁日（即上丁）举行的祭孔活动，“圣诞祭祀”则是每年农历十月二十日举行的孔子生日祭祀活动，这些活动在山西已于1923年开始停废不举。1938年2月，伪华北临时政府秉承日军华北方面军旨意，命令各沦陷省份恢复上述两项祭祀活动。伪山西省筹委会接到命令后，即通令各市县筹办，并督饬伪太原市长及伪阳曲县知事将省城原太原府文庙重新修缮、配购礼器，恢复原有祭祀活动。其后，伪省公署制订祭祀典礼程序，每次祭祀活动均由伪省公署出面通知“中日各长官代表”、各校师生、街长、各业公民代表及市民参加，参加人数达三四千人。这一活动在伪晋北政厅辖区亦死灰复燃，日军则利用此类活动进行“中日文化一体性”“日中亲善”等奴化宣传[④]。

七、对纪念日活动以及民俗的利用

1939年1月，日军在华北占领区为配合“治安肃正”工作的开展，乃利用地方民俗大力从事奴化宣传活动。2月，在杉木部队报道课出台的《宣传宣抚参考手帖》中

---

① 张润槐、刘尚文、吕岳：《盂县反动迷信组织“红枪会”投敌叛乱破坏抗日的罪行纪实》，《盂县文史资料》第4辑，1985年编印；郭裕怀主编：《山西社会大观》，上海书店出版社2000年版，第68—69页。

② 郭裕怀主编：《山西社会大观》，上海书店出版社2000年版，第84—85页。

③ 岳守荣：《寿阳县志（第三编）：抗日战争时期》讨论稿，《寿阳县志》编委会，时间不详，第20—21页。

④ 张全盛、魏下梅编著：《日本侵晋纪实》，山西人民出版社1992年版，第322页。

明确规划了占领区域各乡村日常集会方案、各种集会及乡村民众日常原则，以及对庙会、敬老会、元宵节、游戏会、清明节、祭祖等民间固有集会的奖励。同年 12 月，多田部队报道部出台的《中国的风习与宣传》《中国年中行事的利用与宣传》又对华北节日、庙会、宗教、娱乐、互助活动的宣传利用方法与民俗利用的宣传技术作出筹划。日军利用纪念日活动以及民俗进行奴化宣教的主要内容有：宣扬日伪傀儡政权统治、日中战争和太平洋战争的“大义名分”及“大东亚新秩序”或“大东亚共荣圈”的“合理性”，否定共产主义和英美自由主义，主张排除西洋价值而发扬“东方文化道德”，以实现“王道乐土”，特别强调宣传“日中文化的一体性”、日本傀儡政权是中国传统文化的保护者以及中共和国民政府及英美是传统文化的破坏势力等思想[①]。

华北傀儡政权的历书与纪念日构成 日伪临时政府历书是以黄色表纸线装而成，民国历书中介绍科学知识的内容全部删除，添加干支、五行等内容；将民国政府新历中保留的国定纪念日如民国成立日、元旦、国庆节、孙文诞生及逝世纪念日等全部取消，恢复农历传统的国家祭祀并将历代王朝祭天仪礼置于最高位置，利用其来提倡“忠”“孝”等儒家道德，同时奖励举办农历节日如春节、端午、中秋、冬至等庆祝日，甚至还将日本纪念日及与时局相关联的纪念日如日本陆军纪念日、天长节、明治节等列入纪念范畴，并组织伪新民会、伪中央放送局等伪机关团体中的中国职员参加庆祝。另外，又将中日全面战争开始的七月七日定为“兴亚节”、日军侵入太原之日定为“太原复兴纪念日”[②]。具体情形见表 5.2.2：

表5.3.1 山西沦陷区新历纪念日与纪念活动（1941年1月—1944年3月）

日期		1941年	1942年	1943年	1944年
1月1日	中华民国成立日	ce	cde	cdeh	c
3月1日	“新民会”成立日	ck	ag	cdegk	cde
3月10日	日本陆军纪念日	bh	cd	cd	c
3月12日	总理逝世纪念日	b		b	c
3月29日	革命先烈纪念日		c	ck	a
3月30日	“国民政府还都”、“华北政务委员会”成立日	ce	cdk	cd	c
4月4日	儿童节	b	b	b	c
6月3日	禁烟纪念日	a	c	c	b

① [日]曾田三郎编著：《近代中国と日本——提携と敌对の半世纪》，御茶の水书房2001年版，第293—295页。

② [日]曾田三郎编著：《近代中国と日本——提携と敌对の半世纪》，御茶の水书房2001年版，第295—299页。

续表

日期		1941年	1942年	1943年	1944年
6月27日	（伪）省公署成立日	cdehk	ce	ce	cdek
7月7日	“兴亚节”	cdehk	cdk	cdk	cd
9月1日	“反共和平建国”运动，诸先烈殉国纪念日	b			cd
10月10日	国庆节	cde	c	c	c
11月9日	“太原复兴纪念日”	be	b	b	
11月12日	总理诞生纪念日		af	af	c
11月30日	三国条约缔结纪念日	cdhk	cdf	cdf	a
12月8日	“大东亚战争”纪念日	ch	cdfk	cdfk	cdfk

注：a：个别小规模纪念活动 b：太原及数市县的纪念活动 c：各市县同时的纪念集会、纪念活动 d：庙会集会 e：民俗式样利用 f：集市的利用 g：节日的利用 h：神社集会 k：慰灵祭、默祷。

资料来源：[日]曾田三郎编著：《近代中国と日本——提携と敌对の半世纪》，御茶の水书房2001年版，第302页。

纪念活动的特征 日伪纪念活动的参加者包括伪政府首脑、伪政府顾问、日军特务机关长、领事、居留民团代表、各地驻屯军部队长官，以及日本妇人、学生、儿童和沦陷区各伪机关团体、学生代表、伪新民会组织中的妇女会及青年团、农村干部自卫团、农村青年训练生等。由于山西各地学生抗日意识日益增强，日伪规定在重要庆祝大会集会时各级学校全体学生必须参加。

日伪临时政府以五色旗为“国旗”、《卿云歌》为“国歌”，而汪伪政权成立之后则以附有“和平反共建国”三角标识的青天白日满地红旗为“国旗”，规定在农历、新历纪念日庆祝时各地均须悬挂“国旗”，伪政府、伪机关、伪团体平时亦得悬挂“国旗”。日军占领太原各村后曾悬挂日本日章旗，到1938年新历新年时悬挂五色旗。在典礼、集会开始时，不仅要在会场、各种训练所悬挂“国旗”和“新民会旗”，而且要求与会者对之行最敬礼（三鞠躬）并齐唱“国歌”和“新民会歌”。在盛大庆祝会上，参列者要手持小旗入场，会场上两国“国旗”一同悬挂，齐唱两国“国歌”。1942年，伪太原市公署颁布“悬旗办法”，规定有关中国庆祝事项悬挂中国“国旗”、两国共同庆祝及“大东亚”庆祝事项两国“国旗”交叉悬挂。在集会上，日本代表三唱“中华民国万岁”，伪中国政府首长三唱“大日本帝国万岁”，以此显示相互“尊重”之意。日伪除举办纪念日、纪念周和民众大会外，还组织其他各种各样的活动进行奴化宣教，如举办街头剧场讲演、各界指导者纪念演讲、有奖征文、辩论大会和各种展览会、慰灵祭、“自卫青年团”等检阅活动、劳动“奉仕”活动、卫生清扫活动、节约和献纳运动、伤病员慰问与动员，利用电影、音乐会、宣传剧、传统戏剧以及社火等民俗庆祝新历新年、伪省公署成立纪念日、春节、中元等重要纪念日，利用节日、庙会、“敬老会”对孝子节妇进行表彰，通过设立粥厂等传统救济事业对儒家道德进行宣传等[①]。

日伪纪念活动场所除伪省市县公署等政府机关外，有公园、广场、公共集会场、电影院、剧场等娱乐场所，以及寺庙、神社、学校等。其中，太原“新民公园”是山西最大最重要的集会场，1940 年 4 月至 1942 年 3 月两年间在此集会 14 次，在此后两年间又举办了“大东亚战争纪念日”活动、“急进建设团”团旗授予仪式以及 8 次体育活动和 1 次“奉仕作业”。日伪政府非常重视寺庙集会，中日战争期间因大多数寺庙荒废而庙会中断，日伪于是将复兴庙祠、复活祭典作为收揽民心的既定方针，并为此对各地寺庙和古迹进行调查、登记和修复工作。战时山西各市县各种集会大约有 10%—20% 在寺庙举行，从 1941 年 12 月到 1942 年 3 月与“大东亚战争”相关联的集会，以及 1943 年 1—2 月与汪伪政权对英美参战相关联的集会约有 60% 在寺庙举行。日伪在各地复活庙会，利用庙会举办时事宣传、民众大会、政府会议、慰灵祭、展览会、体育大会、娱乐会等进行奴化宣教，如将佛教圣地五台山的庙会作为“东亚民族团结”的媒介加以复兴、将关羽故乡解县的关帝庙会作为武人对国家忠诚的显彰趣旨加以复兴，又将临汾县清朝国祭尧帝庙会和太原县晋国开国始祖唐叔虞的晋祠庙会以及运城县盐池庙会复兴[②]。其庙会活动情况见表 5.2.3：

表5.3.2　伪山西省公署主办的庙会（农历）

时间	庙会名称	活动内容
三月十八日前后	临汾尧帝庙大祭 1939年复兴	第一次县政会议（1941年） 第四次“治安强化”宣传、“中日慰灵塔”揭幕式（1942年） 施疗、电影、新旧剧、学生宣传画展、“中日官民运动”大会、“治安”有功人员表彰、孝子表彰
六月一日	运城盐池庙大祭	“建国”剧团、（伪）盐警队话剧团、“国剧”社公演 夏防、防疫宣传（1941—1943年）

① [日]曾田三郎编著：《近代中国と日本——提携と敌对の半世纪》，御茶の水书房2001年版，第304—307页。

② [日]曾田三郎编著：《近代中国と日本——提携と敌对の半世纪》，御茶の水书房2001年版，第307—308页。

续表

时间	庙会名称	活动内容
六月一日至三十日	五台山六月大会1940年复兴	“兴亚节”佛教青年大会（1941年）“大东亚战争”殉难者慰灵祭、“大东亚佛教大会”（1943年）日本学生和僧侣等参拜、日本求法僧慰灵祭
七月一日至五日	晋祠庙大会1941年复兴	演剧、电影、慰灵祭、反共宣传、施疗、特产物买卖、“兴亚展览会”、殉职者慰灵祭、“民众大会”
九月七日至十六日	解县关帝庙大祭1938年复兴	晋南“振兴”民众大会、电影、演剧、竞马、战死者慰灵、县“民众大会”、“宗教大会”、“爱护村”村长大会、体育大会、施疗、博览会、农畜产品展览会、音乐会、第三次“治安强化运动”开始（1941年）

资料来源：[日]曾田三郎编著：《近代中国と日本——提携と敌对の半世纪》，御茶の水书房2001年版，第309页。

日伪对农历节日同样大加利用。例如，1939年中元节，华北各县在“宣抚班”指导下建设“慰灵塔”和“皇军感谢纪念碑”。1940年春节前，多田部队报道部在铁路沿线散发“灶神”150万份、“时宪书”15万份、春联集20万份、年画50万份[①]。1942年中元节，日中佛教联合会、佛教同愿会开展“东亚和平祈祷”和战亡者“慰灵祭”，日伪利用佛教诸节日进行“中日文化一体性”宣传演出，利用佛教组织进行“普救众生”“灭私奉公”“日中亲善”等奴化宣教。总之，日伪利用中国农民落后心理，通过举办各种纪念日活动以及提倡民俗来掩饰侵略面貌，并对占领区人民实施奴化活动。

综上所述，战时日军一方面毁灭性地破坏山西文教设施及文化古迹等原有文化载体，另一方面又为达成殖民统治目标而尽其所能地利用各种手段和各种场合进行殖民宣传和教化活动，以致广大沦陷区人文生态急剧恶化，一些人在此之下丧失民族气节和国家意识而成为民族败类。特别是对封建迷信的大力宣传，迎合了偏远山村百姓在战时彷徨无助的心理需要，使他们将命运寄托于各种神祇，而这种迷信心理则影响了后来山西文化的重建与发展。

① 《宣抚班教化工作实施概况》，第30—33页，山西省档案馆藏。

第六章　民众身心被灾程度

第一节　“三光作战”下的民众心理创伤

日军侵入山西之后，即开始对山西人民长达八年的剥削和蹂躏。特别是中日战争进入相持阶段，尤其“百团大战”之后，日军改变战略方针，向敌后抗日根据地发动疯狂“扫荡”并实行野蛮的“三光政策”，所到之处奸淫掳掠、烧杀抢夺、无恶不作，不少乡村被夷为平地、城镇变成一片废墟，社会经济遭受空前浩劫，广大人民因之失去安定的生产生活环境，承受朝不保夕的巨大心理压力，陷入精神难安的苦难之中。

1938 年 10 月广州、武汉失守之后，日军基本上停止了大规模的对华战略进攻，而将军事重心转向占领区“治安”的恢复与稳定。山西作为华北敌后抗战和八路军活跃的中心根据地，自然成为日军打击、“扫荡”或“清剿”的重点目标。为了从根本上拔掉嵌入日军“心脏”地区或困扰日军进一步实施战略展开的抗日堡垒，日军几乎集中了半数以上的侵华兵力对该地区进行长期的不间断的报复性“扫荡”。据资料记载，日军仅 1939 年用兵 1 万以上的“扫荡”就达 5 次，总兵力达 11 万人。1940 年，多田骏出任日军华北方面军司令官之后，提出“竭泽而渔”的“囚笼政策”，集结重兵，实行分区“扫荡”和灵活“围剿”的所谓“牛刀子战术”，即以铁路为柱、公路为链、碉堡和据点为锁分割封锁敌后抗日根据地，限制抗日军队活动范围，并通过“扫荡”作战彻底摧毁其生存空间，实现由“点”到“线”再到“面”的逐步“清剿”占领计划。在此方针指导下，日军对晋西北抗日根据地连续发动 3 次大“扫荡”并在冬季大“扫荡”中开始实施反人道的“三光政策”，这是中日战争发生以来日军将各地相当普遍的不同规模的屠杀与破坏政策进一步提升的结果，妄图以此来摧毁抗日军民的生存条件与战斗意志，从而将华北建成稳固的“大东亚战争兵站基地”。正如日军华北方面军下达的作战命令所指出的那样：“这次作战与过去完全相异，乃是在于求得完全歼灭八路军及八路军根据地。凡是敌人区域内的人，不问男女老幼，应全部杀死；所有房屋，应一律烧毁；所有粮秣，其不能搬运的，亦一律烧毁；锅碗要一律打碎；井要一律埋死或投下毒药……”[①]

不过，将“三光政策”或战略发展到极致者乃是继任华北方面军司令官冈村宁次，其在1941年提出并实施“治安强化运动”即所谓“三分军事，七分政治”的总方针，对各抗日根据地推行更加野蛮残酷的“三光”政策。据统计，1941—1942年间，华北日军在山西各地发动的千人以上“扫荡”作战竟达174次，用兵在83.3万人以上，增设新据点216个，连同原有据点总数达513个之多，驻守兵力7万人左右[②]。日军在“扫荡”过程中，完全贯彻了这一惨无人道的作战宗旨。据日军第59师团士兵菊池义邦记述：“我们日军每到一个村庄，要砸坏所有的家具什物，烧毁房屋。我们常说，如果约500人的部队在100户左右人家的村庄驻一夜，这个村庄恐怕十年也恢复不起来。不过，对日军来说，这正是他们的目的所在。”[③]

1943年，日军又向中共北岳区、晋绥边区、太行区、太岳区发动大规模“扫荡”作战，所到之处大肆杀人、放火、强奸、抢掠，房屋不分大小多被焚毁，妇女不分老少悉遭蹂躏，粮食、牲畜、家具、农具无一幸存，采取强注毒剂、滥用飞机轰炸、投掷毒弹、施放毒气等方法，无所不用其极。与此同时，日军以“山西明朗化”为目标，在许多地方实行“并村政策”，强迫当地百姓搬入“治安区”，制造“无人区”，毁灭了无数村庄，许多地方呈现出一片荒凉景象。日军认为设置“无人地带”可以达到以下效果：可以明了中共及八路军在“准治安区”的情报收集、民众和党政军组织工作规律；使非“治安区”居民了解日军实力和决心，促使其放弃对中共及其领导的八路军等抗日武装的支持和信赖[④]。例如，1941年日军在太谷实行“并村”行动，强令小村民众完全搬移大村镇居住，而将小村彻底烧毁。又在山西、河北交界地带制造北起五台县跑泉场、南至盂县上社长200余里、宽五六十里的“无人区”，“无人区”内不准许任何中国人存在，而日军在“无人区”内见人便杀、见房便烧，牲畜财物则抢劫一空。如盂县147个村庄、五台100余个村庄及平定10余个村庄房屋均被烧毁，粮食财物均被抢光，居民到处被残杀。以五台二区屋腔村为例，这是一个仅有百户人家和430口人的山沟小村，日军制造“无人区”时杀50人，逃亡饿死110人，总计损失了38%的人口；房屋1 200余间中被烧毁840间、拆毁353间，所余30间亦均坍塌倒坏且不堪居住；

① 《日本暴行座谈会记录》，《新华日报》（太行版）1944年8月15日。

② 张国祥：《山西抗日战争史》下卷，山西人民出版社1992年版，第9页，第17页。

③ 军事科学院外国军事研究部编著：《日本侵略军在中国的暴行》，解放军出版社1986年版，第80页。

④ 日本防卫厅防卫研修所战史室编，天津市政协编译组译：《华北治安战》上，天津人民出版社1982年版，第447页。

耕畜牛、骡、驴80余头被抢70头，损失约90%，猪、羊、鸡500余只完全损失；荒芜土地1 000余亩。凡"无人区"内之村庄，人影全无，除乌鸦外没有任何动物，荒草在院里、街道上长得高与人齐，水井被填，碾磨被砸，分不出街道与房间，全村变成一片瓦砾堆①。表6.1.1是部分县份在日军"三光"作战中的损失情形：

表6.1.1　山西部分县份损失统计

	村庄	房屋损失	人口死亡	耕畜损失	家禽损失	农具及家具损失	粮食损失（石）	被捕人数	荒废耕地（垧）
阳曲	84	8 544	1 154	818	3 165	31 328	966	280	10 640
五台	83	49 800	9 200	7 354	27 655	273 900	9 545	2 490	95 000
寿阳	4	1 505	180	146	534	5 280	460	50	1 900
崞县	5	2 503	208	175	665	6 600	575	70	2 280
定襄	13	1 100	1 820	2 420	5 500	55 000	1 495	500	36 458
忻县	1	901	93	73	270	2 750	115	100	950
平定	30	10 000	2 200	1 611	6 000	5 940	3 450	410	20 520
盂县	120	44 160	8 180	6 724	23 500	242 880	3 800	2 200	87 400
合计	340	118 513	23 035	19 321	67 289	623 678	20 406	6 100	255 148

注：1. 粮食只是"无人区"一次抢走数。荒芜土地减产每亩以2.5斗计，4年合计255 175石；2. 农具与家具仅为器物之一部分，其他损失物无计；3. 家禽包括羊、猪、鸡，每户平均损失5只；4. 人口损失25%以上，房屋89%，牲畜90%，仅五台"无人区"面积就达2 100平方里。

资料来源：中央档案馆、中国第二历史档案馆、吉林省社会科学院合编:《华北大"扫荡"》，中华书局1998年版，第884页；《日寇在晋察冀边区所制造的"无人区"》（1946年），中央档案馆、中国第二历史档案馆、河北省社会科学院编：《日本侵略华北罪行档案・无人区》，河北人民出版社2005年版，第154页。

由于日军在山西的"三光"作战不断升级，广大人民生存条件与生活环境极度恶化。日军所到之处大肆抢掠，疯狂程度达到不堪入目甚至无法想象之地步，从人力、畜力到煤炭、钢铁，从棉花、粮食到绒毛、皮革……凡属人力、物力、财力之资源皆在掠夺范围之内，而对于不能掠走的财物则大量毁坏，如许多房屋被无情烧毁或拆毁。日

① 中央档案馆、中国第二历史档案馆、河北省社会科学院编：《日本侵略华北罪行档案・无人区》，河北人民出版社2005年版，第140—142页，第151—154页；中央档案馆、中国第二历史档案馆、吉林省社会科学院合编：《华北大"扫荡"》，中华书局1998年版，第880页；《晋东北一角敌逞暴虐世无伦比》，《新华日报》（华北版）1941年11月3日。

军“三光”作战区域之内，人民无家可归、无衣可穿、无粮可食，四处逃散，风蚀雨侵、日晒阴冷，食宿无常、饥饱不匀，从而酿成疾病流行且死亡剧增的悲惨场景。也就是说，举凡日军烧杀抢掠过的地区，无不呈现出满目疮痍、一派荒凉的凄惨景象。挣扎于饥饿、疾病和死亡边缘线上的人们在失却生存环境之时还不时经历日军的残忍屠杀，许多无辜百姓惨死于日军刺刀之下，日军杀人之巨、手段之残忍以及中国同胞死状之惨难以形容。1940 年春，日军夜袭定襄炭窑沟村，全村约 100 人中遭难 50 人、受伤十几人，烧焦的牛、羊、猪、驴、马等尸体散满村子内外①。同年，日军在昔阳西峪村一次屠杀居民 365 人，酿成“西峪惨案”。此次惨案，该村 187 户中死人户达 111 户，其中 21 户成为绝户；623 口人中死亡男性 182 人、女性 183 人，其中 10 岁以下男性儿童 28 人、女性儿童 27 人②。9 月 13 日，又发生平定马家庄惨案，死难者中能回忆起姓名的有 281 人③。在 1940 年对晋西北地区的冬季“扫荡”中，仅兴县、临县、保德 3 县就屠杀 4 390 人，抢掠或杀害牛、驴、马 5 640 余头，抢走及毁坏粮食 47 640 石，烧毁房屋 74 500 余间④。1942 年七八月间，日军在太原小东门赛马场进行大屠杀，384 名百姓被杀。农历十月初一，日军血洗娄烦县娄家庄村，来不及转移的群众均成刀下之鬼，最大者 80 岁，最小者仅 3 岁，无一幸免。村民李新果夫妇人头被抛院里、尸体剥光扔在大门口，李正为老伴及独生子李海玉则被刺死在炕头上，鲜血染红土炕并顺流地下……⑤ 以上惨案充分展示了日军杀人不眨眼的兽性本质。尤为甚者，西峪村一村死亡人数竟占全村人口 1/2 强，死亡户占全村人户约 3/5，死绝户占全村人户约 1/9。

日军实施的“三光”政策不过是其暴行的冰山一角罢了，日军残杀中国居民的手段更非笔墨文字可以表达。杀人方法最常用者有活埋、打靶、吊死、刺死、灌水胀死、毒气毒死、铡死、锯死、碾死、喂洋狗、煮死、悬崖摔死，以至肢解、剜心、凿眼、剥皮等，毒刑则有烙铁烫、火柱烧、灌冷水、灌辣椒水、冰冻、“坐小板凳”、“坐飞机”、“坐铁骨筛”、瓮水淹、鞭子抽、狼狗咬、刺刀扎以及捆绑吊打等。例如，1937 年日军俘获某地 8 名保安队队员，先割去鼻子，又用铁丝将各人嘴和耳朵串在一起每天拖出去拷问，若拷问不出什么则再以一根烧红铁丝穿过身体，接着在 8 人

① 傅尚文：《晋察冀边区北岳区的粮食战》，南开大学历史系编：《中国抗日根据地史国际学术讨论会论文集》，档案出版社1985年版，第447页。

② 《昔阳县政府关于西峪村血泪事件》，A128-4-48-1。

③ 樊吉厚、张铁锁主编：《日本侵晋实录》，山西人民出版社2005年版，第632页。

④ 穆欣：《晋绥解放区鸟瞰》，山西人民出版社1984年版，第90—91页。

⑤ 太原市政协文史办整理：《日本侵略者统治太原八年简述》，《太原文史资料》第3辑，1985年编印。

小腿上割开数道裂缝并在缝里加上不知名药末使之痛彻心扉，如此三四天即被折磨而死[①]。稷山县邢家堡（村）据点日军对村里嫌疑百姓以及种地的庄稼汉或过往行人想抓就抓、想杀就杀，村北两亩多的一块地里活埋各色人等达千人以上，加之刀劈、枪杀、火烧、填井，全村掩埋尸骨总数约在2 300具以上[②]。在岚县东村据点，日军设立了明暗3个杀人场，1941—1942年间在西门外30亩大小的“万人冢”荒坡上用军刀砍、用刺刀刺、用狼狗咬或用活剥皮、剖腹等酷刑处死者达数百人。又在西门外第一道围墙和第二道围墙中间的一段旷地上栽了6根1丈高的木桩，先将被捕群众吊在桩上，再让新兵整班整排集合到那里“上操”，然后命令一齐连续冲杀，刺得血肉模糊，“残忍如野兽”！东村日军兵营西南角有一块5亩大小的秘密暗杀场，日军退走之后好长时间还可看到许多塌陷的埋人坑和坟墓，上面散布着无数骷髅与烧过的骨灰。场中一段5丈长、4丈宽的地带上，挖了12个1丈长、8尺宽、6尺深的壕坑，每个坑中间栽立3根木柱，日军在深夜以棉布塞住被难者嘴巴拉到此处捆在木柱上用土活埋[③]。1938年8月，大同日军指使伪晋北自治政府“令所辖各县强征民夫，并由各县敌兵亲自强拉壮丁共两千余人，集合在口家镇开矿，敌寇将他们全部禁闭在煤矿底，逼令冒险工作，以致误触水源，洪水暴发，除逃出六七人，其余都被淹死。敌寇四处强拉民夫，有逃藏的就加以活埋，或者借口打防疫针，给我同胞打哑针，被打了哑针的人，在三天以后，就头肿不能言语，变成呆若木鸡的傻子。”[④]日军还在大同成立大小医院并强迫人民去治病，规定发生疾病3日内必须送附近医院治疗，如未送医院者全家受罚，如未送医院而死者全家活埋，若病人送医院后7日内治好则可回家，否则即行活埋[⑤]。

此外，由于日伪特务汉奸到处活动，广大人民毫无半点自由和权利，日军可以随时闯入民宅搜捕“抗日分子”，亦可以随时拦阻并检查行人，或派出密探侦察人们行动，偶涉嫌疑或稍有不慎即遭杀戮，百姓因之整天提心吊胆，日夜不得安宁。凡日伪所及地方，处处鸦雀无声，一片恐怖景象。例如，昔阳县留庄村因特务汉奸迫害，全村青年几乎全部逃走，所剩男女老少日夜战战兢兢，村里既听不到儿童歌声，亦无人胆敢高叫一声[⑥]。

---

① 《敌寇暴行实录》，山西省档案馆藏。

② 张全盛、魏卞梅编著：《日本侵晋纪实》，山西人民出版社1992年版，第419页。

③ 穆欣：《晋绥解放区鸟瞰》，山西人民出版社1984年版，第189—190页。

④ 《敌寇暴行实录》，山西省档案馆藏。

⑤ 《敌寇暴行实录》，山西省档案馆藏。

⑥ 《关于第一区留庄村八年来敌伪暴行群众损失的调查》，A128-4-48-5。

在日军毫无人道之虐行下，山西民众生活充满血腥与恐惧，其心理状态可以想见。社会心理学研究表明，人类在正常生活条件下所形成的某种既定的需求结构一旦遭遇外力冲击必将导致需求层次降低，并由此发生需求结构倒置且引起整个心理结构的失调或重整。而日军劫掠烧杀等暴力行为毁坏了人们最基本的生存条件，肉体遭受摧残，精神长期压抑，需求层次自然降低，生存乃成为第一需要，精神需求则处于中断状态。武乡县当时传唱的几首歌谣就是这种情形的极好写照，如《逃难歌》云："家住武乡县，四区胡峦岭，日本鬼烧杀抢，不能在家中……"《哭五更》又云："一更里来好心焦，咱住敌占区真糟糕。快乐的日子不能过，每日里真怕鬼子杀。"《烧杀抢搜》则曰："鬼子来了是杀哩！伪军来了是抢哩！汉奸来了是烧哩！特务来了是搜哩！"① 另据潞城申庄村村民李中秋老人所述："有一年六月六日（农历），我们正在家吃饭，忽然就听见有人喊'老黄来了''老黄来了'（即日军——笔者注），于是我们家人就赶快躲到里窑里（即窑洞里边的小窑洞，洞前有遮挡物品，一般在大窑洞里比较隐蔽的地方修成，门洞很小，宽约两尺左右，人可直身通过），当时害怕极了，连呼吸都怕'老黄'听见……抗日期间，我们每天心里都踏实不下来，老是担心'老黄'会来，'老黄'把咱老百姓可害苦了。""……和家人逃荒时，晚上睡在山上放羊人和羊群住的土窑洞里，吃的是自己在家里准备好的干粮，有时一躲躲几天甚至半个月，老百姓家里也没有什么值钱的东西可带，总是人要紧。'老黄'来太突然时，人们逃跑时就只顾自己，根本不管家里的东西了。如果'老黄'来的时间短，家人往往在白天躲过后晚上回来做点饭，晚上睡觉时常是和衣而睡。"② 榆社邓峪村村民郑乃全回忆说："那年月我们过着心惊胆战、坐立不安的躲难生活，怕敌人甚过怕鬼狼。那年月连狗、驴等家畜都训练得很懂人性，日本人来时叫都不叫，只顾跟上主人逃跑。那年月我们两眼只往西边瞅，村内放哨的百姓一见日本人过河，大家就分头躲难。"③ 该村另一村民董留仙叙述说："当时被褥不敢铺在家中，捆好放在炕边随时准备逃跑。屋子不敢冒烟，日本人走后匆忙吃饭，来时带上干粮逃跑。有时逃命甚至根本无法顾及父子母女和夫妻情分，只有一个想法，逃出一个算一个……"④ 长治沁县故里镇村民李仙

① 《抗战时期的太行歌谣》，《山西革命根据地》1985年第4期。

② 课题组2002年2月10日访问笔录。口述人李中秋，2002年79岁，男，当时全家5口人（父母和姐姐、妹妹及本人），拥有土地100余亩、驴1头、牛2头、骡子1头，并经常雇佣两个长工。

③ 课题组2002年2月23日访问笔录。口述人郑乃全，2002年87岁，男，当时全家6口人（父亲、长兄夫妻和孩子以及本人夫妇），有地14亩。

④ 课题组2002年2月23日访问笔录。口述人董留仙，2002年75岁，女，当时全家5人（父母、哥嫂及本人，两个姐姐已出嫁），有地5亩左右。

兰讲述说："那时每天都提心吊胆，门口时时准备篮子，里面放炒面、干粮、被子，日本人来时就跑，我和丈夫一人一个孩子，各跑各的，大难来时各自飞，逃一条命算一条，逃到山沟里。山沟里一般有水，锅碗不全，去邻近小山村的人家借，脸皮要厚，人家一般不愿借。有时一个人跑出来，没来得及带干粮，饿得发慌。逃跑时能带的东西就带走，粮食埋到地里，钱也埋了。逃荒躲反（即躲避战乱——笔者注）时，没有孩子的不愿意跟有孩子的在一起……"①静乐县堂尔村村民李俊宽、段家村村民江天喜、城关居民巩憨愣回忆说："见到日本人特别害怕！日本人到村里头烧房子、抢牲口、抢铺盖和粮食。看到日本人干坏事，心里害怕得很，心里也很恨日本人。当时家人每夜躲在外头不敢回家，后来村里有人放哨，一听说日本人要来还是害怕得跑了，心里头老想着活不成了，迟早要被弄死了。日本人杀人放火啥事都干，坏得很。对日本人真是恨之入骨了，现在也恨，当时人们全害怕日本人……家人逃荒时非常受罪，夜里在地里睡觉，吃的是炒面和炒大豆，因为炒面和大豆又能吃饱又方便带，值钱的东西埋在地底下，做饭用的锅时常背在身上，其他东西就不管了，只管逃命……"②特别是某些游击区，广大人民在日军"扫荡"或"蚕食"最激烈时期整天在山头上与之周旋，几乎所有生活都"军事化"了。家中物品全部埋藏深山之中，平常每家备有两个小布口袋，一个放米，一个放面，一得到敌人出发的警报就背着口袋上山。为防备敌人发觉，"人们想出了许多办法：当把牲口赶入野洞中隐藏的时候，公驴常常嚎叫，这会被搜山的敌人听见，他们就在驴尾巴上缚一块石头，因为根据人们的经验，驴要叫的时候都是先翘尾巴，尾巴翘不起来便不叫了。狗吠也常常引来敌人，各地便又展开一个杀狗运动，离石、临南县的许多村庄那时把狗都杀绝了。人们在山沟里有时整天整夜在野窑里住着，几十天不洗脸，常用生山药蛋充饥，用冰雪化水止渴。离石县的妇女，曾有好几次在冰天雪地的隆冬，把孩子生在山沟的冷洞里面。这些都是人们祖祖辈辈从未经受过的折磨……大家咬着牙齿，苦苦地支撑着。"③而形势最严峻的时候，如日军大规模"清剿"之时，百姓甚至不知"往哪里跑"，全家人不得不分散躲避，或将女的藏起而男的转移或男的另外隐藏，打破了一家人"死也死在一起"的传统观

① 课题组2002年3月12日访问笔录。口述人李仙兰，2002年90岁，女，全家7口人，有地10余亩、房子4间。

② 课题组2002年4月19日访问笔录。口述人李俊宽，2002年77岁，男，当时全家3口人（男2人，女1人），有地10余亩、骡子1头、牛2头、羊20余只、房16间。口述人江天喜，2002年83岁，男，当时全家9口人（男5人，女4人），有地90余亩、牛1头、房12间。口述人巩憨愣，2002年94岁，男，当时全家4口人（男3人，女1人），有房8间。以上3人访问时均在静乐县城居住。

③ 穆欣：《晋绥解放区鸟瞰》，山西人民出版社1984年版，第193—194页。

念，形成一种“一个人一个窑洞，极端分散为最好”的心理认同[①]。由于日军疯狂地推行奸淫烧杀的“毁灭政策”，“民众受损很大，因之悲观失望，‘没办法’‘不能活’的恐日病非常厉害。”[②]从中可见，每日萦绕在人们心中的均是诸如烧、杀、抢、掠以及逃难、失望、死亡之类的恐怖概念，由此折射出人民生存受到威胁之时惶惶不安的心态，同时亦彰显了他们心理上的脆弱和精神上的郁闷。历史资料显示，许多人就是因日军暴行而精神发生分裂乃至吓傻吓病吓死。例如，八年间昔阳安丰村因恐惧忧伤而死者 78 人、长治城南南庄村吓死男性 7 人、襄垣患神经衰弱者 47 人，1940 年 9 月黎城曹庄村“董太吉因被敌人追捕而吓死”[③]。

至于因逃避日军屠杀而流亡各地的人们的生活状态更令人无法想象，他们在流离途中烟尘滚滚、衣衫褴褛，不时遭受日机俯冲轰炸，饱尝饥寒交迫与颠沛流离之苦，身心折磨难以笔墨描述。沁源县当时颇为流行的秧歌《沁源人民的山沟生活》就典型地反映了流落于偏僻山沟里的人们的生存状况，秧歌歌词如次：“四更天来吃早饭，日头不出就爬山，上了山头没事干，每天观望鬼子来。/ 太阳出来天仍寒，烘个火不敢冒烟，一天到晚没动静，拾捆柴儿回小庄。/ 山里留了一整天，肚子饿得直叫唤，沟里唤来妻和子，带饿赶快来做饭。/ 这沟寻回锅和碗，那沟找来米和面，拿上锅儿去取水，取回水来把火点。/ 一天只吃两顿饭，中午吃到二更天，屋里漆黑看不见，油柴灯火冒黑烟。/ 熏得脸上起黑片，滚得身上满油烟，熏火烤得真难受，吃得米汤和圪钻（菜饭搅酸汤）。/ 时间拖到五更天，一天的生活说一遍，愁罢山来愁米面，鬼子害人真不浅。”[④]人们精神与心理上的痛苦与磨难由此可见。

沦陷区民众所遭受的苦难可能更深重，他们通过民间流传的各种歌谣表达了自己心中的压抑、恐惧、愤懑和对日军的刻骨仇恨。例如，岚县流传歌谣：“日本鬼，活像鬼。日本人坏了心，中国人受苦又遭殃，河西村修路的石头，要从沙会搬运，来回一次三十里，肚子饥，腿发病，牲口饿得不能动；日本鬼，活像鬼，说出话来听不里（听不懂），手拿三尺柳棒有五斤重，一棒打得头昏眼花耳朵聋，赶头回过，‘哭啦’‘苦

---

① 雪峰：《五月反“扫荡”地方工作方面的主要经验教训》（1942年8月），山西省档案馆编：《太行党史资料汇编》第5卷，山西人民出版社2000年版，第480—481页。

② 时逸之：《岳南专办时期工作报告》（1942年1月3日），山西省史志研究院编：《太岳抗日根据地重要文献选编》，中央文献出版社2006年版，第308页。

③ 山西省史志研究院编：《山西通志·民政志》，中华书局1996年版，第265页；《八年来南庄人口损失统计表》，A128-4-13；《襄垣县救协会关于疾病人数需药统计报告表》（1946年9月），A128-4-37；《曹庄乡人民控诉书》（1954年8月3日），中央档案馆、中国第二历史档案馆、吉林省社会科学院合编：《华北大“扫荡”》，中华书局1998年版，第373页。

④ 晋东南区革命史料编纂委员会编：《晋东南革命史料》第2辑，1966年4月，第66页。

力’声又是一棒。”[①]高平流传民谣：“吃好点，穿烂点，日本来了跑快点。/ 刺刀挑，狼狗咬，惹不起，快些跑。/ 良民证，带在腰，挡不住日本东洋刀。/ 东山望着西山高，日军来了快快跑。/ 头发散如蓬，脸抹锅底黑。见了日本兵，姑娘装哑巴。/ 洋马拖，狼狗咬，最怕还是东洋刀。/ 吃粗粮，配野菜，日本来了掉脑袋。/ 骑洋马，挎洋刀，日本专抢花姑娘。/ 洋刀砍，刺刀挑，练枪活人当目标。/ 日本杀百姓，如同捏苍蝇。/ 睡觉灵醒点，耳朵听着点。听着皮鞋响，百姓要遭殃。”[②]又如当时抗日根据地小学教材所反映的日军进村情形：“鬼子进村，施行‘三光’；杀人放火，捉鸡赶羊。家家垒门，户户逃荒。弟妹惊恐，呼唤爹娘。妻离子散，家破人亡。”[③]

长期生存于战争阴影下的广大人民慢慢形成一种对军队极度恐惧心理，往往一看到军人模样的人或大队人马就会条件反射地率相逃跑。据《战地总动员》一书记载：“当地群众看见从忻口、太原撤退下来的军队纪律不好，相率逃跑，男女老少都钻到山谷里受冻挨饿，因饥寒交迫而死亡者所见不鲜，这种情况真是太悲惨了！甚至有些妇女，悲痛含愤，将自己的爱子抛掉！群众在山谷中隐藏，都是静悄悄的，说话也是低声；可是孩子在山谷中，因饥饿与恐怖，就不顾一切地啼哭起来，群众因怕哭声被军队发觉他们隐藏的地方，便大加埋怨。母亲虽觉心痛，也不能不将自己的爱子因受迫气愤而忍心抛掉。”[④]

山西人民在抗日战争中既经历了精神和心理上的拷打，更忍受了肉体上的折磨，许多人被战争吞噬了性命，更多的人则因战争变成残疾或失去健康，这些创伤是刻骨铭心且无法忘却的。据资料记载：晋东南八年间被敌致残 33 522 人，晋西北部分地区被敌致残 12 462 人[⑤]。榆社遭敌致残者 493 人，榆次遭敌致残者 912 人，平定遭敌致残者 867 人[⑥]。又如，1938 年日军“九路围攻”时，辽县马厩村郝凤瑞之妻左手被敌打断，从此不能劳动亦无法端碗吃饭。榆社义村一妇女阴户被敌枪弹打碎，失去一生幸福[⑦]。这些伤痛均成为他们乃至子孙后代挥之不去的阴影，正如静乐县堂尔村李俊宽老人在课题组访问时愤怒地说：“现在咱们国家是主张中日友好，但人们哪能忘记

---

① 华民：《晋东南民间歌谣》，《抗战日报》1945年5月24日。

② 邵希文：《抗日战争时期的民谣》，《高平文史资料》第1辑，1986年编印。

③ 许光龙：《抗日战争时期小学生活片断（段）回忆》，《阳城文史资料》第7辑，1994年编印。

④ 中共山西省委党史研究室编：《战地总动员》上，山西人民出版社1986年版，第33—34页。

⑤ 《晋东南十七县八年来战争损失调查表》，A128-7-4-7；《晋绥边区因敌灾天灾所引起之人口重大损失》，A90-1-28。

⑥ 《太行第一四五六专区各县八年抗战损失统计表》，A128-2-7-4。

⑦ 《八年来日本法西斯摧毁太行区人民的概述》，A128-2-5。

了日本人干过的坏事，那真是坏，现在揪来一群日本人，如果放到村里无人管，一定要被人们弄死的。”①

第二节 “细菌战”与“毒气战”下的民众苦难挣扎

日军侵华期间悍然不顾国际法规则，竟在《禁止在战争中使用窒息性、毒性或其他气体和细菌作战方法的议定书》公之于世（1925年日内瓦通过）10余年之后违背国际公理，大量使用毒气与细菌武器惨杀中国平民，而处于华北战场的山西省则是受害最为严重的地区之一，不仅无数无辜平民直接丧生于细菌战与毒气战袭击之中，而且凡遭生化武器侵袭地区之民众身心健康亦均受到不同程度的伤害，这种影响甚至在战争结束几十年后仍能感受到。

一、“细菌战”与民众身心伤害

众所周知，日本国土狭小、人口寡少、兵源不足，又缺少必要的资源作动力，对于发动大规模战争并无绝对取胜把握，因此必须“出奇制胜”。身为军医少佐的石井四郎乃将细菌技术与军事用途结合起来并提出开发细菌武器用于实战的计划。他称：“缺乏资源的日本要想取胜，只能依靠细菌战。”“细菌武器的第一特点是威力大，钢铁制造的炮弹只能杀伤其周围一定数量的人，细菌战剂具有传染性，可以从人再传染给人，从农村传播到城市，其杀伤力不仅远比炮弹为广，死亡率非常高。第二个特点是使用少量经费即可制成，这对钢铁较少的日本来说尤为适合。”②石井此后极力向日本陆军省参谋本部高级官员游说这一论说，并作了进一步的阐述，即“从战略作战的观点来看，细菌武器乃是一种很有利的进攻武器”，“将来的战争必然是科学战，其中的细菌战尤为重要，因此必须努力研究细菌武器。”③毫无疑问，细菌武器是一种大规模杀伤性武器，具有杀人不为人所知、伤人不伤物的特性，极易为狂热的军国主义分子所接受。石井计划因之得到最高统帅部的支持和襄助，并很快付诸研发且广泛施用于日军对华实战中，山西就是细菌武器实验和作战的重灾区。

据资料记载，在山西从事细菌作战的部队是日军华北（甲）第一八五五部队（又称“北支那防疫给水部”）分部。该部队是侵华日军继关东军第七三一部队之后建立的第二支细菌战部队，总部设于北平。随着战局扩大，日军为便于就近生产和使

① 课题组2002年4月19日访问笔录。

② 郭成周、廖应昌编著：《侵华日军细菌战纪实》，北京燕山出版社1997年版，第40页。

③ 郭成周、廖应昌编著：《侵华日军细菌战纪实》，北京燕山出版社1997年版，第41页。

用细菌武器，遂在华北 13 个城市设立细菌战分部、办事处及分遣队，其中在山西设太原分部和运城办事处（属太原分部管辖）。据 1944 年的《北支那防疫给水部编成表》（日本昭和 19 年 9 月 30 日）所载，太原分部负责人是军医少佐远藤吉雄，运城办事处负责人是军医大尉松尾梅雄[①]。太原分部即所谓太原防疫给水细菌战分部建于 1938 年 5 月，地址在太原市西羊市街 12 号，对外称“太原防疫给水部”，内设防疫给水细菌战教育室、细菌检查室、细菌培养室、解剖室、特殊实验室以及消毒所等部门，主要成员有庶务室科长卫生大尉福井、卫生少尉近藤安作、诊疗室科长军医大尉笠、军医大尉野口龙雄和内田及波川、药剂中尉武居、卫生准尉宫川奎海（部分日人姓名不详，仅知其姓不知其名），以及下士官 16 名、士兵 40 余名、军属 10 余名。该部队虽原则上不隶属于日本华北方面军第 1 军，而事实上却接受第 1 军军医部长指令。石井四郎曾于 1942 年 8 月至 1944 年初担任华北日军驻山西第 1 军军医部长，直接指挥太原防疫给水分部细菌战活动[②]。据日人种村文三 1954 年 8 月 31 日供认：为了试验细菌效力，1938 年八九月至日本投降期间，该部队在河南商丘县瓜地里以及山西潞安城附近村庄水井内、水池内、水缸内和脏土堆里先后投放伤寒菌达 12 次之多，杀害和平居民 320 余人。汤浅谦供认：1942 年 2 月至 1945 年 4 月间，山西潞安日本陆军医院训练研究细菌战的卫生兵达 400 余人，其本人直接参与和亲手演习外科手术即活体解剖抗日战俘和无辜和平居民 19 人，从传染病患者身上采集新菌（即肠伤寒、A 型副伤寒、B 型副伤寒等）进行培育保存，一方面送给太原给水部做细菌战研究，另一方面供给潞安第 36 师团野战防疫给水部制造最强毒力菌[③]。又说：“非常多的军医、护士和卫生兵都参加过活体解剖手术，也许是几万人。当时只觉得在杀一条狗，那种事几乎是家常便饭。仅华北方面日军就有 40 万—50 万人，下面约有 20 所陆军医院”[④]。

日军在山西的细菌作战主要针对抗日军队与普通和平居民，并随战争发展及其整体战略的变化而变动，1937—1940 年使用细菌武器间隙时间较长、规模相对较小，1941—1942 年则开始由间歇性使用转变为经常性使用、由小规模使用转变为大规模使用，而 1943—1945 年更提出“准备使用大量细菌武器先发制人”的战略主张。下文就依据现存的部分资料且以时间为序来列举日军在山西细菌战的诸多罪证。

---

① 郭成周、廖应昌编著：《侵华日军细菌战纪实》，北京燕山出版社1997年版，第233—234页。

② 赵润生：《揭开华北“731”秘史》，《文史月刊》2003年第7期。

③ 谢忠厚：《华北甲第一八五五细菌战部队之研究》，《抗日战争研究》2002年第1期。

④ 中央档案馆、中国第二历史档案馆、吉林省社会科学院合编：《细菌战与毒气战》，中华书局1989年版，第793页。

1938年3月29日，八路军总指挥朱德和副总指挥彭德怀通电指出，日军由于在山西战事失利且损失严重，拟派飞机数十架飞越山西到延安等地投掷细菌弹进行报复性轰炸，以消灭各地的中国军队及参战人民；呼吁全国人民、世界各国民众团体、政府和国联，制止日军细菌战的大屠杀暴行①。9月，日军因不时遭到中方游击部队袭击，乃在华北各铁路、公路沿线、各重要村镇水井内大量投放霍乱、伤寒等病菌，造成疫病猖獗流行，一个月内即死亡四五万人②。1940年5月，八路军某部在岢岚五区查获一名化装成小贩的敌探，该人深入各村活动，担子内藏有几个散播毒菌的老鼠③。1942年1月，山西等地因1941年底日军飞机曾飞越上空即发现鼠疫，至3月初绥远境内死亡313人、山西河曲死亡26人④。2—3月，日军"扫荡"中共太行区，到处投放带有鼠疫杆菌的疫鼠⑤。同年春天，日军在五寨县城收集大批老鼠进行"鼠疫实验"，城内居民因此死亡者1 500余人。7月，日军独立混成第3旅团第7大队第1中队掩护细菌部队到五台县麻子岗村施放带病菌老鼠，短短一个多月时间感染患者即达48人，其中35人很快死亡⑥。是月，日军又在雁北一带强迫人民交纳虱子、老鼠、臭虫喂养病菌，然后向抗日根据地散放。4月初，则令占领区老百姓交纳胡须、鸡毛、老鼠，胡须不论老少每人交2两、鸡毛每间交2两、老鼠每人交2只，若无法按期交纳者须以白银代替（每只老鼠折合白银1.4元）。据载，伪广灵县公署下令各村每户交虱子、臭虫各5 000只，浑源、应县伪县公署亦有同样命令。夏天，日军潞安防疫给水班经常到西营一带以看病为由对群众抽血，很多人因此患上传染病并在3天内死

① 《敌将放毒菌屠杀我民众，朱总司令通电呼吁请全国全世界人民抗议敌暴行以防毒防疫物质帮助晋陕军民》，《新华日报》1938年3月29日。

② 《疯狂残暴杀我人民，华北寇军放病菌，八月份我染疫死亡四五万》，《新华日报》1938年9月22日；《华北敌寇施放病菌》，彭明主编：《中国现代史资料选辑》第5册补编，中国人民大学出版社1993年版，第125—126页。

③ 谢忠厚主编：《日本侵略华北罪行史稿》，社会科学文献出版社2005年版，第178页。

④ 据1950年中国人民解放军第二野战军卫生部工作人员对日军散播病菌指控所述：日本在侵略中国战争中，曾在"晋绥边区的河曲、保德、兴县、岚县等区，散布鼠疫、伤寒等传染病菌……1942年日寇'扫荡'晋绥边区后，当地卫生机关即在河曲、保德一带发现散在性鼠疫患者，死数十人，经当地军政卫生机关协助人民隔离，断绝交通，始免于蔓延。该处在这以前从未发现鼠疫传染病。"《第二野战军卫生部工作人员指控日军散播病菌（1950年）》，彭明主编：《中国现代史资料选辑》第5册补编，中国人民大学出版社1993年版，第127页。

⑤ 《敌后战争日益残酷，华北寇军到处放毒，毒烟毒米毒鞋无奇不有，强迫人民缴鼠大量散布鼠疫》，《解放日报》1942年3月28日。

⑥ 中央档案馆、中国第二历史档案馆、吉林省社会科学院合编：《细菌战与毒气战》，中华书局1989年版，第369—370页。

亡[①]。11月，日军为统制应县盐池并防止食盐流入八路军抗日根据地，在盐内投放大量毒药，根据地军民患霍乱、痢疾、疟疾等病者颇多[②]。从1944年4月开始，日军在长治地区频繁使用细菌，如在交城村水井散放伤寒杆菌传染19户71人，死亡16户31人，死绝3户；在北石槽村水井投放伤寒菌传染17户101人，死亡36人；在寨子村投放伤寒菌传染15户65人，死亡17人；下西街小北营村传染伤寒病27户58人，死亡29人，其中陈文景一家男女4口人全部死亡；宋家庄传染伤寒病14户53人，死亡者有9户13人；焦家庄村传染伤寒病8人，死亡4人；针漳村发生伤寒，全村有13户77名男女患病，死亡男性17人，陈昌孩全家23口人中有22口染病。在屯留县，姬村因日军散布伤寒菌，仅1944年4月间就有36户97人感染伤寒，其中13户死亡男女13人。5月间，屯留县北渔泽村伤寒流行，全村有40户189人患病，死亡38人。6月间，潞城县南岳镇村伤寒流行，有12户46人患病，死亡10人。秋天，日军又在界河东投放带病菌老鼠，当地居民感染鼠疫病菌者极多[③]。1945年1月13日，大同伪政权勒令所属各村限期交纳定量蚤虱、老鼠，朔县、代县等县伪政权要求每间交纳老鼠5—10个，平鲁县伪政权则令每村交纳老鼠2 000只、蚤虱2两，日军试图以此制造大量鼠疫以毒害抗日根据地军民[④]。

从上述日军细菌作战的个别实例看出，日军在山西战区多次使用诸如鼠疫、霍乱、伤寒、痢疾等细菌武器，而且不只局限于中方军队，对城乡平民亦加以使用，甚至公开声称“细菌战是以平民为目标的”[⑤]。由于日军大量使用细菌武器，山西各地瘟疫频仍，民众死亡甚众。据1944年11月调查，山西当时疾病发展速度惊人，最普遍者是伤寒、斑疹、痢疾、鼠疫、梅毒、天花、霍乱、回归热、脑膜炎和急性肺炎等，估计妇女有性病者占68%，小孩死亡率在56%以上[⑥]。因医疗条件极为有限，人们患病后无从医治，各地受害群众在疫病折磨下苦不堪言，如感染霍乱菌的病人“上吐下泻，严重脱水……身体极度衰弱，骨瘦如柴，十分痛苦”[⑦]。据曾参与1942年7月发生在五台县麻子岗村鼠疫医学鉴定的山西医科大学何其英和曹鸿山撰写的《关于在山西五

---

① 谢忠厚、谢丽丽：《华北（甲）一八五五部队的细菌战犯罪》，《抗日战争研究》2003年第4期。

② 《应县日军在盐中放毒》，《解放日报》1942年11月25日；《应县敌寇在盐中放毒》，彭明主编：《中国现代史资料选辑》第5册补编，中国人民大学出版社1993年版，第126页。

③ 谢忠厚、谢丽丽：《华北（甲）一八五五部队的细菌战犯罪》，《抗日战争研究》2003年第4期。

④ 《敌寇阴谋制造鼠疫》，《解放日报》1945年4月2日。

⑤ 丁晓强：《揭开日军细菌战的重重黑幕——读哈里斯著〈死亡工厂〉》，《抗日战争研究》2001年第3期。

⑥ 谢忠厚、谢丽丽：《华北（甲）一八五五部队的细菌战犯罪》，《抗日战争研究》2003年第4期。

⑦ 郭成周、廖应昌编著：《侵华日军细菌战纪实》，北京燕山出版社1997年版，第271—272页。

台县施放鼠疫老鼠的鉴定书》所述："患者病状的开始，都是非常急剧，恶寒、高热、头晕，呈急性重症病容，颜面暗红色或发青，部分病人有极显著的鼠蹊淋巴腺红肿，意识陷于不清，谵妄、吐黄水，死亡前有吐血或咯血，部分病人并有黑色稀便。绝大多数病人均于二至四日内死亡，并有暗红色血液从口内流出。"另据当时患病并幸存下来的张周保讲述，母亲病死时表姐孙牡丹帮助装殓埋葬，结果第三日即发病，又隔三日其子安三小、安贵和亦相继发病，且均迅速死亡。何其英与曹鸿山于是认定 1942 年 7 月发生在五台县麻子岗村之疾病属于一种烈性传染病，其临床症状与鼠疫完全符合[①]。可以肯定地指出，受日军细菌毒害的人要么在极度痛苦中而死，要么常年忍受疾病煎熬，即便未传染的民众亦难以摆脱疫病笼罩的恐惧阴影，尤其战时残留各地的细菌武器直至今天仍然危害着公众生命安全。

日军在战争结束时对待细菌战的态度亦增加了人们的恐惧与不安。石井多次在集会上宣讲，"是细菌部队拯救了日本国家"。随着战局变化，日本企图以大规模的细菌战挽救军事上的颓势，正如石井所言："各条战线上的战况恶化，我们就要使用最后极端手段，一次更大规模的细菌战，从而争得有利日本的转变"[②]。"一旦使用细菌武器，鼠疫、跳蚤是最好而效力最大的一种细菌武器。"[③]在大本营指示下，各细菌部队大力培植鼠疫跳蚤，其中华北（甲）第一八五五部队以月产 20 公斤左右的速度全力应对战场需要。在山西战场，日军勒令占领区各县限期交纳定量老鼠和蚤虱以生产足够的鼠疫杆菌，准备发动最大规模的战略性细菌战，但这一计划因日军迅速战败而终止。

二、"毒气战"与民众身心危害

日军在华毒气战是自第一次世界大战之后使用毒气种类最多、数量最大、时间最长、地域最广的一次毒气战，在长达 14 年战争里使用毒气至少 2000 次以上，大约造成 8 万余中国军民伤亡（一说 9 万人以上）[④]。日本学者的研究亦表明，日军使用毒气最多的是在中国，而中国又以华北为最，特别是与日军长期对峙的八路军山西各抗日根据地。1937—1945 年间，日军不间断地使用毒气，有具体记录者达 301 件，且在

---

① 中央档案馆、中国第二历史档案馆、吉林省社会科学院合编：《细菌战与毒气战》，中华书局1989年版，第369—370页。

② 郭成周：《日军细菌部队罪行录》，中国民主法制出版社2015年版，第4页。

③ 郭成周、廖应昌编著：《侵华日军细菌战纪实》，北京燕山出版社1997年版，第445页。

④ 李力刚：《关于侵华日军毒气战准备的几个问题》，《日本问题资料》1995年第2期。另据步平等人调查，中国被日军毒气武器伤害人数在9万人以上。见步平等编著：《日本侵华战争时期的化学战》，社会科学文献出版社2004年版，第395页。

山西日军证词里就承认使用过糜烂性毒气[①]。例如，1942 年 2 月“扫荡”太行地区发射黄弹（即糜烂性剧毒芥子气）300 公斤，造成数千人中毒，其中半数死亡[②]。

日本对华毒气战是有计划且精心组织的，战争一经发生即开始组建第一批化学部队，之后则随战事扩大而又陆续增派数批化学部队，其中驻扎华北地区者就有 11 支，具体见表 6.2.1：

表6.2.1　日军派往华北地区的化学部队

部队番号	组建时间	派往部队番号
迫击第3大队	1937年7月27日	第8师团
迫击第5大队	1937年7月27日	第14师团
第一野战化学部	1937年7月27日	第1师团
第三野战化学部	1937年8月24日	第1师团
四号野战瓦斯厂	1937年7月27日	第16师团
七号野战瓦斯厂	1937年7月27日	第14师团
野战瓦斯第13中队（乙）	1937年8月14日	第7师团
野战瓦斯第6小队	1937年8月14日	第7师团
野战瓦斯第8小队	1937年8月14日	第7师团
野战瓦斯第5中队（乙）	1937年9月1日	第2师团
二号野战瓦斯队本部	1937年8月1日	第2师团

资料来源：步平等编著：《日本侵华战争时期的化学战》，社会科学文献出版社 2004 年版，第 393 页。

组建上述化学部队之时，日方又经天皇批准并由大本营发出至少 15 次的化学武器使用绝密令。例如，日军参谋总长闲院宫载仁亲王发布命令要求“相机使用”化学武器，并由此揭开在中国进行毒气战的序幕。日军向华北派遣如此多的化学部队，旨在对华北抗日根据地进行毁灭性打击，而山西东西两侧为太行山和吕梁山、南北两端又有中条山和恒山，山区面积达 80% 以上，十分有利于毒气武器投放与使用。1938 年 4 月、5 月，日军大本营先后颁布在山西等地可施放毒气的《大陆指第 110 号》《大陆指第 452 号》命令。[③] 据日本方面的资料记载，上述命令下达后，一次拨给华北日

① 高士华：《日军山西毒气战研究的新进展——评粟屋宪太郎的〈中国山西省的日军毒气战〉》，《抗日战争研究》2004年第2期。

② [日]江口圭一著，杨栋梁译：《日本十五年侵略战争史（1931—1945）》，天津人民出版社1995年版，第191页。

③ 高晓燕：《日本是如何掩盖化学战罪行的》，《抗日战争研究》1998年第2期；步平等编著：《日本侵华战争时期的化学战》，社会科学文献出版社2004年版，第394页。

军的化学武器就有轻迫击炮用赤弹 1.5 万发、赤筒 4 万只①。

日军毒气战主要是通过火炮、掷弹筒发射或人力投掷毒气筒、毒气弹，在山西使用的毒气则主要为“赤筒”（属于催喷性毒气，使人打喷嚏、流泪，短时间内即可丧命）、“绿筒”（属于催泪性毒气，刺激性很强，使人流泪、咳嗽、头痛以至痉挛、胸痛、呼吸困难而死亡）、“黄筒”（属于糜烂性毒气，皮肤沾上后两三小时内发生剧痛，出现水泡，通过呼吸道最后是内脏功能障碍而死亡）、“茶色筒”（属于窒息性毒气，可迅速在空气中扩散，使人窒息死亡）等几种。据 1939 年 2 月《新华日报》报道，当时日军在太原兵工厂大量制造硫磺弹和瓦斯弹等毒气弹，其“毒气可在树林及人烟稠密处停留 30 小时不散，高度为四公尺。”②而日本方面从来没有公布过在中国战场使用毒气的有关资料和文件。全面抗战时期，中国政府和军队尽管公布过日军使用毒气武器的某些相关情况，但因抗战范围辽阔、部队作战或活动地区变动频繁以及通信条件相对落后，难以精确记录具体使用情形和必要的数据资讯。当时中国军队的防毒机构乃是在因应战争需要情况下仓促建立的，甚至如八路军和新四军等抗日武装就根本没有什么专门的防毒机构，以致无法对日军用毒情况及时作出反应③。下文就根据当时的某些新闻报道以及现存的部分资料，对日军在山西所进行的毒气战的基本情形作一概述：

1937 年 9 月 6 日，平绥线日军进犯天镇，并在该县东南盘山施放毒气，中方守军某团官兵全部窒息死亡。10 月 13 日，日军 2 万余人进攻忻口，连攻数天伤亡 3 000 余人，乃于 20 日施放烟幕掩护步兵进攻，22 日又施放大量催泪、呕吐性毒剂，威胁中方守军并迫其放弃阵地。据卫立煌 10 月 23 日发给蒋介石的密电称：“我正面经陈师将要点恢复后，敌仍不断进攻，使用催泪弹、烟幕弹、烧夷弹、达姆弹”④。同月 18 日，八路军收复雁门关之后与日军增援部队鏖战终日，日军以飞机轰炸我军并施放毒气。20 日夜，八路军夜袭阳明堡日军临时机场后，日军施放毒气向八路军及其他部队进攻。1938 年，日军发动晋南作战并在曲沃战役中大量使用化学武器。6 月 15 日，华北日军第 1 军司令官梅津美治郎根据大本营 4 月 11 日关于使用化学武器的《大陆指第 110 号》下达准许使用红筒的“作命第 263 号”命令，日军第 20 师团接到命令后即配属第 1—4 特种指导班和迫击炮第 3 大队并携带红筒 18 000 个，按照命令准备在主力发动急袭

① 步平等编著：《日本侵华战争时期的化学战》，社会科学文献出版社2004年版，第260页。

② 《日军在太原制造毒气》，《新华日报》（华北版）1939年2月8日，见彭明主编：《中国现代史资料选辑》第5册补编，中国人民大学出版社1993年版，第143页。

③ 高晓燕：《日军在山西的毒气战》，《文史月刊》2002年第5期。

④ 闻慧斌：《侵华日军使用毒气弹》，《民国春秋》1995年第1期。

时进行投放。7月4日，曲沃日军进犯中方守军驻地，发射毒剂炮弹。5日，日军用火炮、迫击炮向我军阵地发射毒剂炮弹390发。6日晨又向我军阵地发射毒剂炮弹1 600余发，下午则在曲沃东南向河南岸仪门村、北樊村一带施放喷嚏性毒剂筒六七千个，中方守军因500余人中毒被迫撤退。7日拂晓，日军再次施放毒剂筒5 600个，占领运城，曲沃战役结束。针对日军使用化学武器，《新华日报》于7月22日刊文严厉指出："闻喜、曲沃、垣曲之役，敌以久疲之师，遭我生力部队包围歼击，屡战屡败，于羞恼之余，乃不顾公法人道，使用极剧烈之糜烂性及催泪性瓦斯，向我军发射。我军虽事先早有防备，牺牲并不甚大，然敌寇之残虐暴行，则实堪发指。"①

日军在使用毒气过程中发现中国军队防护化学武器能力极差，乃认为"对中国军队使用红剂是极为有效的"。正是利用这一点，日军逐步将毒气战推入高潮，而在历次"扫荡"中不断使用毒气。例如，日军于1938年4月15日侵入武乡西营镇后杀戮平民226人，又将70余名百姓赶进一个山洞里并"将毒瓦斯注入，把他们熏死在里面"②。1939年之后，日军开始全面使用各种类型毒剂，如在所谓第一期晋中作战以及山西"肃清"作战中不仅使用催泪性、喷嚏性等刺激性毒剂，还使用糜烂性等致死性毒剂。据日本大本营《大陆指第452号》指示，山西日军在偏僻地区使用了黄剂等"特种资材"并研究其效力，还鼓励在战场上使用毒气武器。1997年日本出版的《关于毒气战资料》一书详细记述了1940年以后日军在山西使用糜烂性毒剂情形，同时指出"（因中国军队）毒气防护装备极差，将暂时性和持久性毒气混合使用效果极好，可能给其相当大的精神压力"。这里的暂时性与持久性毒气即指赤剂和黄剂，可见日军在当时并用了两种毒气③。以下是1937年11月以来日军在山西使用毒气的部分史实：

1937年11月7日，《救国时报》报道："日寇进攻我国，受到我军顽强抵抗，日寇乃大发兽性，在上海、晋北等地不断施用毒气……顷据电讯，第八路军驻沪办事处主任潘汉年接到第八路军司令部来电，谓寇军在晋北施用毒气，我军需用防毒面具甚急……"④1938年12月1日，第18集团军正副总司令朱德、彭德怀致电第二战区司令长官阎锡山等人，称："王旅一部，艳日晨在灵丘北之杏

① 以上资料均来源于中央档案馆、中国第二历史档案馆、吉林省社会科学院合编：《细菌战与毒气战》，中华书局1989年版，第509页，第512页；高晓燕：《日军在山西的毒气战》，《文史月刊》2002年第5期。

② 中央档案馆、中国第二历史档案馆、吉林省社会科学院合编：《细菌战与毒气战》，中华书局1989年版，第509—512页。

③ 高晓燕：《日军在山西的毒气战》，《文史月刊》2002年第5期。

④ 《日寇在各路战线上均施用毒气》，《救国时报》1937年11月7日。

树嘴、乐陶三村附近……当我向敌冲锋时，敌以大炮、掷弹筒施放大量催泪、喷嚏毒瓦斯。同时义泉岭、灵丘敌200余来援，与我激战四小时。因敌放毒，我予敌大的杀伤后，即撤出战斗。此役我伤副营长、连长各一以下40余人，我王旅长以下官兵中毒者300余人……此次我中毒之300余人，离开毒气地区一小时后才恢复精神，但眼睛仍红肿疼痛等情。”①1939年1月29日，八路军第129师致电各部称：“进犯辽县之敌，连日战斗中均施放大量毒气，并在沿途经过的水井中投放毒药，即速转令所属切实检查，进行防毒教育与准备防毒面具，在敌经过之区域，应注意饮水之验检，并对群众教育。”②同日，八路军第385旅致电第129师称：“我九团本日尾敌追击至辽县，敌施放大量毒气，我中重毒连长、政治指导员各一，其中毒者一连较轻。连日战斗，敌均以大部大量毒气施放，请转各部注意。”③5月，日军与我军在平陆县城及该县大神村战斗中投掷瓦斯弹4枚，并在事后公布战果时声称“（中方）遗弃尸体约2 000名以上”。1940年1月4日，在晋绥地区堡子山战斗中，日军飞机投弹4枚，中方中毒者出现肺部疼痛，头、肢、体各部痉挛、皮肤刺痒乃至糜烂等现象。同日，又在梁家山战斗中使用三五山炮发射芥子性毒弹21枚，中毒者均出现皮肤糜烂现象或窒息之感。据不完全统计，自1937年9月至1940年5月，三年之间仅八路军中毒官兵就达10 475人。1940年8—12月“百团大战”期间，日军每于作战不利时即施放毒气，前后达11次之多。如，8月21日在平定战斗中使用毒气，八路军官兵40余人中毒。同日，又在武乡西故战斗中施放毒气，八路军中毒官兵达100余人。8月23日，在阳泉以西独峪战斗中使用毒气，八路军官兵包括旅长范子侠、政委赖际发在内100余人中毒。8月下旬，日军第41师团山炮第41联队在河津县上岭附近向黄河对岸中方军队宿营地发射黄弹30枚，糜烂性瓦斯弹毒气笼罩正面达1 000米、纵深达200米地带，中方军人30名及当地农民100余名中毒而死。8月29日，在阳泉桑掌坡头战斗中放毒，八路军官兵旅长陈锡联、政委谢富治、参谋长曾绍山等100余人中毒。9月22日，在忻口车站战斗中放毒，八路军官兵数十人中毒。9月25日，在榆社战斗中使用毒气，八路军包括旅长陈赓、参谋长陈希汉等在内200余人中毒。10月2

① 《朱德彭德怀致阎锡山等电》（1938年12月1日），彭明主编：《中国现代史资料选辑》第5册补编，中国人民大学出版社1993年版，第142页。

② 《一二九师致各集团》（1939年1月2日），彭明主编：《中国现代史资料选辑》第5册补编，中国人民大学出版社1993年版，第142—143页。

③ 《三五八旅致一二九师电》，彭明主编：《中国现代史资料选辑》第5册补编，中国人民大学出版社1993年版，第143页。

日，在辽县王景村战斗中使用毒气，八路军官兵300余人中毒。10月16日，从黄河渡口军渡炮轰宋家山，其中发射毒气弹70余发，八路军官兵80余人中毒，等等。1941年2月8日，日军包围定襄县上零村并将100余名群众逼入该村学校两个教室内，然后投入毒气筒，45人中毒死亡。5月上旬，日军进犯临晋和永济交界地区，向中方守军发射榴弹90枚、赤筒（喷嚏性瓦斯）30个，致中方官兵30人死亡。1942年3月25日，日军终日炮击柳林境内宋家川守军，计发炮弹1 800余枚，其中1/3属糜烂性毒气弹，中毒者50余人①。4月9日，蒋介石致电何应钦称："据彭副总司令德怀寝电称，敌寇此次扫荡我太行区时，曾施大批糜烂性毒气。该毒为液体毒汁，敌将此毒涂于室内桌椅及各种器具之上，此种已散发毒汁之室内器物，殊多整齐如原来模样，使人不生疑窦。清漳河下流两岸及武乡东部地区，因事先未被察觉，遭毒害者颇众。毒重者全身红肿，继而溃烂。"②5月，日军"扫荡"太行山区撤退时，在各地民房炕上、床上、桌凳上涂抹毒气液体，造成大批军民中毒。1943年1月，八路军雁北部队强袭王家泉子日军，而日军在反击中大放毒气，致使我方连长等126人中毒。1944年之后，日军在中国战场已是穷途末路，但仍继续使用化学武器进行顽抗。据1944年3月14日《解放日报》报道，日军由离石县柳林、穆村、高村、李家垣等据点向我方进犯，并在离石二区施放大量毒气毒害群众，仅兴旺和后坪两村中毒而死的群众就达71人③。1944年9月30日晚上，日军退窜至兴县八区蔡家庄村宿营，将该村没有来得及转移且藏匿于地窖中的老幼百姓26人（其中包括60岁以上老太太和两三岁幼孩各11名、青年妇女4名）全部用毒气窒息杀死④。

从上述诸多实例可以看出，日军不仅将毒气等化学武器用于两军作战，而且用于残害手无寸铁的中国平民，致使许多无辜平民或丧失性命或失去健康。一些曾经亲历过毒气战的幸存者对当时情景仍历历在目。如榆社县河峪镇辉教村战时曾遭遇日军飞机撒毒，全村200余人中毒，约占总人口的一半。对于这场灾难，该村村民

---

① 《十八集团军叶参谋长痛斥日寇使用毒气》（1944年7月15日），《解放日报》1944年7月22日；彭明主编：《中国现代史资料选辑》第5册补编，中国人民大学出版社1993年版，第134—136页。

② 《蒋介石致何应钦电》（1939年4月9日），彭明主编：《中国现代史资料选辑》第5册补编，中国人民大学出版社1993年版，第147页。

③ 《十八集团军叶参谋长痛斥日寇使用毒气》（1944年7月15日），《解放日报》1944年7月22日；彭明主编：《中国现代史资料选辑》第5册补编，中国人民大学出版社1993年版，第134—136页。

④ 《窜扰兴县腹地之敌饱尝地雷滋味死伤奇重，暴敌放毒残杀群众廿六人》，《解放日报》1944年11月2日。

孟全明、白守银、何润四、石友杰、石新华等几位老人清楚地叙述道："1938 年秋天日军飞机来过，人们以为下雨了，后来（7—8 天）有人身上出现症状，起小水泡，又痒又疼，出黄水。有 200 人中毒，占全村人的一半。因为八路军在村子住过，住山顶上。是日军用飞机向村子撒毒，飞机是从太谷来的，飞机来是中午 12 点前后，三架飞机飞得不高，就跟喷雾飞机一样，显得雾腾腾的，有一点点，也不是哗哗地下，看见像下雨似的，不是下雨，有烟雾，有味，不知是什么味，呛人呢。当时闻了没有感觉，就是（飞机）走了以后有两个最厉害的中毒事情，一个是起疙瘩，一个是长癞头。当时生这种病的很多，十个就有八九个，还传染，我有你无，咱俩住两日，你就有了。最开始是红的，然后变黑，白点点一抠就是脓。白地鼓起来，像是农药中毒。我们几乎都起过疙瘩，全村有 300 多人起，有的一家人都起。也没有大夫治，什么时候好了什么时候算。有没有死的不知道，那时死也不知是怎么死的。有个叫李眉成的起了泡就不能动了，日本人进来后，把他当八路军活活零割杀死。起泡烂得最厉害的没有鼻子了。"又据定襄城郊王进村李书林老人回忆日军当年在此投毒情形：1938 年 10 月 1 日拂晓，日军在该地施放毒瓦斯，散发出来的毒气"像云彩一样来了，闻上呛人，像辣椒那味儿，吐的是黄彤彤的。""毒烟是灰色的，面积很大，笼罩着王进村"，我方战士"因中毒晕了失去战斗力，被日军用刺刀活活挑死的多，村子被日军占领。""村子里一个叫李善义的 60 多岁老汉中毒死了。毒烟大约持续两个来小时才散，中毒的人吐了许多黄水，第二年村里的树都没发芽。"[①]据史料记载，日军在定襄战斗中共使用特种筒 2 548 个，毒袭宽度达 2 700 米。日军战俘安田的笔供亦证实了在定襄使用毒气的暴行。安田如此叙述道："1938 年 7 月初旬，第一〇九师团步兵第一〇七联队、山炮兵第一〇九联队，于山西省五台山作战中，在定襄县城附近村庄与四千名八路军交战约一小时，山炮联队对八路军阵地发射窒息性、催泪性、喷嚏性毒瓦斯弹及榴弹一百发以上，炮杀、毒杀八路军战士一百名，农民二十名。这次战斗，有数百名八路军战士被杀伤。"[②]1941 年，日军又在定襄西北上零山村制造毒气杀人惨案，曾经历此次灾难的张亮宝老人回忆："1941 年农历正月十一，在吃罢早饭的时候，忽然听到村里枪声大作，全村的男女老少大部分向东向南跑。这时只见（谭庄的）三个日本鬼子引着 40 多个伪军进了村，伪军们有一半进来就是抢劫东西，另一半赶人到村小学校，说是要开会。全村

---

① 步平等编著：《日本侵华战争时期的化学战》，社会科学文献出版社2004年版，第397—400页。

② 中央档案馆、中国第二历史档案馆、吉林省社会科学院合编：《细菌战与毒气战》，中华书局1989年版，第510页。

有七八十岁的老人，也有十几岁的孩童，80多个人被赶到学校。两个日军戴上了防毒面具，一个日本人抱着一挺机枪，教室长7—8米，户深（即纵深）3米，内有高2尺的土炕，他们叫男人们都站到炕上，又把女人们推进来，站在地下，人们挤得紧紧的。两个戴面具的，（其中）一个用一个这样高、这样粗（一尺多长、小碗口粗）的筒筒，把口抠开以后点着。炮筒是灰白色的，点燃后就在这两间大教室中冒出黑烟来，顿时天昏地暗，人与人紧紧挤在一起，谁也看不见谁。毒烟呛得人上不来气，咳嗽、打喷嚏，日军把门关上，在外面守着。后来，这里人们呛得挤得不行，把窗子挤烂，就跟推倒墙一样把大伙儿跌在窗外边……在这三天至五天之内，我们不到四百人的村子总共死了46人，又捆走了两个。”梁金枝老人则回忆说：“我坐在个床凳上，怕呛就用小袖把嘴捂住，也有人忍不住呛，把衣服或裤子脱下来蒙住头。后来炕上的人都倒下来，摞起来了，人往外跌，他（敌人）往后送，拿刺刀往头上划。我那会儿胸闷像针扎一样，出不来气，就想赶快死了吧，死了就不用受罪了。后来他们（日军）看见跌下一片，不行了，以为都熏死了，就顾不上咱走了，我从教室里爬出来，吐了一堆，还吐了两口血。从那以后，有两个月不能说话，三年不能闻煤烟味”。赵引根老人回忆道：“我家有7口人中毒被害，我男人、姑姑、妹妹、两个哥、两个嫂，都是男人家的。我老汉吐了四盆黑血。”[①] 襄垣县西营乡农民任有毅1954年7月27日在审判日本战犯国际法庭上曾控诉日军于该村放毒的罪行，控诉书指出：“民国二十九年九月十三日，日本军在我村扫荡，我叔父全家逃到大沟地的土窑洞里。日本人发现后，向洞内放毒瓦斯，结果任和尚、任治、任锦洪、任先保、李二□、刘来子、赵小叶、任保存、任小爱、马圭女、孟先弟、李三□、任臭旦等十三人被毒死。”[②]1999年8月22日，任有毅之子任国宝谈起这一事件时又讲道：“被毒气熏的人东倒西歪，头朝下吐黄水，小孩当场就死了。”[③]1942年2月，华北日军3万余人“扫荡”太行抗日根据地，负责施毒的第36师团特种作业队到处布撒糜烂性毒剂，范围涉及辽县、黎城、武乡等诸多地方，凡沿途村庄之房屋门窗、炕席、家具、粮食、草料以及水井等均成为投放的主要对象。据日军称：此次撒毒有数千人中毒，其中约半数死亡[④]。1942年2月28日的《解放日报》亦报道：“敌此次扫荡晋东南中心……散放糜烂性毒气，居民无论男女老幼，皆中毒气，

① 步平等编著：《日本侵华战争时期的化学战》，社会科学文献出版社2004年版，第402—404页。

② 中央档案馆、中国第二历史档案馆、吉林省社会科学院合编：《细菌战与毒气战》，中华书局1989年版，第529页。

③ 高晓燕：《日军在山西的毒气战》，《文史月刊》2002年第5期。

④ 步平等编著：《日本侵华战争时期的化学战》，社会科学文献出版社2004年版，第401页，第406页。

满身红肿，继而糜烂，痛苦呻吟，辗转床褥。”[①]3月14日，第18集团军总参谋部又致电各兵团，通报了日军此次用毒的基本情形，并指出：“中毒者全身红肿、溃烂、排液，至血肉裂口脱落而死。亦有因吸芥子气而窒息以及腹肿、头疼……而且毒气气味至数周后犹存。”沁源县城关镇北石渠村任明水老人回忆1942年日军在该村施放毒气杀人暴行时则说：藏身的山洞里“一股浓烟窜了上来，先出不上气，眼辣、流泪、咳嗽。我们都呛得受不了”，爷爷、父亲和表叔被毒烟熏死，而且“那个山洞里的气味一个月还进不去人，第二年清明我们去收尸，尸体已经腐烂了。”[②]。

现有的研究结果表明，日本在中国进行了第一次世界大战以来规模最大的化学战，而其在山西使用毒气的情形同样验证了这一论断。战时日军在山西曾多次使用毒气，罪行令人发指。在毒气战中，许多无辜平民丧失生命，更多的人则一直忍受肉体上的病痛折磨以及由此造成的巨大心理创伤或心理压力。更为可怕的是，日本投降之时将大批毒气武器遗弃中国领土，并因年久生锈或破损而造成毒液外泄，成为中国人民生命安全以及生态环境的潜在威胁。战后，由于美国政府的庇护，远东国际军事法庭像对待细菌战犯一样并没有对日本毒气战犯进行应有的清理和审判，特别是未对策划和主导研制化学武器且以中国人为活体试验品及以中国领土为毒气战试验场的军部乃至天皇追究任何化学战责任，以致这一违反人道和国际法理的行为至今仍逍遥法外。这不仅是国际法发展史上的悲哀，亦是对所谓讲人权讲法理的某些西方大国的巨大讽刺，同时更助长了当代日本国家极右主义和新军国主义的强劲反弹并进一步演绎成亚洲乃至世界潜在的新威胁。

第三节 “烟山毒海”下的“山西社会相”

实行鸦片政策是日本侵华战争中的一项基本国策。如果说日军在军事行动中所实施的屠杀、掠夺、放火、“三光”政策、毒气战、细菌战等属于战争“硬式”手法的话，鸦片生产与贸易则是一种渗透和腐化中国社会各阶层的“软式”手法，其与“硬式”手法相互配合，以期共同达成瓦解中国抗日意志和抗日精神的目标[③]。因此，日军入侵之处，必然带来鸦片的大量种植与贸易。日本在战争中所推行的毒化政策绝非其军政机关在华的偶发性事件，而是日本国家政策的重要一环。日军侵入山西之后，

① 中央档案馆、中国第二历史档案馆、吉林省社会科学院合编：《细菌战与毒气战》，中华书局1989年版，第537页。

② 步平等编著：《日本侵华战争时期的化学战》，社会科学文献出版社2004年版，第407页，第408页。

③ 李恩涵：《战时日本贩毒与“三光作战”研究》，江苏人民出版社1999年版，第49—50页。

除准许公开贩卖和吸食鸦片、吗啡、海洛因等毒品外，还强迫沦陷区人民大量种植罂粟，以从农民身上榨取更多利润，并通过纵容人们吸食来疲惫其肢体、麻痹其生产力、弱化其抗日意志。他们以鸦片等毒物收买汉奸，收集情报、组建伪政权和伪军，实施中国人打中国人计划。鸦片已成为日本进行军事侵略的直接工具。

正如第二章所述的那样，日军在山西大力推行鸦片政策并强制百姓种植罂粟，在获取不义之财时又进一步诱使人们吸食鸦片，广大人民身心所遭受烟毒之折磨绝不亚于战争的直接侵害，其社会危害程度或给社会发展所造成的消极影响亦绝对不亚于战争的直接破坏。1937 年日军侵晋之后，其大力推行毒化政策，山西毒品一时泛滥开来，无论富人抑或贫民均吸毒成风，整个社会生态至为可怖。据 1941 年 6 月 20 日和 1944 年 11 月 30 日山西省政府报告：在日军控制地区，凡“抗拒毒化之人常被指称为反日思想犯或我方探员，严刑惩处。”[①] 种毒、贩毒、吸毒因之演成一股社会风气。以太谷县为例，1942 年烟田种植面积已达 6 000 余亩，日伪每年勒收烟税约 200 万元。各村烟铺林立，料面、金丹等毒品公开贩卖，平均每村有 3 户人家从事贩毒，每村每日销售毒品 200 余元，全县每年销毒支出达 940 万元之巨，有些村庄吸毒者已占全村人口的 50% 以上，甚至有 9 岁儿童吸食者。伪政权县长以下人员吸食毒品者更占到 80%，情形极为严重[②]。另据中共方面的调查统计，太谷县平川地区吸毒者占总人口达 44%（战前约 25%）[③]。在榆次，最严重的村子平均每户有 1 人吸食鸦片，就是全家老小吸食者亦不少，正可谓“挨门数有屈的，隔门数有漏的”。有材料表明，1944 年前后该地某些村庄因毒化影响而破产之农户约占全村户数 15%—20%[④]。在祁县，日军占领期间，大力推行毒化政策，利用当地汉奸组成所谓“十大股”贩毒集团，大肆贩卖各种毒品，如鸦片、金丹、“机器泡泡”、料面等，同时强迫农民种植罂粟，

① 王德溥著，郦玉明译：《日本在中国占领区内使用麻醉毒品戕害中国人民的罪行》（1946年），《民国档案》1994年第1期；《日本在中国占领区毒化罪行备忘录》（1946年），马模贞主编：《中国禁毒史资料》，天津人民出版社1998年版，第1576页。

② 中央社山西某地24日电，《中央日报》1942年1月26日；《国民政府内政部禁烟委员会关于日本在山西毒化情形致外交部电》，马模贞主编：《中国禁毒史资料》，天津人民出版社1998年版，第1549页；王德溥著，郦玉明译：《日本在中国占领区内使用麻醉毒品戕害中国人民的罪行》（1946年），《历史档案》1994年第1期。

③ 《寇毒化祁县》，《新华日报》（华北版）1942年4月13日；《太行区经济结构与抗战开始后社会经济变化》，山西省档案馆编：《太行党史资料汇编》第7卷，山西人民出版社2000年版，第309页，第312页。

④ 《榆太路西工作汇报与讨论整理》，山西省档案馆编：《太行党史资料汇编》第6卷，山西人民出版社2000年版，第567页；《太行区经济结构与抗战开始后社会经济变化》，山西省档案馆编：《太行党史资料汇编》第7卷，山西人民出版社2000年版，第309页。

并设立毒品加工厂，毒品迅速泛滥起来。因毒品毒害致死者竟达 1 500 人。祁县北部 78 村 4 万余人中拥有大小料贩子 200 多人，公开吸食毒品的成年人多达 3 370 余人，约占成年人总数的 40%。会善村 800 余人中有 160 多人吸毒，里村、原东等村吸毒人数几乎占到本村人数的 70%。由于吸食毒品，这些身强力壮的青壮年变成了毫无劳作能力的“料子鬼”。据调查，会善村 160 名吸毒者中有 100 余人“倒卧”（祁县方言谓之“蔫倒卧”，即因饥寒交迫而流落街头并死于田野、路旁者）惨死，平均每户 1 人；谷村全村 100 余名吸毒者中有 25 人“倒卧”惨死，4 人投井，5 人流浪在外下落不明；鲁村仅 1942 年春就有男女“料子鬼”48 人冻饿而死；北梁村 1942 年因吸料面而破产者达 45 户之多，其中“披麻袋片之料面鬼 141 人，每日乞食于大街小巷”。在毒品侵蚀下，一个被誉为富庶之乡的“金祁县”顿时变成家破人亡、田园荒芜、房屋倒塌以及乞丐满街的荒凉世界[①]。如会善村一位家资殷实的崔姓农民在其死后老婆和 3 个儿子都染上了毒瘾，很快抽光了所有积蓄，变卖了所有财物，最后不得不卖掉宅院沿街行乞，除三儿子侥幸活下来外老婆和另外两个儿子均惨死街头。城赵村杨某为了吸毒既卖房卖地又卖女儿，最后只身流落街头冻饿而死。当时左墩村的“圪节洞”（祁县方言称光棍汉为“光棍圪节”，“圪节洞”意指光棍汉经常群居的地方）就是料子鬼的苟延残喘之地，死在此处者不知其数，仅从一个幸存者口中就能一下子说出 40 多个人的姓名。许多吸毒者将自己的妻子送到“媒人洞”，卖给“媒人洞”的“掌柜”即人贩子。据统计，仅左墩“媒人洞”贩卖的妇女就达 50 余人。特别是有的吸毒者丧失民族气节，为了料子甘愿充当汉奸走狗，替日伪收集情报或从事告密活动。根据中共祁（县）北区政府统计，仅 1944 年就争取 56 名因吸毒而替日军搜集情报的工作者参加抗日队伍[②]。

省城太原更是鸦片毒品的重灾区，当时既有红市街“平安商会”、钟楼街“金井商店”、柳巷“战友食堂”等 3 处大型售毒场所，亦有柳巷街、羊市街一带日本人比比皆是的料面店，还有难以计数的零星贩毒的流动毒贩。至于私人经营鸦片的“土膏店”，仅 1939 年 10—12 月注册登记者就达 21 家，资本在 3 000 元以上的有“兴亚楼”等 14 家。城内烟馆林立，遍地冒烟[③]。城郊地区亦莫不如此。据芮城村（现属太原市尖草坪区）村民李新玺（1913 年生）所述，该村在日军占领期间约有半数以上的人口吸食“料子”，许多人家男女老少无一幸免，其中家破人亡或冻死、饿死者不在少

① 郝仙槐：《针锋相对——祁北区的戒烟斗争》，《山西革命根据地》1990年第3期；段镇、曹恩庸、原琦、郝仙槐：《比刀枪更厉害的大屠杀》，《祁县文史资料》第1辑，1986年编印。

② 郝仙槐：《针锋相对——祁北区的戒烟斗争》，《山西革命根据地》1990年第3期。

③ 山西省史志研究院编：《日军侵晋实录》征求意见稿，山西省史志研究院2005年印，第214—215页。

数[①]。又据阳曲县（现属太原市辖县）泥屯村张树泉（1923 年生）叙说，家里除自己母亲外，祖父、父亲、叔叔、婶婶、姥姥、姥爷等均吸大烟或抽料面，二祖父、四祖父及姥姥、婶婶将自己的儿女全部卖掉，父亲将妻子（即张母）出卖，至于房地产则更是一扫清光。就全村而言，战争期间六七百口人中约有百分之二三十死于抽大烟或抽料面，而且越有钱的人家吸食越严重，死亡率亦越高。村里一个名叫王英的人，早时家资殷实，人人羡慕，但 4 个儿子后来却全部死于毒祸，落了一个财破家亡的悲惨结局[②]。

在晋南地区，日伪以运城为毒化晋西南各县的据点，派宪兵队和秘密工作队向各乡、区强制推行毒化政策，许多平民因之染上毒瘾[③]。有人估计，日军占领期间，运城城内约有 4/7 的人口与烟毒发生联系，其中每月有 20 余人因无钱吸食而惨死街头。临汾是日伪在晋南地区施行毒化政策的另一据点，主要工作区域是晋南中部和吕梁山地区，负责鸦片种植推广以及各种毒品特别是海洛因的推销，从而成为烈性毒品的集散地。霍县是太原以南受毒品危害较突出的县份之一，该县城内处处可以见到披着麻包的料子鬼，这种人面无人色、骨瘦如柴，人们常称之为“麻包太君”。塔底村 60 多户人家中有烟民四十五六户，几乎每家都有烟枪一支，吸食人数之多由此可见[④]。在临猗县（当时分临晋和猗氏两县），总人口仅 500 多人的董家庄就有毒贩 10 余人，吸毒人数最多一年达 44 人，约占全村人口总数的 8.8%，若以成年人数计算，比例则更大。44 个吸毒者中有卖儿鬻女者 1 人，卖嫂者 2 人，遗弃妻室者 2 人，尚有 10 余人既卖房子又卖地而成为一贫如洗的穷汉[⑤]。

在晋东南地区，据长子县城关、鲍店、岚水、草坊、南常、南漳、碾张等 7 个乡镇的调查，日伪强迫农民种植罂粟 557 亩、参与贩卖鸦片或料面者 137 人、吸食鸦片或料面者 1 831 人。其中，鲍店镇 12 村 2 134 户 9 429 人中吸食鸦片、料面等毒品者就有 714 人，因吸毒死亡者 13 人、卖房卖妻卖儿女者 30 户、家破人亡者 9 户。[⑥]在长治，凡“敌占领的随便一个镇子，每天可销售料面一千多元。”[⑦]在潞城，日伪在占领区“大量地倾销金丹、料面、吗啡等毒品……仅潞城敌占区某村一地，（吸食毒品者）总计

① 张成德、孙丽萍主编：《山西抗战口述史》第一部，山西人民出版社2005年版，第274页。

② 张成德、孙丽萍主编：《山西抗战口述史》第一部，山西人民出版社2005年版，第276页。

③ 马模贞主编：《中国禁毒史资料》，天津人民出版社1998年版，第1587页。

④ 梁觉民：《日伪时期毒品危害见闻》，《霍县文史资料》第1辑，1985年编印。

⑤ 《毒雾笼罩下的董家庄》，《临猗文史资料》第7辑，1989年编印。

⑥ 陈翼：《日军利用鸦片、料面毒害我县人民的罪恶史实》，《长子文史》第1辑，1985年编印。

⑦ 《敌抢夺资源》，《新华日报》（华北版）1940年7月27日。

达九十三人之多，占全村人数四分之一强。”[①]有资料称，晋东南因毒品流入而损失的金钱每月就达500万元之巨[②]。

1938年，晋北伪政权在大同李怀角街创办“鸦片烟公会”公开销售鸦片、吗啡、金丹等毒品，同时发动无业游民建立许多烟馆并准许他们加工制造毒品。1939年春，日伪在大同设立专事毒品贩运的“清查榷运署”，并在各地区下设相应的分机构，上自局长下至分局长全部由日人担任，形成大同地区烟土买卖的垄断体系。不久，又在大同马王庙街成立“土药组合”，强迫当地农民将所收罂粟交给该公司，然后再由其加工制成各种毒品进行销售，该公司因之成为日本在大同收购、制造和销售烟土的最大殖民统治机构之一。该公司内设正副经理、协理及主任官、鉴定官、会计官等，又在各地遍设销售网点，职员总数达六七百人[③]。

由于日伪有计划地大力推行毒化政策，大同城内“大烟土店”“土药草堂”等毒品销售场所林立，烟馆密布，烟雾缭绕；城外则“烟花”遍野，“景色可人”，无数中国民众折腰于“烟花美景”之中。是时，吸食鸦片人数增加速度达到令人吃惊的程度，“瘾君子”队伍不仅有游民、流浪汉，而且扩展到了普通青壮年中间，甚至一些良家妇女亦同时染上鸦片嗜好。吸毒者遍布城乡各地，尤以城内为甚。据地方史志介绍，当时大同著名的堪称才貌双全的奇女古秀珍，许多军政要员包括徐永昌均想娶其为妻，但其一律拒绝以示纯贞，孰料日军占领期间染上毒瘾，竟不得不给一些伪警察之类的下流人物做姘头，不久即变成一个蓬头垢面的叫花子，在街头遇到熟人就不知羞耻地上前借钱购买毒品，直至1946年冬因饥寒交迫而终。诸如此类的例子很多，据可靠调查，大同在日军占领时期死于鸦片毒害的人数达万人之多[④]。

在怀仁县，日伪统治八年之间，全县103个村子因受日伪物质利益刺激和暴力胁迫，几乎每个村子都将上好田地（如水地、上等旱地）用于鸦片种植，特别是地处平川的东关、城内、郝家寨、何家堡、万金桥、周家窑等40多个村庄尤为突出。据统计，全县平均每年种植面积约5 000余亩，每亩平均产纯烟15两，年均产烟75 000余两，8年总计达60万余两。所产鸦片烟除日伪征购（约1/3）、走私贩运和留存（约2/5）外，

① 《潞城已成毒世界》，《新华日报》（华北版）1942年4月30日。

② 陈毅：《纪念“六三”禁毒节与锄奸运动》，《新华日报》（华北版）1940年6月3日。

③ 张新平：《“土药组合”公司的内幕》，郭裕怀主编：《山西社会大观》，上海书店出版社2000年版，第106—112页。

④ 张新平：《“土药组合”公司的内幕》，郭裕怀主编：《山西社会大观》，上海书店出版社2000年版，第113—115页；山西省史志研究院编：《日军侵晋实录》征求意见稿，山西省史志研究院2005年印，第217页。

其余则用于吸食。而吸毒人数 1943 年为最高，其竟达 1 万余人，约占全县人口 1/8 强，吸毒人口中有 1 000 余人倾家荡产、200 多人卖儿卖女卖老婆。在大峪口村，全村 160 多户 800 口人，耕地面积 3 600 亩，种植鸦片 220 亩，约占耕地面积的 6.1%；吸毒人数 150 人，约占总人口的 18.8%。由于吸毒成瘾，有 15 户倾家荡产、10 户依靠家人或亲戚救助而苟延残喘地生活、5 户卖儿卖女卖老婆。又如城关镇李培云，战前家有房屋 13 间以及价值 2 000 元白洋的杂货铺，后因吸毒成瘾卖空店铺和所有房产，接着将 16 岁的女儿以 60 元白洋出卖，继而又将老婆和亲生儿子或卖或送给他人①。

左云县沦陷后，鸦片种植逐年增多，除日军掠夺外，其余则供当地消费，社会各阶层吸食鸦片成风。据调查统计，日占期间全县吸毒成瘾者高达 4 000 多人，鸦片毒患遍及城乡，370 多个自然村几乎村村有烟民、家家有烟灯。例如，西黄土口村和榆树墩村每户平均一半“洋烟袋”，瓦窑沟村 49 户人家有 47 户抽大烟，焦家窑、曹家窑、温家窑等村成年人几乎全部染上烟毒，王奎堡村 90% 以上的人吸毒成瘾，这些人不事耕作而任由土地荒芜，男人或走口外上煤窑或讨吃要饭当小偷，女人则到处卖淫鬼混。城镇情形更为严重，其中有卖官烟烟馆 4 家、卖料面 1 家（朝鲜人开）、卖私烟 30 余家，无论机关、学校、商店抑或民宅，每到夜晚灯火通宵达旦，到处烟雾弥漫，笼罩整个城乡。据地方文献记载，日伪统治时期左云城内 2 369 户居民中有 1 200 多人吸食鸦片，死于吸毒者近百人，死于吞食鸦片自杀者 80 多人，倾家荡产者 30 多户②。

在应县，自日军侵入之后鸦片种植大幅增加，1938 年为 5 000 余亩，1939—1945 年年均达 10 000 余亩，日伪每年从中征购烟土 15 万两，而烟土交易额则每年均在 10 万银元以上。在右玉县，据元敦子村赵永贵老人（1929 年生）回忆，该村在日军占领期间鸦片种植每年至少达 2 400 余亩，家家户户均有种植，且多在六七十亩左右③。在山阴县，林桥村的李保喜（1924 年生）老人说，当时该村抽大烟的人很多，“都抽得满面烟容，身体可不健康”。村东边一个村子因拥有大量水田，种烟很多，村里家家户户都有吸毒之人，成年人几乎全部吸食。而且，“一到黑夜睡下了，你枕上我，我枕上你，也没有枕头，四圈围的（山西方言习惯，此处“的”相当于“着”）人，中间放个洋烟灯，你抽完我抽，我抽完你抽。一家三个人五个人在炕上躺着抽……把那人们抽得简直没办法（看）。”④

① 怀文史：《日伪时期怀仁烟害》，郭裕怀主编：《山西社会大观》，上海书店出版社2000年版，第102—104页。

② 《右玉文史资料》第4辑，1986年编印。

③ 张成德、孙丽萍主编：《山西抗战口述史》第一部，山西人民出版社2005年版，第278页。

④ 张成德、孙丽萍主编：《山西抗战口述史》第一部，山西人民出版社2005年版，第280—281页。

在日军毒化政策及其毒品倾销下，山西各地吸毒人数逐年增加。以太谷县为例，温家庄、沿寨、岳家庄、马兰、前后庄、郭堡、温庄、浒泊、胡家坪等10村战前吸毒者仅95人，而到1939年底日伪占据时则增加到172人，1940年底又增至190人，1942年达到265人。吸毒人群中大部分系普通民众，如温庄、温家庄、北庄、浒泊4村各阶层吸毒者所占比例为地主10.9%、富农2.7%、富裕中农19%、中农7.6%、贫农21%、雇农10.4%、游民28.4%。由此可见，中农、贫农、游民等普通群众吸毒人数最多，并构成了吸毒人群的主体。同时，温家庄、彭温庄、岳家庄、马兰、后庄、前庄等6村157名吸毒者的调查结果表明，16—23岁者占1.9%，24—35岁者占43%，36—50岁者占43.3%，50岁以上者占11.4%，由此又见吸毒群众中以24—50岁青壮年劳动力为主的特点①。

许多民众染上毒瘾后很难戒除，瘾发时如病如狂而六神无主，吸足过瘾后则又如醉如瘫而若死人一般，久而久之精神萎靡不振且形容憔悴犹如废人，甚至因此丢了生命。当时全省普遍流行的一首歌谣就是这种情形的极好写照：“金丹！金丹！你害得我们真可怜：吸你的身体瘦弱，吸你的田宅卖完，吸你的生意倒闭，吸你的诸事难干，因吸你卖儿贴妇，因吸你夫妻离散，因吸你朋友交断；还有为非作歹，乞丐讨厌，都因为吸你金丹。”②清源县亦流传一首类似的歌谣：“鸦烟泡丹是大害，哪个吸上都难改。问你吸上觉个甚，不知淡来不知咸。女人吸丹不守节，男人吸丹更没脸。先卖家财后兑债，婆姨娃娃一齐卖……清源有个生铜块，万贯家财数他阔。因为吸烟都卖尽，临了死在灰渣坡。”③而怀仁县流传的一首民谣《九九歌》则更形象具体地描述了当时晋北13县吸毒者的受害情景：“一九冬至一阳生，财主点起洋油灯，满炕毡子一崭新，红缎褥子大靠枕，身上戴的星期表，墙上挂的自鸣钟。二九数了十八天，二八佳人打洋烟，姑娘满茶双手捧，上八样饽饽京点心，多样罕物摆设全，法国的冰糖口味甜。三九本来是寒天，痛快不过抽洋烟，白天抽的不起身，夜晚抽到大五更，人间烦恼全忘掉，腾云驾雾上天空。四九数了三十六，抽得肌黄面又瘦，打烟的媳妇不见面，捧茶的姑娘影无踪，叫一声老婆快点灯，无人奉侍好伤心。五九数了四十五，银钱花得空了手，先卖田地后卖房，卖尽田地当衣裳，老婆孩子全都卖，只剩锅笼与水缸。六九头上打了春，抽烟的朋友醒一醒，知己的朋友不登门，家人至亲无影踪，有心出门去求人，无衣遮体出不了门。七九河开河不开，洋烟瘾得起不来，无钱买油点不着

① 贾培宪、韩廷健：《太谷根据地的禁烟戒毒运动》，《山西革命根据地》1990年第2期。

② 张全盛、魏卞梅编著：《日本侵晋纪实》，山西人民出版社1992年版，第286页。

③ 课题组2002年3月29日在清徐县清源镇访问时所得。

灯，盒内无烟过不了瘾，挖挖坛坛（吸大烟的工具）扒扒灯，七凑八措不能熏。八九雁来准定来，抽烟的朋友倒了霉，鼻涕眼泪流不停，筋酥骨软不起身，两只眼睛一白瞪，四条腿子打立正。九九过了是阳春，抽烟的朋友命归阴，不买棺材席子卷，不用和尚不念经，二人杠子扛出去，扔在荒野无人问，黄狗吃，黑狗吞，喜鹊过来挖眼睛，你看抽烟的伤心不伤心。”[①]

可见，烟毒问题显然已成为一个严重的社会问题。据1943年中共潞城县政府调查统计，在该县游击区发生的42起小偷案件中有28起源于吸毒，约占全部案件的66.7%；在敌占区17起案件中有8起源于吸毒，约占全部案件的47.1%。县政权由此认为游击区小偷案件“一方面是源于灾荒，另一方面是敌占区恶风的浸入，料面鬼流氓是产生小偷的基础。”[②]同时，这些吸毒者中许多人往往会受日伪之托并为其利用，专门替敌收集情报，“几于汉奸敌探不能分离”，而有的甚至直接沦为汉奸，或杀人越货或在游击区和抗日根据地内投毒放火，制造恐怖气氛，扰乱群众生产与生活，等等[③]。

日本在中国实施毒化政策不仅违背了最基本的国际法准则，亦违反了最起码的人道主义立场，充分暴露了日本法西斯的残酷性和野蛮性。此项政策的目的在于“毒化我民间，摧害我民众的体格，使我们个个变成病夫，以至于不能抗战”，并最终“摧毁中国民族”[④]。从另一方面而言，鸦片生产与鸦片贸易养肥了日本帝国主义，养肥了日本战争贩子，养肥了日本大商行，成为日本扩大侵略中国的重要经济支撑[⑤]。对于日本在战争中所推行的鸦片政策，美国人卡尔·克鲁（Carl Crow）十分明确地指出：“这不但是个人犯罪，而且是整个国家犯罪。陆军省、海军省、外务省都参与其事……毒品战对日本军队是极有利了，而且太重要了——就目前的胜利而言，就以后维护一个被毒化了的民族作为征服者的奴隶来说都如此。日本人是不肯放下这与中国甚至全人类为敌的武器的。”[⑥]美国国务院亦在1943年9月28日的禁烟备忘录中一针见血

① 怀文史：《日伪时期怀仁烟害》，郭裕怀主编：《山西社会大观》，上海书店出版社2000年版，第104—105页。

② 《潞城1943年小偷案件》，A188-1。

③ 陈毅：《纪念“六三”禁毒节和锄奸运动》，《新华日报》（华北版）1940年6月3日。

④ 黄绍竑：《台属人民当前应有的认识和努力》，（浙江）《决胜》1940年第4卷第17期；曹骏：《禁烟与抗战之关系》，建康日报社1942年版，第1页。

⑤ 魏宏运：《三四十年代日本的鸦片侵华政策》，张海鹏主编：《第二届近百年中日关系史国际研讨会论文集》，中华书局1995年版，第67—75页。

⑥ 畅后译：《毒品——日本的新武器》，（浙江）《决胜》1940年第4卷第18期；齐春风：《抗战时期日本对国统区毒品走私活动述评》，《民国档案》2003年第1期。

地指出："1936年以后，全世界仅有一国之领袖仍鼓励鸦片与危险性药品之吸用，此即日本是也。凡日军所到之处，鸦片之买卖均随之而来。"[①] 简言之，日本的这种违反人道的罪行属于国家犯罪，是由国家主体主导的一种极端龌龊和卑劣的行为。

第四节 "慰安妇"的人生际遇

"慰安妇"一词在中国几乎家喻户晓，其特指第二次世界大战时期被迫为日本军人提供性服务且充当性奴隶之女性，系日本军队之专属性奴隶[②]。日军侵华期间，中国妇女充当"慰安妇"者人数最多，从城市到农村，从沿海到内陆，从大部队到警备队或小分队乃至前线据点、窑洞、地堡，到处充满着中国"慰安妇"的斑斑血泪。正如《东史郎日记》所载（1937年11月24日），日本士兵"一看到妇女就起淫念"[③]。又载（1938年5月18日），"年轻的士兵、年轻的男人是那种无论怎样疲惫不堪，一旦见到女人，一下子就能恢复体力的人。意外地发现了女人，对整天只看到充满汗臭味、土腥味男人的士兵来说，有一种难以形容的好奇、满足和欢喜……被行军拖得疲惫不堪的士兵，唯独此刻能精神抖擞地跑过去"。"这是前线到处可见的场面。士兵一旦发现年轻的女子就必定会像这样弄来'看看'。而好色的士兵最后总会奸污她们。行为恶劣的士兵害怕事情暴露，便杀死被奸污的妇女。"[④] 这正是日本发动侵略战争期间到处强征"慰安妇"或实施性暴力的根本动因之一。

日军侵入山西之后，华北方面军第20师团、第108师团和第109师团等部近10万军队长期驻扎于此，并大量"征用"占领区妇女充当从军"慰安妇"且进行计划性和比例性配备。特别自1938年3月日本陆军省颁布《关于军队慰安所从业妇募集等的通牒》以及1938年6月华北方面军参谋长冈部直三郎向所属几十万部队发出设置慰安所指示之后，日军华北"慰安妇"制度日益合法化，各地日军很快开设了大量慰安所，甚至在偏僻的农村亦到处设立了"慰安窑""慰安房"等设施，沦陷区越来越多的妇女沦为日军性奴隶[⑤]。到1938年底，无论日军所控制之大小城市抑或所建立之炮楼据点乃至偏远农村，凡日军驻扎之所就有慰安所之设置，"慰安妇"的身影随处

---

① 《日本在中国占领区毒化罪行备忘录》（1946年），马模贞主编：《中国禁毒史资料》，天津人民出版社1998年版，第1575页。

② 苏智良：《日军性奴隶——中国"慰安妇"真相》，人民出版社2000年版，第1页。

③ [日]东史郎著，王奕红等译：《东史郎日记》，江苏教育出版社1999年版，第141页。

④ [日]东史郎著，王奕红等译：《东史郎日记》，江苏教育出版社1999年版，第395页。

⑤ 郭思：《寻找中国"慰安妇"》，《焦点》双周刊，1995年9月15日。

可见。日军各个兵团几乎均有“慰安妇团”随行，几乎成为兵站的一个分队。例如，日军山下兵团1938年初进驻太原市后，第一件事就是设立慰安所（太原市民称之为“料理馆”），日本士兵谓“慰安妇”为“女招待”。曾参加过侵华战争的福田博承回忆说：“令人吃惊的是进城的两天之后，很快‘女招待’就来了，好像汗流浃背地跟在作战部队之后追上来的。”[①] 据资料记载，日军在山西设置的固定慰安所主要有：太原“星俱乐部”，盂县韩家小院慰安所，阳曲县南温川慰安所，忻县城内慰安所，沁县慰安所，大同市大同教导队慰安所，陵川县城内西街慰安所，潞安师团司令部陆军医院所在地士官士兵慰安所、军官慰安所“军人会馆”、小饭馆“喜乐”，曲沃县城慰安所，汾阳城内慰安所，汾阳县杨家庄慰安所，永济城内慰安所，蒲县城内慰安所等[②]。此外，大量炮楼、据点由于日本“慰安妇”数量有限或几乎没有日本“慰安妇”光顾，日军乃就地掳掠中国妇女充之。据先前的研究结果显示，每个日军据点或炮楼几乎都能听到“慰安妇”痛苦呻吟之声，每个地区的据点和炮楼里均有几十个甚至几百个“慰安妇”供日军蹂躏[③]。

阳曲县南温川慰安所是一处典型的农村地区慰安所。据原侵华日军陆军独立步兵第14旅团第244大队大队长中尉住冈义一供称：其任阳曲县南温川分遣队长时，于1941年12月至1943年3月间先后命令部下擒掳阳曲县北温川、石槽村、岔口村等地妇女刘××等10人，并在南温川分遣队附近民房内设置慰安所，供士兵发泄兽欲。该慰安所由军曹森五郎负责管理，卫生条件极差，被害妇女大多在20至30岁之间，且纯粹是供日军泄欲的工具[④]。2002年五六月间，一些学者来到阳曲县部分村庄进行实地调查，当年被害妇女刘乃妮向他们悲痛地揭露了慰安所的某些具体细节。她说：日军占领阳曲后，在南温川设立据点，驻扎1个分遣队，常驻日兵大约30人，并经常到村里抓人，未来得及逃走的妇女则被带回据点强奸。1943年，她22岁时与同村另外4名妇女由伪村长指定被抓到日军据点，据点里还有其他村子的一些妇女，大家当时都不愿遭受蹂躏，经常想一死了之。有一次她喝了10片大烟想自杀，结果被救过来继续接受日军蹂躏。日军频繁地到村里抓新的妇女进行轮换，但诸如从北温川抓来的刘二妮、刘翠娥以及岔口村的刘银根等人则一直被关了好长时间，直到日军投降

① 晓苏：《“慰安妇”：这一页屈辱黑暗的历史——日军在华北实施“慰安妇”制度罪行史证》，《档案天地》2004年第2期。

② 田苏苏：《日军慰安妇政策在华北地区的实施》，《抗日战争研究》2005年第2期。

③ 郭思：《寻找中国“慰安妇”》，《焦点》双周刊，1995年9月15日。

④ 晓苏：《“慰安妇”：这一页屈辱黑暗的历史——日军在华北实施“慰安妇”制度罪行史证》，《档案天地》2004年第2期。

后方才解脱[1]。

1940年之后，华北日军除固守已占领之点线外加紧对抗日根据地进行“扫荡”，势力逐渐向广大农村地区渗透，所需“慰安妇”数量亦随之不断增长，强征中国妇女行为日趋普遍。特别在前线偏远山区或农村，日军为了满足高度兽性需求，公开掳掠当地中国妇女作为性奴隶，而且这种兽行得到了其最高当局默许。据驻盂县日军第14大队士兵证实，在该大队占领地强抓、监禁、轮奸中国妇女已经日常化，长官对之习以为常，从未加以任何限制或采取任何制止措施。驻方山县据点日军经常到各村抢掠民女。如，1942年峪口村一个17岁女孩正准备第二天出嫁，日军闻讯后把她抢入碉堡，这个可怜的女孩未做新娘却做了“慰安妇”[2]。

日军在山西强征“慰安妇”最经常且最普遍的方式是公开使用暴力掳掠，这种做法对于暴虐的日军来说最为便利且无须支付任何费用，更省去了诸多麻烦手续。所以，这种抢夺自侵华战争开始后即遍及各地，有时日军直接参与抢掠，有时则通过傀儡政权进行。例如，日军于1940年侵入方山县后，甫设据点就立即要求伪政权征召“花姑娘”，而伪政权则将“花姑娘”人数摊派各村，并宣称有姑娘交姑娘、无姑娘交大洋，最后不仅慰安所建成，还额外发了一笔横财[3]。文水县日军则指使当地伪政权张贴布告，明令征用妇女，以供其泄欲。该布告如下：“文水县公署训令，差字第一号令：南贤村长副，为训令事。查城内贺家巷妓院，原为维持全县良民而设，自成立以来，城乡善良之家，全体安全。惟查该院现有妓女，除有病者外，仅留四名，实不敷应付。顷奉皇军谕令，三日内务必增加人数。事非得已，兹规定除由城关选送外，凡三百户以上村庄，每村选送妓女一名，以年在二十岁左右确无病症、颇有姿色者为标准，务于最短期内送县，以凭验收。所有待遇，每名每月由维持会供给白面五十斤，小米五升，煤油二斤，墨一百余斤，并一人一次给洋一元，此外游客赠予，均归妇女独享，并无限制，事关紧要……”[4]文中可谓谎言连篇，只有“奉皇军谕令”强征才是真言。又据日本战犯西定二1954年供认：“1942年10月上旬在山西省阳曲县石岭关盘踞时，前田兵长以下三名从石岭关西北四公里的某村，游动于附近的部落中，以强奸的目的，强制地拘来了中国妇女四名（年龄由23岁到28岁）在石岭关分遣队内，分遣队长前田年一兵长以下三名（我在内）用刺刀威吓

① 田苏苏：《日军慰安妇政策在华北地区的实施》，《抗日战争研究》2005年第2期。

② 晓苏：《“慰安妇”：这一页屈辱黑暗的历史——日军在华北实施“慰安妇”制度罪行史证》，《档案天地》2004年第2期。

③ 苏智良：《日军性奴隶——中国“慰安妇”真相》，人民出版社2000年版，第81页。

④ 《文水汉奸“通令”强征妓女》，《文献》1939年2月第5卷。

加以强奸。在此时我（分遣队员、步枪手、上等兵）对于四名中的年约28岁的妇女一名，用刺刀威吓进行了强奸，更对于强制拘来的妇女四名，把她们拘留在石岭关部落内的住民房舍中四天，以后才释放了。”[①] 表6.4.1是当年日军强掳盂县部分妇女充当“慰安妇”的一些基本情形：

表6.4.1　全国抗战期间被迫充做日军“慰安妇”的部分盂县妇女

姓名	出生年月	籍贯	充当“慰安妇”的原因
万爱华	1930	山西盂县	15岁时被日军拉入据点，充当“慰安妇”
刘面焕	1926	山西盂县羊泉村	被日军拉入据点，充当“慰安妇
冯壮香	—	山西盂县羊泉村	被日军拉入据点，充当“慰安妇
张二荷	—	山西盂县羊泉村	被日军拉入据点，充当“慰安妇
卢冬娥	1920	山西盂县高庄村	1941年9月坐月子时被日军抓入据点
陈林桃	1922	山西盂县	1942年被汉奸押入炮楼沦为日军性奴隶
侯巧良	1928	山西盂县	1942年14岁被日军抓入据点沦为性奴隶

资料来源：苏智良：《日军性奴隶——中国“慰安妇”真相》，人民出版社2000年版，第79页。

日军还经常将参加抗日斗争的女青年逮捕摧残并逼迫为性奴隶，盂县李庄村青年女子周喜香就是其中一个。周氏18岁加入中国共产党，后来成为村妇联主任，并积极参加抗日活动。19岁时，日军侵入李庄村后被抓入圭村据点，随即沦为性奴隶，每晚均有数量不等的日兵对之实施奸淫，如此半个月即下体严重破损，并致终生不育[②]。实际上，凡被日军强征为“慰安妇”的中国妇女，其经历均相当凄惨。例如，1940年1月5日日军攻克绥远重镇五原，为稳定军心即从山西运来54名中国“慰安妇”，慰安所设于一个空粮库内，因来不及做一些隔板，只好以大通铺形式进行集体奸淫。又为避免怀孕，乃令阉猪的王二楞为之全部做了绝育手术，而且结扎伤口尚未愈合就开始“慰安”日兵，最多时一人一天要“接待”87个士兵，事毕根本无法坐起身来，大腿内外则流血不止。“慰安妇”菊花遇到一个有性虐待癖的军官，这个军官用一把刮胡刀一刀一刀地割其乳房、腹部和背部，直至活活割死方止。有一天，“皇协军”王福森见8个日兵轮番糟蹋一个15岁中国少女，少女见之立即磕头求救，日军小队长则迅速调来一个班的士兵继续作恶，接着又用刺刀挑开奄奄一息的少女腹部。日军

① 田苏苏：《日军慰安妇政策在华北地区的实施》，《抗日战争研究》2005年第2期。

② 苏智良：《日军性奴隶——中国“慰安妇”真相》，人民出版社2000年版，第91页；山西省史志研究院编：《日军侵晋实录》征求意见稿，山西省史志研究院2005年印，第736页。

从五原撤退时，将 54 名“慰安妇”一起推入水井并用炸药炸塌井口，以掩盖罪证①。

万爱花是中国“慰安妇”幸存者中第一个站出来控诉日军暴行的妇女。据她回忆，1929 年农历十二月十二日出生于内蒙古和林格尔县韭菜沟村，4 岁时被吸食鸦片的父亲出卖给人贩子，接着辗转卖到山西盂县羊泉村成为李五小童养媳并改名灵玉。1938 年日军侵入盂县并扶植汉奸成立伪维持会和伪县政府，次年春在城东、东会里、上社和西烟等村设立据点，1940 年后又相继在进圭社、河东和东郭秋等地修筑炮楼和据点。此时，万爱花加入了儿童团并被选为儿童团团长，积极参加对日斗争。16 岁时（实际 12 岁，其父出卖时为谋取高价夸大 4 岁）与李五小离婚，改嫁比其年长 29 岁的村干部李季贵，并在李园林、张兵武介绍下加入中国共产党。由于万爱花遭受过如此之多的灾难，人人对之极同情，八路军第 19 团团长刘桂华曾为之改名克灾，希望她从此以后克服灾难、一切顺利。万爱花积极工作，先后担任村支部委员、副村长和妇救会主任。1943 年 6 月，进圭社日军“扫荡”羊泉村，万爱花被捕，并与另外 4 个姑娘被日军作为战利品带回进圭社据点而沦为性奴隶。第 21 天后的一个深夜，万爱花乘看守不注意悄悄弄断窗户棍逃回羊泉村。然而，不幸的是同年 8 月 18 日正在池塘边洗衣服时又被出来“扫荡”的进圭社日军重新抓入据点，连续遭受蹂躏 29 天。9 月 16 日，再次趁据点日军外出“扫荡”时逃回羊泉村。12 月 8 日，日军包围羊泉村，她第三次落入虎口，日夜惨遭轮番蹂躏，并多次被折磨得死去活来。1944 年 1 月 28 日，日军见其昏死过去几天无法苏醒，将之抛入村边乌河里，后被一位好心老人发现并偷偷送往其小姑家里。此时万爱花已命如游丝，身体变形，胯骨和肋骨骨折，手臂脱臼，颈部陷向胸腔，腰部陷入骨盆，原来 165 厘米的个子萎缩到 147 厘米，右耳耳垂被日兵扯掉一块，在床上整整躺了 3 年才顽强地活下来。不久，丈夫患食道癌死去，自己靠给别人缝补衣服为生，后移居太原直至去世②。

日军在慰安所将女性作为“泄欲器”随意强暴奸淫或蹂躏杀戮。与万爱花经历相似的盂县妇女李秀梅 15 岁时被日军抓入炮楼充当“慰安妇”。据其回忆，日本兵轮流强奸她，当时住窑洞，铺盖麻袋片，吃莜米、土豆、小米，一天一顿或两顿乃至整天不吃，而经过如此 5 个月摧残后，右腕残疾，右眼失明，下身经年流血，冬天双腿动弹不得，夏天头痛不断③。又如盂县年轻貌美且人称“盖山西”的侯冬娥，本来过

① 江浩：《昭示：中国慰安妇》，作家出版社1993年版，第45页；山西省史志研究院编：《日军侵晋实录》征求意见稿，山西省史志研究院2005年印，第737—740页。

② 苏智良：《日军性奴隶——中国“慰安妇”真相》，人民出版社2000年版，第102—106页；山西省史志研究院编：《日军侵晋实录》征求意见稿，山西省史志研究院2005年印，第734—736页。

③ 山西省史志研究院编：《日军侵晋实录》征求意见稿，山西省史志研究院2005年印，第736页。

着正常的家庭生活，却因日军突袭村庄时被抓走，不仅年仅 4 个月的女儿因无奶水吃被活活饿死，自己亦被抓进炮楼成为“毛驴”队长的专用“慰安妇”以及日军官兵的“公用品”，直至摧残得不成人样后才为公婆赎回。后来，侯冬娥虽两次改嫁，却无法生育，忍辱负重地走完后半辈子，直到 1994 年 7 月去世[①]。同样来自盂县的侯巧良被日军抓走时只有 14 岁，被抓当晚即遭日军轮奸毒打，和她关在一起的尚有其他四五个女子，其中一个孕妇则被折磨流产。由于每天不停地遭受蹂躏，侯巧良很快胯不能动且下身全部糜烂，家人变卖房屋、粮食和羊并以 500 元大洋将其赎回，而回家后根本无法翻身，一直在床上躺了好几年。因受过度刺激，侯氏患上精神病，一犯病就喊“日本鬼子来了，快逃”，喊完就往山上跑[②]。

日军的性暴力行为严重地摧残了这些女性的肉体和心灵，可以说每个“慰安妇”的遭遇就是一笔血泪控诉，她们的凄惨命运就是一部人类社会血泪史。大部分“慰安妇”不仅遭受日军性蹂躏，且许多人又为日军虐杀。如，1937 年 10 月日军第 1 混成旅团一部侵入宁武县城后大批掳掠当地妇女，并将之关押起来圈成临时慰安所日夜奸淫虐待，当日军撤退时则将这些妇女全部杀死[③]。因此，到日军战败投降时能够幸存下来的“慰安妇”已为数不多。反之，即使侥幸存活下来亦难以分享战争结束的喜悦，许多人已身患诸如骨头酸痛、神经痛、胃痛、哮喘、重听和妇科疾病等慢性病，更多的人则因长期遭受日军强暴而丧失生育能力或女性应有机能，虽苟以活命而婚姻状况却不良。由于有过此段不堪回首的经历，这些妇女对男性几无好感，对婚姻和两性性行为则十分冷淡，并具有强烈的自卑感，基本失去了人生应有的幸福，许多人晚年过着凄凉孤独的生活，甚至留下了严重的精神恐惧症。如，盂县西烟镇张大娘因被日军拉入炮楼长期蹂躏，后虽脱险却患上严重的恐惧症，几十年来生活在惊恐不安之中。与此同时，她们的心理亦严重受创。传统的中国农村贞操观念极强，一旦沦为“慰安妇”则很难为家庭和社会所容忍或接受，就是“慰安妇”本人也往往认为自己曾为日军“服务”过很脏很下贱，始终担心别人知道自己的遭遇，心理上精神上遭受双重拷打——只能将痛苦记忆隐藏自己内心深处而耻于向他人乃至亲人诉说，有些人至今仍不愿开口，有些则在老伴去世之后才将往事倾诉出来，有些幸存者要求调查人员不得提及自己名字。

“慰安妇”，这些本来年轻活泼应获得幸福的女人，却在战时身心俱受戕害，战

① 山西省史志研究院编：《日军侵晋实录》征求意见稿，山西省史志研究院2005年印，第733—734页。

② 苏智良：《慰安妇研究》，上海书店出版社1999年版，第331页；郭思：《寻找中国“慰安妇”》，《焦点》双周刊，1995年9月15日。

③ 李秉新等主编：《侵华日军暴行总录》，河北人民出版社1995年版，第344页。

后又忍辱偷生，她们是世界上最不幸的女人。许多人尽管不愿回忆那段噩梦般的黑暗岁月，但不说绝对不等于忘记。正如万爱花所控诉的那样：50多年来经常从噩梦中惊醒，浑身冷汗，甚至痛哭，还以为仍在日军据点中遭受蹂躏。然而，就是犯下如此滔天罪行的野蛮军队却在战后审判中根本没有触及这一问题，以致日军性暴力问题和“慰安妇”问题至今仍为历史遗留问题而难以得到真正解决。由于日军对中国妇女性暴力犯罪的遮掩以及日本政府至今对“慰安妇”问题采取闪烁其词的暧昧态度，从而使得饱受蹂躏的受害妇女和被掠为性奴隶的“慰安妇”无法得到任何物质上的赔偿与精神上的慰藉，无数屈死的女性的血债无以偿还，而幸存者则在战后还须承受不公正的待遇和歧视，造成她们永远无法泯灭的心灵伤痛[①]。历史不容抹杀亦无法抹杀，日本军国主义的暴行终究会得到正义与公理的审判并载入人类史册。正如长期致力于“慰安妇”问题研究的中国学者苏智良所言：“慰安妇问题已成为日本是否有足够的诚意和努力来认识战争的侵略性质和面向未来的试金石。日本究竟如何检讨与总结这一段历史，仍将是亚洲民众关心之焦点。”[②]

① 晓苏：《“慰安妇”：这一页屈辱黑暗的历史——日军在华北实施“慰安妇”制度罪行史证》，《档案天地》2004年第2期。

② 苏智良：《慰安妇研究》，上海书店出版社1999年版，自序第5页。

结　语

山西地处黄土高原，境内群山连绵，河流纵横，东有太行山，西有吕梁山、芦芽山，南有中条山，北有恒山、五台山、管涔山，中有太岳山、云中山，桑干河、滹沱河及汾河、沁河、涑水河等黄河支流则贯行全境，素有“华北屋脊”之称。在战略上，山西虎踞华北，东可瞰制平汉，远达中国东北，既可阻断日本关东军与华北派遣军之联系，又可威胁平津；从太行山东越平汉，跨津浦，可远达海滨；南出豫北，跨陇海，驰骋黄、淮、江、汉；北越平绥，挺进内蒙古高原，既可打通国际援助线路，又可屏障大西北；西向连接陕甘。若突破三晋范围，由山地推向平原，由晋而冀、察、绥、豫、鲁，再与华东、华南连接，即成中国抗战之重心。一言蔽之曰：确保山西，即可支撑华北，进而影响全国。所以，日军占领平津之后，即以重兵沿平绥、平汉、津浦铁路向华北腹地发动大规模进攻，其战略重心在于通过两线迂回、中间突破的方式夺取华北战略支点山西，并以之为基点将该地区的中国军队或全部歼灭或彻底驱逐到黄河以南地区，实现对华北的整个占领，进而攻中原取西北，与华中派遣军南北合围，“三个月灭亡全中国”。

山西独特的地理位置和战略地位使之成为中日双方在整个华北地区争夺的焦点。平绥路和平汉路两路日军在占领华北各该线重要战略目标之后，随即或沿平绥路、同蒲路南下或沿正太路西向经娘子关直趋山西省会太原，准备“一个月拿下山西”，妄图最终定华北、亡中国。中日两军因之在山西境内特别是在晋北内长城一线及忻口地区展开了华北战场上规模最大最惨烈的鏖战，创造了国共两党军队“联合作战的范例”。为保卫山西，国民政府先后组织并实施了晋北、晋东作战以及忻口会战和太原保卫战，八路军则在正面战场大力配合国民党军队作战，取得平型关伏击战和偷袭阳明堡日军飞机场等一系列战斗的胜利。以平型关战役为代表的山西保卫战不仅打破了日本军队不可战胜的神话，使日军付出了伤亡 2 万余人的代价，而且与国民政府在华东地区组织的另一场大战——淞沪会战，共同粉碎了日本“三个月灭亡全中国”的计划。山西战场是国民党军队在整个华北地区抵抗最强劲、战斗最惨烈的战场，像忻口一役就有第 9 军军长郝梦龄、第 54 师师长刘家麒、第 196 旅旅长姜玉贞及独立第 5 旅旅长郑廷珍等 4 位高级将领殉国，战斗最激烈时中国军队每天约有 1 个团的士兵阵亡，这在整个正面战场实属罕见。同时，山西战场亦是整个华北正面战场消灭日军最多的战场，沉重地打击了日军的嚣张气焰。

1937 年 11 月 8 日，山西省会太原失守，在华北战场以国民党军队为主体的正面抵抗基本结束，逐步进入以中国共产党领导的八路军等抗日武装为主体的敌后游击战时期。到 1938 年 3 月，山西主要地区沦于敌手，日军占领了山西境内大中城市及铁路和公路干线，广大农村则在中国共产党领导下，以恒山、吕梁山、管涔山和太行山等山脉为依托，先后开辟出晋察冀（华北第一个敌后抗日根据地）、晋冀豫（后来发展为最大的敌后抗日根据地——晋冀鲁豫抗日根据地）、晋绥三大敌后抗日根据地，展开全面的游击战争，并与中国国民党领导的正面抵抗遥相呼应，互为依存、互相支持，共同支撑了中国持久抗战的大局。

山西抗日根据地是八路军的中枢根据地，八路军虽经发展壮大并向整个华北乃至于华中地区迅速扩展，但其担当的基本角色及领导地位却始终未曾发生改变。华北抗战的指挥中心中共中央北方局和八路军总部在整个全面抗战期间始终转战于山西各抗日根据地，特别是太行与太岳地区。刘少奇、朱德、彭德怀、任弼时、左权、邓小平、杨尚昆等领导人均曾在此运筹帷幄，指挥八路军作战。山西抗日根据地因之被侵华日军视为建立华北“大东亚战争兵站基地”的最大障碍，日本华北方面军长期将其作为主要作战地区和“扫荡”区域，以从根本上摧毁八路军的中枢指挥系统和消灭八路军主力。例如，1937—1938 年间，华北日军先后投入 5 个师团又两个独立混成旅团的兵力（约占日军华北方面军总兵力的 1/2），反复对山西各抗日根据地进行大规模的进攻和“扫荡”。据八路军重要战报统计，两年间在华北共与日军作战 181 次，其中 83 次发生在山西境内，约占作战总次数的 46%。1940 年 8 月至 1941 年初，八路军主力 105 个团在数十万民兵游击队配合下，又以山西各抗日根据地为依托、以正太路和同蒲路为主要目标，发动了规模巨大的“百团大战”，歼灭日伪军 4 万余人，极大地鼓舞了中国人民和世界人民的反法西斯斗争。在 1941—1942 年日军推行的“治安强化运动”中，八路军与日军发生大的战役 42 次，其中 14 次发生于山西地区，占总数的 1/3①。这些战役不仅打破了日军的“总力战”，而且有力地支援了中条山地区国民党军队的作战。从 1944 年开始，山西各抗日根据地陆续对日军发起攻势作战，仅 1944

① 罗焕章：《山西抗日根据地与中国抗日战争》，中共山西省委宣传部、山西大学编：《“抗日根据地与太行精神”研讨会论文集》，中共山西省委宣传部、山西大学2005年印，第23页。

年7月至1945年抗战结束就歼灭日伪军近18万人。整个全国抗战期间，八路军主力兵团及地方武装在山西境内进行了70次著名战斗，共歼日军7万余人[①]。由此可见，山西是八路军最先在敌后建立抗日根据地和实施战略展开的区域，随后又以之为前进基地迅速推向全华北乃至全中国，成为支撑华北抗战的脊梁和坚持全国持久抗战的坚强堡垒。八路军在山西生根立足，由出征抗战时的3万余人发展到80余万之众，其势力和影响由山西扩展到全国并成为敌后抗战的主力军，为中国抗日战争的最后胜利做出了重要的历史贡献。

“兵民是胜利之本”。抗日战争的胜利离不开全国最广大的人民群众的支持，八路军抗战由山西而华北、由华北而全国则离不开最广大的山西人民的支持。战争期间，山西人民参军参战，血洒疆场；不吝物资钱财，踊跃捐输；组织担架队、运输队、警戒队、救护队以及儿童团等，担当各种战勤服务，从人力物力财力等各个方面积极支持山西抗战、华北抗战和全国抗战，为打败日本帝国主义贡献了自己的全部力量。据统计，八年间，山西人民仅参加八路军的青壮年就达70余万人，参加民兵、自卫队和游击队等地方抗日武装的青壮年更达数百万人之多，涌现出许多父送子、妻送夫、母亲送儿郎、兄弟相争上前线打鬼子的感人故事[②]。兴县白家沟村年近花甲的孙奴则老人，见年轻人报名入伍，乃剃掉胡须要求参军，并称：“我虽然不能上前线杀敌人，但可以做饭、当马夫当伙夫！”[③]在1940年2月中共晋西北边区掀起的参军、献金、献粮和做军鞋“四大动员”运动中，一次报名入伍的青年就达15 885人，人民一次献粮90 462石、献金1 810 625元（银元），妇女一次做军鞋118 441双[④]。其中，兴县一县参军青年达2 603人，献粮14 548石，献金220 506元，做军鞋15 331双。临县参军青年达1 200人，献粮20 000石，献金227 985元，做军鞋22 000双[⑤]。在整个运动中，各阶层人民无分贫富，无分官绅商民，为了抗战，慷慨捐献，表现出空前的抗日爱国热情。如，兴县康宁65岁的雷信儿将自己全年打短工的25元工资悉数捐献，黑峪口村某年轻女性将自己结婚陪嫁的一对耳环和手镯捐献，城关大地主刘训山

---

① 山西省史志研究院编：《山西通史·抗日战争卷》，山西人民出版社2001年版，第256页。

② 罗焕章：《山西抗日根据地与中国抗日战争》，中共山西省委宣传部、山西大学编：《“抗日根据地与太行精神”研讨会论文集》，中共山西省委宣传部、山西大学2005年印，第24页。

③ 刘欣、景占魁主编：《晋绥边区财政经济史》，山西经济出版社1993年版，第81页。

④ 中共晋西区党委编：《统一战线政策材料汇集——各阶层政治动向》，1941年12月，第1页；《晋绥边区财政经济工作大事记》，晋绥边区财政经济史编写组、山西省档案馆编：《晋绥边区财政经济史资料选编·金融贸易编》，山西人民出版社1986年版，附录第13页。

⑤ 中共晋西区党委编：《统一战线政策材料汇集——各阶层政治动向》，1941年12月，第2页。

将自己在县城开设的“豫丰货栈”的全部物资尽数捐献，杨家坡村地主杨老山一次献粮 300 石，黑峪口村开明士绅刘少白献粮 50 石、献金 700 元，诸多类似的例子数不胜数[①]。战争更需要以源源不断的巨大的物力财力作动力，而物力财力的供给又离不开生产。山西人民为增强抗战动力，保障抗日军民军需供应，积极发展生产，组建代耕队、垦荒互助组、生产互助组、纺织合作社等劳动组织，开展劳动竞赛，使整个山西抗日根据地区域变成了八路军坚持华北抗战的“兵站基地”。

山西作为华北抗战的主战场，山西人民不仅动员了所有能够动员的资源用于反对日本侵略的战争，亦因日军的大规模进攻和报复性“扫荡”而付出了惨重代价。据战后山西省政府调查统计，日占期间山西人口伤亡达 1 661 534 人，约占当时全省人口的 1/9；公私财产损失达 6 448 399 039 727 元（法币，下同），其中私有财产约占半数左右，若以全省人口 1500 万计，每人平均损失约 20 万元。如，灵石县原有人口 78 695 人，战争期间死亡 11 007 人、伤 8 224 人、流亡 6 109 人；私有财产损失 11 495 758 元，公有财产损失 2 729 240 元，两项合计 14 224 998 元[②]。战后 1946 年全省拥有人口 11 601 026 人，其中难民 1 868 362 人、流离人口 2 885 480 人，两项合计 4 753 842 人，约占总人口数的 40.98%[③]。又据《山西省三十六年度农业复员建设计划》有关说明：八年间全省“耕地荒芜者达 1 000 万亩以上，农具和耕畜损失数量均占总数 60% 以上，大多数农民不仅无力购买种子、肥料，而生产所需之农具、耕畜亦成严重问题。”“经此八年抗战，损失惨重，日寇所至之区，牲畜损失殆尽，不特农业动力感觉缺乏，而作物赖以生长之肥料亦告断绝，致地力消尽，产量大减，而农村形成十室九空之现象。”[④]中共各边区政府 1946 年的调查统计亦非常典型地反映了这种情形。如，晋西北根据地区域直接遭敌杀害 85 810 人，间接遭敌杀害 50 288 人，被敌掠夺人口 77 815 人，漂流在外或下落不明者 14 792 人；流徙难民 42 300 人，被敌致残 12 462 人，因战争而致鳏寡孤独无助者 88 060 人，因战争破坏而患慢性病者 44 423 人，因敌强奸而身患各种性病妇女 25 357 人；损失耕畜 253 353 头，农具

① 刘欣、景占魁主编：《晋绥边区财政经济史》，山西经济出版社1993年版，第81—82页。

② 《山西省人口伤亡汇报表》《山西省财产损失总表》《山西财产损失表》《山西省政府关于抗战期间人口、财产直接损失汇报表》《山西省民营事业财产直接损失审报表》《山西省克复地区内损失实情清查审报表》，B13-1-75。

③ 《外交部抄送抗战期间（部分）财产损失报告表暨难民及流离人民总数表致驻外使领馆代电及附表》（1946年3月26日），中国第二历史档案馆编：《中华民国史档案资料汇编》第五辑第三编外交，江苏古籍出版社2000年版，第190页。

④ 山西省农业善后推广辅导委员会编：《山西省三十六年度农业复员建设计划》，1946年10月。

9 402 045 件，粮食 36 997 109 石，房屋 804 650 间，银洋 5 700 000 元，首饰 950 000 两，家畜 3 046 960 只，家禽 7 562 255 只，羊毛 1 550 000 斤，树木 1 420 000 株，牧草 42 240 000 斤，皮革 2 400 000 张，水渠 272 道，水坝 25 道，水车 309 架，其他物品无计[①]。晋东南根据地黎城、武乡等 25 县直接遭敌杀害 143 955 人，间接遭敌杀害 103 949 人，漂流在外或下落不明者 67 215 人，流徙难民 294 472 人，被敌致残 76 186 人，因战争而致鳏寡孤独无助者 40 502 人，因战争破坏而患各种疾病者 417 805 人[②]。正如著名历史学家魏宏运所言："山西人民为山西抗战的坚持和发展，所做出的奉献是很感人的……可以毫不夸大地说，山西人民为抗日战争所提供的人力、物力、财力的支援，是走在全国前列的。抗日军民在山西所形成的凝聚力和推动力，对于中国抗日战争胜利的重要性是难以估算的。"[③]

① 《晋绥边区因敌灾天灾引起之人口重大损失》《晋绥边区无衣无食无住急待救济以便恢复生产能力者》《晋绥行署关于八年抗战损失的统计表》《晋绥边区因敌灾天灾所引起各种灾难民统计》《晋绥边区八年来农业损失初步统计》《晋绥八年来粮食房屋及被服财物损失统计》，A90-1-28。另据穆欣所著《晋绥解放区鸟瞰》（山西人民出版社1984年版），八年间，晋西北抗日根据地被敌屠杀113 800人、伤病残疾者84 235人、被掳900 281人、流徙难民67 717人、鳏寡孤独者97 498人、急需救济298 434人。损失农具1 444 419件、被服4 148 443件、家畜10 452 635头、粮食28 546 100石、房屋1 321 865间。商业被毁9 397家、资本折合现款380亿元，工业被毁8 877家、当时恢复需款1 000亿元。其他水利设备、纺织业、交通运输工具、农林畜牧、文化教育建筑设备、宗教团体和慈善团体等损失共计达3 460亿。见该书155—156页。

② 《晋东南十七县八年来人口损失调查表》（1946年），A128-4-7、《太岳区八年来被敌杀伤人口及各种灾害统计表》（1946年6月24日），A71-1-75。

③ 魏宏运：《锲斋别录》，天津古籍出版社2004年版，第97—98页。

主要参考文献

一、馆藏档案

山西省档案馆革命历史档案。

山西省档案馆旧政权档案。

二、已刊（版）资料

山西省政府统计处编：《山西省第七次经济统计》，1926 年。

山西省政府统计处编：《山西第九次人口统计》，1935 年。

军事委员会政治部编：《日军暴行实证》，1938 年 7 月。

（伪）山西省公署秘书处统计室编：《山西省统计年鉴》，1939 年

（伪）山西省公署秘书处统计室编：《山西省第二次统计年鉴》，1940 年。

（伪）山西省公署秘书处统计室编：《山西省第三次统计年鉴》，1941 年。

（伪）山西省公署秘书处统计室编：《山西省第四次统计年鉴》，1942 年。

（伪）山西省公署警务厅编：《山西省警政年鉴》，1942 年。

日本防卫厅防卫研修所战史室编，天津市政协编译组译：《华北治安战》，天津人民出版社 1982 年版。

军事科学院外国军事研究部编著：《日本侵略军在中国的暴行》，解放军出版社 1986 年版。

侯振彤译编：《山西历史辑览》，山西省地方志编纂委员会办公室 1987 年版。

中央档案馆、中国第二历史档案馆、吉林省社会科学院合编：《细菌战与毒气战》，中华书局 1989 年版。

张全盛、魏卞梅编著：《日本侵晋纪实》，山西人民出版社 1992 年版。

军事科学院外国军事研究部编：《凶残的兽蹄：日军暴行录》，解放军出版社 1994 年版。

何天义主编：《日军枪刺下的中国劳工·华北劳工协会罪恶史》，新华出版社

1995 年版。

何天义主编:《日军枪刺下的中国劳工·中国劳工在日本》,新华出版社 1995 年版。

居之芬主编:《日本对华北经济的掠夺和统制——华北沦陷区资料选编》,北京出版社 1995 年版。

山西省人民检察院编著:《侦讯日本战犯纪实(太原)》,山西人民出版社 1995 年版。

中央档案馆、中国第二历史档案馆、吉林省社会科学院合编:《河本大作与日军山西"残留"》,中华书局 1995 年版。

中央档案馆、中国第二历史档案馆等编:《华北历次大惨案》,中华书局 1995 年版。

郭成周、廖应昌编著:《侵华日军细菌战纪实》,北京燕山出版社 1997 年版。

章伯锋、庄建平主编:《抗日战争》,四川大学出版社 1997 年版。

中央档案馆、中国第二历史档案馆、吉林省社会科学院合编:《华北治安强化运动》,中华书局 1997 年版。

中央档案馆、中国第二历史档案馆、吉林省社会科学院合编:《华北大"扫荡"》,中华书局 1998 年版。

[日]东史郎著,王奕红等译:《东史郎日记》,江苏教育出版社 1999 年版。

中央档案馆、中国第二历史档案馆、吉林省社会科学院合编:《华北事变》,中华书局 2000 年版。

居之芬、庄建平主编:《日本掠夺华北强制劳工档案史料集》,社会科学文献出版社 2003 年版。

樊吉厚、张铁锁主编:《日本侵晋实录》,山西人民出版社 2005 年版。

中央档案馆、中国第二历史档案馆、河北省社会科学院编:《日本侵略华北罪行档案》,河北人民出版社 2005 年版。

三、中文著作

西山矿务局矿史编写组编:《西山煤矿史》,西山矿务局矿史编写组 1961 年版。

韩启桐编著:《中国对日战事损失之估计》,台北文海出版社 1974 年版。

穆欣:《晋绥解放区鸟瞰》,山西人民出版社 1984 年版。

阳泉矿务局《阳泉煤矿史》编写组编:《阳泉煤矿史》,山西人民出版社 1985 年版。

迟景德:《中国对日抗战损失调查史述》,台北"国史馆"1987 年版。

[美]白修德(Theodore H.White)、贾安娜(Annalee Jacoby)著,端纳译:《中国的惊雷》,新华出版社 1988 年版。

山西省交通厅公路交通史志编审委员会编:《山西公路交通史》,人民交通出版社 1988 年版。

武昌祺、侯欣珪主编：《山西粮食史话》，山西人民出版社 1988 年版。

毕士林主编：《中国人口・山西分册》，中国财政经济出版社 1989 年版。

《山西煤炭工业志》编委会编：《山西煤炭工业志》，煤炭工业出版社 1991 年版。

山西省地方志编纂委员会编：《山西通志・金融志》，中华书局 1991 年版。

李玉文编著：《山西近现代人口统计与研究》，中国经济出版社 1992 年版。

山西省地方志编纂委员会编：《山西通志・林业志》，中华书局 1992 年版。

山西省统计局等编：《山西人口四十年》，中国统计出版社 1993 年版。

李恩涵：《日本军战争暴行之研究》，台北商务印书馆 1994 年版。

山西省地方志编纂委员会编：《山西通志・农业志》，中华书局 1994 年版。

《山西铁路志》编纂委员会办公室编：《山西铁路志》送审稿，《山西铁路志》编纂委员会办公室 1995 年版。

《山西邮电志》编纂委员会编：《山西邮电志》，山西人民出版社 1995 年版。

山西省地方志编纂委员会编：《山西通志・粮食志》，中华书局 1996 年版。

山西省史志研究院编：《山西通志・民政志》，中华书局 1996 年版。

山西省史志研究院编：《山西通志・邮电志》，中华书局 1996 年版。

山西省史志研究院编：《山西通志・铁路志》，中华书局 1997 年版。

山西省史志研究院编：《山西通志・电力工业志》，中华书局 1997 年版。

山西省史志研究院编：《山西通志・财政志》，中华书局 1997 年版。

山西省史志研究院编：《山西通志・教育志》，中华书局 1999 年版。

山西省史志研究院编：《山西通志・轻工业志》，中华书局 1998 年版。

陈景彦：《二战期间在日中国劳工问题研究》，吉林人民出版社 1999 年版。

李恩涵：《战时日本贩毒与“三光作战”研究》，江苏人民出版社 1999 年版。

山西省史志研究院编：《山西通志・人口志》，中华书局 1999 年版。

山西省史志研究院编：《山西通志・交通志》，中华书局 1999 年版。

山西省史志研究院编：《山西通志・冶金工业志》，中华书局 1999 年版。

路遇、滕泽之：《中国人口通史》，山东人民出版社 2000 年版。

刘慰曾、曾江华：《山西采煤史话》，山西人民出版社 2001 年版。

苏智良：《日军性奴隶——中国“慰安妇”真相》，人民出版社 2000 年版。

步平等编著：《日本侵华战争时期的化学战》，社会科学文献出版社 2004 年版。

四、 日文著作

[日] 中村隆英：《战时日本の华北经济支配》，山川出版社 1983 年版。

[日]依田憙家：《日本帝国主义と中国》，龙溪书舍 1988 年版。

[日]曾田三郎编著：《近代中国と日本——提携と敌对の半世纪》，御茶の水书房 2001 年版。

[日]石田米子、内田知行编：《黄土の村の性暴力——大娘たちの战争は终わらない》，创土社 2004 年版。

[日]内田知行：《黄土の大地，1937—1945：山西省占领地の社会经济史》，创土社 2005 年版。

后 记

本书系教育部哲学社会科学研究重大课题攻关项目“太行山和吕梁山抗战文献整理与研究”（项目编号 16JZD035）的阶段性成果之一，并在研究过程中又得到山西省“‘三晋学者’特聘教授支持计划专项”经费和山西省“‘1331 工程’高端人才重点创新团队建设计划”基金资助。此次有幸列入南京出版社组织的“‘侵华日军暴行史研究’丛书”且获国家出版基金支持付梓刊行，更是一件令人兴奋的事。该项研究计划从最初启动至今已近 20 年之久，其间课题组成员多次前往中国第二历史档案馆、山西省档案馆、山西省各市县档案馆、山西省图书馆及日本东洋文库等机构查阅有关山西抗战损失的各种档案及其他文献资源，并到全省 60 余市县（区）数百个村庄或社区进行田野考察和调查经历过战争的老人，收集了千万字以上的口述历史和地方史志资料，以最大可能地使这项具有重要历史与现实意义的课题建立在可靠而丰富的史实基础上。不过，由于全面抗战期间山西复杂多变的政治格局，即同时存在着三种不同的政权形态（中共抗日根据地政权、国民党政权、日伪政权）、四种不同的政治力量（即国民党中央系、阎锡山地方系、中共、日伪）以及战后国共内战的迅速爆发，许多原始调查资料要么毁于战火或遭到人为破坏，要么本身就缺乏完整且周密的统计，如国民党阎锡山山西省政府对中共控制区域或国共交叉地区损失基本上采取了估算的方法，而中共方面的调查大致亦然，甚至有许多地区因权力交错形成重复统计或任何一方均未顾及的现象，这些因素均增加了课题研究的难度。但总的来说，本书作为山西抗战损失比较全面的调查研究，我们已尽了自己的最大努力；或者说，至少描述出了全面抗战期间山西经济社会损失的基本面相。

本书由岳谦厚（山西大学近代中国研究所暨马克思主义学院教授）、张玮（太原理工大学文法学院教授）、田明（太原理工大学马克思主义学院教授）、郝正春（北京林业大学马克思主义学院副教授）、成二平（山西旅游职业学院讲师）五人共同完成。课题组对全书所有馆藏档案数据和后人统计有误的数字材料进行了全面的精确化处理，于此特别说明，而不在文中一一标识。同时，南京出版社的杨传兵先生和聂焘先生在编辑出版过程中出力甚多，一并致以谢意！

岳谦厚